鬼谷渺渺
兵法治人
诡诈奇变
智谋纵横

最实用的鬼谷子纵横智慧训练体系
察时势，知权变，处世第一用智宝典

天下第一詭術

鬼谷子智慧

夜问◎著

厦门大学出版社
XIAMEN UNIVERSITY PRESS
国家一级出版社
全国百佳图书出版单位

图书在版编目 (CIP) 数据

鬼谷子智慧 / 夜问著 . -- 厦门 : 厦门大学出版社 ,
2014.6
ISBN 978-7-5615-5076-2

Ⅰ . ①鬼… Ⅱ . ①夜… Ⅲ . ①纵横家②《鬼谷子》-
通俗读物 Ⅳ . ① B228-49

中国版本图书馆 CIP 数据核字 (2014) 第 090685 号

厦门大学出版社出版发行
（地址：厦门市软件园二期望海路 39 号　邮编：361008）
http://www.xmupress.com
xmup @ xmupress.com
三河市祥达印刷包装有限公司
2014 年 6 月第 1 版　2015 年 2 月第 2 次印刷
开本：710mm × 1000mm　1/16　印张：19　字数：350 千字
定价：39.80 元

本书如有印装质量问题请直接寄承印厂调换

目录

第八章 阴谋：揣情与量权，洞悉隐匿事好成

第九章 决谋：卜以决疑，巧妙决断利益最大

前 言

鬼谷子，就像他的名字一样，充满着传奇与神秘的色彩，相传他能撒豆成兵，呼风唤雨，预知吉凶。虽然这只是传说，但历史上的他确实是一位上知天文、下知地理的博学家。司马迁在他的《史记》中介绍过鬼谷子，说他是战国时代楚国人，姓名生辰不详，因其长期隐居鬼谷，讲学授徒，故世称鬼谷子。他的徒弟有苏秦、张仪等人，被视为纵横家之鼻祖。

正是因为鬼谷子的出现，中国历史上才有了令世界震惊的兵法和战术，鬼谷子还是中国最早的心理学家，也是中国式谈判学的实际奠基人，说客的开山鼻祖。总而言之，当今的中国人无论是理家治国，还是说话办事，一言一行都渗透着鬼谷子的思想。而这一切，都装在《鬼谷子》这部旷世奇书中！

《鬼谷子》是一部由鬼谷子讲授，后经苏秦、张仪等人补充、修改而成的集纵横家、兵家、道家、阴阳家等思想于一体的政治理论著作。在中国的传统文化当中，《鬼谷子》一书历来就享有“奇正秘诈”的评价。

说它奇，因它步步用奇，出奇制胜，招招见血，防不胜防；说它正，又因它遵循天理，紧扣事物发展规律，可用来治国安邦，匡行大道；说它秘，是由于两千多年来，它就存在于我们的周围，甚至常常会用它解决问题，但我们却对它知之甚少，没有系统的了解；正所谓兵不厌诈，说它诈，是因为它就像一把双刃剑，用于正道则可功成名就，名垂青史，纵横天下，用于邪道则为奸诈小人，残害忠良，无恶不作，臭名远扬。这便是鬼谷思想，充满阴谋奸诈，无所不出，无处不入，就看你用它来走哪条路！

《鬼谷子》篇幅不是很长，但哲理深厚，集中体现了鬼谷子的纵横思想学说。书中主要讲述了捭阖游说的技巧与方法，除此之外，还有大量关于为人处世、兵法战术、治国理家、修身养性等方面的内容。正是由于内容的广泛性和普遍性，从更深层次上说，《鬼谷子》是一部研究社会政治斗争谋略与权术的智慧之书。它向我们展现了作为弱者一无所有的纵横家们，运用智谋和口才进行游说，进而控制作为强者的，握有一国政治、经济、军事大权乃至生杀特权的诸侯国君主的画面，这为后代的政治活动家们提供了借鉴经验。

《鬼谷子》一书总共三卷。上卷包括《捭阖》、《反应》、《内揵》、《抵巇》四篇，中卷包括《飞箝》、《忤合》、《揣》、《摩》、《权》、《谋》、《决》、《符言》八篇，下卷包括《本经阴符七术》、《持枢》、《中经》三篇。这三卷的侧重点有所不同，上卷以权谋策略为主，中卷以言辩游说为主，下卷则以修身养性、内在修为为主。

所以，本书针对每卷的侧重点，相对应地总结出了上、中、下三篇纵横捭阖之诈术。每一篇都从不同的方面，运用翔实有力的案例和分析，为读者阐述鬼谷子在做人做事方面的思想，尤其是那些让人意想不到的辩诡之策、揣摩心理之术和长赢之道，以供不同领域的人士参考。

在当今这个充满着竞争的现实社会，每个人都在进行着奋力的较量，以寻求制胜自强之道。比如，身在职场的员工，他的言谈举止就可能关系到他的升迁去留；一个公司的老板，参与竞争的策略是否得当，就关系到企业经营之成败得失；就算是在我们的日常生活之中，一个人的谈吐举止是否合乎场合，也关系到此人的发展前途。

时间的车轮已经转过了两千多年，鬼谷子所处的时代和我们现在生活的社会早已无从相比，但鬼谷子的纵横谋略以其深刻的思辨性、积极的进取性、鲜明的功利性和广泛的实用性，在政治、经济、军事、外交、经营管理、公关、教育、心理学等诸多领域仍然具有重要的参考意义和借鉴价值，那穿越时空的真知灼见，仍然对我们的人生和为人处世具有现实的指导意义。

前 言

《鬼谷子智慧》一书让你以纵横家的恢宏气势，百战群雄的智慧立足职场；使你充满力量和自信，能够控制严峻的局面，化解即将爆发的危机；赋予你缜密的逻辑思维，冷静的做事态度，合理分析现实，积极应对人生。通过对这本书的阅读和参悟，你会更加了解人性，领悟智慧，透视人生，同时你也会学到很多纵横之策，你将谋划全域，扭转乾坤，做事业的将领，做自己人生的掌舵师。

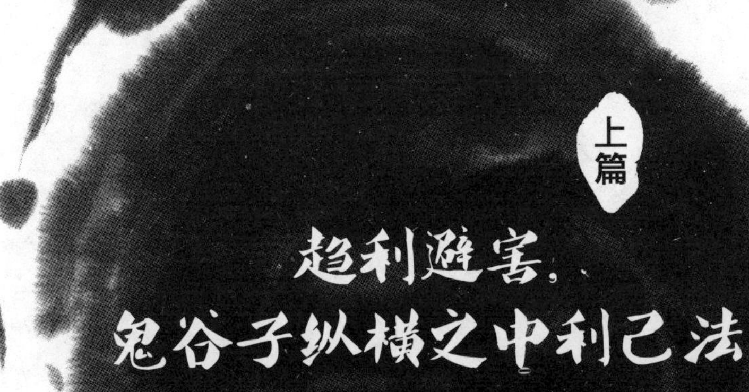

上篇

趋利避害，鬼谷子纵横之中利己法

第一章

远近法
益则亲损则疏，动态守身保利

鬼谷子纵横之术的根本就在于利己，关系太近，他人受损，自己也容易跟着遭殃。关系太远，他人得利，自己很难沾点利。所以纵横之术的精髓就在与有益之人近，欲损之人应远离，只有这样才能守身保利。

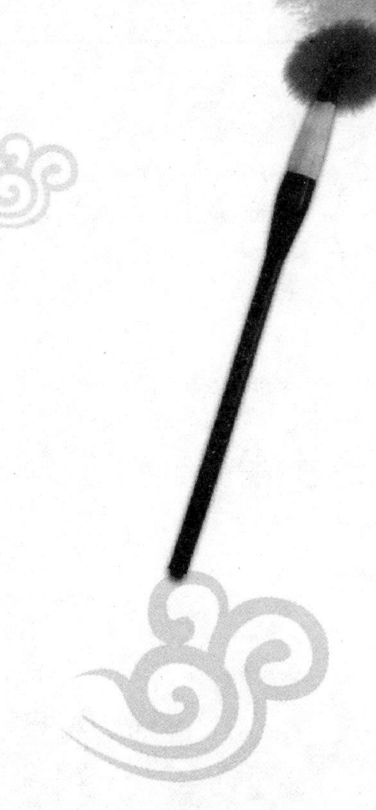

1. 亲近同类，远离异类

招纳人才，在春秋战国诸侯争霸时期尤为重要。那如何选用人才？选择与什么样的人相处？在鬼谷子的《飞箝》篇中曾有云：“先察同异，别是非之语，见内外之辞，知有无之数，决安危之计，定亲疏之事，然后乃权量之。”大意是说，在与人交往中，考察其相同与不同处，区别其正误言行，了解各自言语真实性，考察其真才实学，让其决断安危之大计，确定亲疏之大事。鬼谷子认为，识人辨人，亲近与自己同类的人，疏远异类，对自己以后的发展非常重要。

古语说“近朱者赤近墨者黑”，告诫后人要学会选择朋友，领导要学会选择有才华的员工，将军要学会选择有智谋的军师。正如鬼谷子所说：“缀去者，谓缀己之系，言使有余思也，故接贞信者称其行，厉其志，言可为可复，会之期喜，以他人之庶，引验以结往，明疑疑而去之。”意思是，要学会选择人才，并且亲近人才，这是成功的先决条件。驾驭人才需要从如何识人、观人开始。鬼谷子在《中经》中对人才作的定义是：“振穷趋急，施之能言厚德之人。”

春秋战国时期，广聚人才主要是针对那些诸侯霸主而言，但是随着时代的发展，人们在日常生活以及工作中，对阅人识人的需要也渐渐多了起来，甚至在很多时候，与志趣相投、朝气蓬勃的人交往，能有更大的成功概率，更能成就美好人生。

在与人交往中，最大的忌讳就是与一些卑鄙不堪的人交往，然而，很多身处职场的人对这一点的认识并不清晰，所以常常会随波逐流，最终导致无法估量的后果。

黄帅出生于一个普通的青海农民家庭，由于成绩优异，他考取了青海大学，学习思政专业。在大学中，他认识了秦沛、王明远等好友，他们共同学习，共同进步，在大四时还获得了“国家优秀青年”的称号。

毕业后，黄帅考取了公务员，在青海一个贫困的山村工作，秦沛和王明远远赴北京创业，开了一家律师事务所。开始的几年，他们还经常联系，黄帅常将工作中遇到的“看不惯”讲述给二人听，秦沛和王明远经常开导他，并且会给一些好的建议。黄帅工作上积极进取，很快，他升任了一县之长。他准备大干一场，摘掉贫困县的帽子。

由于工作的繁忙，黄帅远离了其他两人。一方面，黄帅和两个好朋友疏于联系，慢慢便不再往来；另一方面，他渐渐有些飘飘然了起来。官场中，他开始很“习惯”周围的一切，不再有初来时的诸多“看不惯”。很快，越来越多阿谀奉承的人围绕在他的周围。日子在收人红包、吃人酒席中过去，黄帅忙得不亦乐乎。他的周围有了一群“朋友”，李潇，当地的恶霸，经常为他“披荆斩棘”，令他在官场中平步青云。他觉得他交到了真正的朋友。

俗话说物以类聚，人以群分，他提拔的几个干部程宇、马刚更是倚仗黄帅兴风作浪，短短几年，将地方搞得乌烟瘴气。

多行不义必自毙，由于纵容下属胡作非为，黄帅被人举报，很快，青海省有关部门对其进行了调查。

一石激起千层浪，黄帅共涉嫌受贿金额达五百万元。随着一记清脆的法槌声，青海省高级人民法院依法对黄帅作出一审判决，以受贿罪、挪用公款罪判处被告人黄帅有期徒刑 17 年。黄帅身着囚服锒铛入狱，得到了他应有的惩罚。

黄帅人生的起起落落，令我们不觉扼腕，他如果亲近同类秦沛、王明远，而远离异类李潇、程宇，我想，黄帅将会有不一样的人生结局。

孔子说："益者三友，损者三友。友直，友谅，友多闻，益矣。友僻，友善柔，友便佞，损矣。"张衡是我们家喻户晓的人物，他发明了地动仪，在天文、物理等方面也有研究。张衡在青年时期有很多知己，如马融、王符、崔瑗等，这些都是当时很有才能的青年，特别是崔瑗，很早就学习过天文、数学、历术，张衡经常同他在一起研究问题，交换心得，张衡进一步研究天文、物理等科学都是受了崔瑗的不少影响。

推之于当今，和几个志趣相投的人，开创一番事业，又是多么惬意美好呀！

关于如何在形形色色的人群中，辨识我们的朋友，进而去亲近他，鬼谷先生给了我们很好的建议。

（1）别是非之语

也就是能辨别正确或错误的言行 。观察一个人可从他的细小行为举止看出来他的为人，所以有行为心理学之类的书籍。鬼谷子认为通过一个人说话就能揣测出他的心理。语言可以反映性情，这是我们辨别益友、损友最直接的方法。"信"是一个人很重要的规范，诚信就是求"真"，就是追求正义。古人说"真者"，精诚之至也。不精不诚，不能动人。所以，我们要与真诚的人相交。

（2）见内外之辞

即了解对方语言的真实性，一个满口谎言的人，不可能是真君子。鬼谷子认为真性情的人是不会说谎话的，只有那些虚伪的小人才是满口浮夸之词，所以有忠言逆耳之说。若要找到同类，就要学会听真话而非好话。

鬼谷子教你诈

和几个志同道合的朋友在一起，你的行为在朋友的潜移默化下，一定也会变得高尚，这就是我们要识人，亲近善类、同类；假如和许多行为举止十分卑鄙的人在一块，不用说，过不了多久，你做事和说话就会和那帮人相似。所以我们要远离这些恶类、异类，独善其身。

鬼谷先生教我们通过辨别言行正误，对人真诚与否，选择与言行高尚、真诚守信的人交往。

2. 贪心之人，投饵诱之

春秋战国是一个动荡的年代，同时也是一个百家争鸣、文化复苏的时代。为了适应当时的形势，君主与臣子间，臣子与臣子间，会经常用到计谋，以达到个人目的。鬼谷子在《飞箝》篇中，教我们如何驾驭人际关系。他认为：聪明的人，应该懂得利用他人的弱点去攻击他。并针对如何驾驭人际关系给出了诸多非常实用的建议。

也许有人会说，驾驭人的策略主要是针对那些纵横家以及政客们而言，但是随着时代的发展，人们在日常生活以及工作中，对人际交往的需要也渐渐多了起来，甚至在很多时候，我们必须学会一些处世策略。鬼谷子曰：“以象动之，以报其心，见其情，随而牧之。”我们想要从对方那里占取什么，就必须先给予一些，只有这样，我们的目的才能达到。

尤其在当今商场中，用人性的弱点去达到自己的最终目的，屡见不鲜。比如，作为下级要上级提拔自己，除了业务努力外，要投上级所好，让他更关注自己。作为一个业务人员，要自己的客户和自己达成合作交易等。

投其所好，不仅是针对贪心之人，它适用于每一个人。顺着对方的性情去揣摩，了解你想要知道的情况，再有针对性地去各个击破，达到事半功倍的效果。一个人只要活着，他就不可避免地有欲望，只要有欲望，他就有被别人一击即破的弱点。鬼谷子说："古之善用天下者，必量天下之权。"同样，这个道理适用于个人。抓住心理需求点，就能抓住人心，进而为自己所用。

在人际交往中，驾驭术中最易突破的人群就是贪心之人了，他们由于自己的贪心，可能会导致身败名裂，一败涂地。历史上的和珅、贾似道等不就是最好的证明吗？在如今的现实生活中，又有多少这样的事例呀。

在宇和秀美是一对即将结婚的未婚夫妻，他们两家挨得很近，从小学时就一起上学放学，可以说是青梅竹马，大学虽不是在同一所学校上的，但也在同一城市。两个人大学毕业后很快就确定了关系，也顺利地找到了工作，就在他们打算结婚的前几天，收到了一份意外的惊喜，使得他们很高兴地大喊大叫、相互拥抱，因为他们中了一张"高额彩票"，奖金是七万五千美元。

可是，这对马上要结婚的新人，在中奖后第二天，就为了"谁该拥有这笔意外之财"而闹翻了。两人大吵一架，并不惜撕破脸，闹上法庭。为什么呢？因为这张彩票当时是握在未婚妻秀美的手中，但是未婚夫在宇则气愤地告诉法官："那张彩票是我买的，后来她把彩票放入她的皮包内，但我也没说什么，因为她是我的未婚妻嘛！可是，她竟然这么无耻，居然敢说彩票是她的，是她买的！"

这对未婚夫妻在公堂上大声吵闹，各说各话，丝毫不妥协、不让步，所以也让法官伤透脑筋。最后，法官下令，在尚未确定"谁是谁非"之时，发行彩票单位暂时不准发出这笔奖金！而两位原本马上要结婚的佳偶，因争夺彩票的归属而变成怨偶，双方也决定取消婚约。

后来很长一段时间，那笔奖金还是没有发出去，因为在宇和秀美始终不肯让步，甚至连一人一半的念头也没有，因为他们的贪心使得他们谁都不肯放弃一美分，他们整日都在提防对方独自去领奖而无暇管理自己的生活，心情、生活一团糟。

认识他们的人说：“在一起时，经常不是为了钱；而分开，却经常是为了钱！是人的私心、贪婪、嫉妒，使他们跌倒，重重地跌在自己‘恶念’的旋涡里。”

又过了一段时间，在宇和秀美终于能冷静下来思考自己的行为了，想通之后，他们对自己之前的所作所为真是追悔莫及，他们知道已经无法回到过去了，这是他们为自己的贪婪付出的惨重代价，无法挽回。现在他们希望自己能成为反面教材，提醒大家不要贪小便宜。

欲望是无止境的，尤其是现代社会物欲更具诱惑力，如果管不住自己的欲望，任它随心所欲，就必然会给人带来痛苦和不幸。

古往今来，多少人在巨大的诱惑面前无力招架，拜倒在其石榴裙下，身败名裂，不得善终。秦时身居宰相之位不可一世的李斯，为权势所诱惑与赵高结党营私，终因权高势大而引起秦二世的怀疑，而将其腰斩于咸阳。“战士军前半死生，美人帐下犹歌舞”的南唐后主李煜，终日沉溺于美酒佳人，忘情于吟诗作赋，醉生梦死，终而国破家亡，做了个违命侯。吴三桂，无力抵御红颜的诱惑，引清兵入关，“扬州十日，嘉庆三屠”是何等惨烈，而吴三桂的冲冠一怒引来后人多少唾骂。号称中国第一大汉奸的汪精卫，更是为权势所诱惑，卖国求荣，而遗臭万年。由此可见，诱惑足以亡身破国灭族，实在是可悲、可叹，令人警醒。

“人心不足蛇吞象”的故事从小老师就教过，说的就是人的欲望永远无法满足，最终只会导致灭亡。鬼谷子正是深知人性的这一特点，所以他说要利用贪心之人的“贪”来诱惑之。

纵览青史，能够驾驭操钓之术，最终成功的人也不在少数。在鸿门宴中，为刘邦挡剑的项伯，因为刘邦许与千金，在危难时，救得刘邦一命，成就了历史上赫赫有名的汉高祖；三国时的王允，以色诱董卓、吕布反目，除掉董卓，换得了汉室片刻安宁；古人驾驭此术尚能如此精纯，我们今人又该如何去面对职场诱惑，怎样才能将操钓之术运用到我们的生活中呢？

（1）“吾善养吾浩然之气”为千古文人志士所传诵，只要能够做到非己之物莫取，非正义之利不谋，不断提高个人素质，不断加强道德修养，养其“浩然之气”，树立崇高理想，坚守高尚情操，诱惑在我们面前定会偃旗息鼓，失去它的威力。

（2）做一个“善摩者”，善于摩意的人，就如同拿着鱼钩在河边垂钓，不必声张，悄悄等待就可钓到鱼，因此说，做的事情一天天成功，却无人察觉。观察人性的弱点，投其所好，取我所需，做职场中的成功者。

鬼谷子教你诈

洞悉人心，对他人的心理做到准确把握，我们就知道了最需要做的是什么，以及不同的事情我们该采取什么方法。“主事日成而人不知，主兵日胜而人不畏也”，使自己的成功变得合乎情理，人皆叹服，这是我们应该追求的做人和做事的最高境界。反之，侈则多欲，君子多欲则恋慕富贵，枉道速祸。我们要看清美丽事物的背后隐藏着巨大的诱惑，在生活中不为之所动，坚持不懈地向目标奋进。

3. 胆小之人，以威压之者，威逼目的可成

鬼谷子说：“却语者，察伺短也……动以忌讳，示以时禁，然后结以安其心，收语盖藏而却之。”意思就是说要善于抓住那些胆怯之人的把柄，

然后加以胁迫，方能成事。在成功之后还要记得适时安抚，这样才能在人际关系方面达到收拢人心的目的。

在职场中，无论是与人讲话交流、写信沟通、布置工作、批评下属，还是演讲、写信、谈判、交流、布置工作、批评等，或是其他职场中的大小事宜，都需要根据对象的不同，采取特定的最适合的语气和方法。即使是同一件事情，我们也要根据对象的不同，控制好自己说话的语气，以争取最好的效果。因为语言代表人的内心，语言和语气会反映说话人的态度和心中潜藏的思想，要善于把握别人的内心，才能获得最大的收益。

鬼谷子在谈到游说之道需要在语气方面注意的问题时，他认为，跟不同的人要用不同的语气，对上司、同事、下属语气要有所不同，采取的方式也要不一样。同样，对于胆大者、胆小者，语气不同，采用方式不同，效果也会大相径庭。

正东是一家运输公司的老板，公司要扩大规模，他想购买大批卡车。他计划购买 34 辆，而其中的 11 辆，更是非到手不可。起先，正东亲自出马与卡车制造厂商洽谈，却怎么谈都谈不拢，最后搞得他勃然大怒，拂袖而去。不过，正东仍旧不死心，便找了自己的秘书阿来做自己的代理人，帮他出面继续谈判。正东告诉阿来，只要能买到他最中意的那 11 辆，他便满意了。而谈判的结果，阿来居然把 34 辆卡车全部买到了手。正东十分佩服阿来的本事，便问他是怎么做到的。

阿来回答："很简单，每次谈判一陷入僵局，我便用'白脸'和'黑脸'的战术，问他们：'你们到底是希望和我谈呢？还是希望再请正东本人出面来谈？'经我这么一问，对方只好乖乖地说：'算了算了，一切就照你的意思办吧！'"

因为阿来知道，要使用"白脸"和"黑脸"的战术，就需要有两名谈判者，两名谈判者不可以一同出席第一回合的谈判。两人一块儿出席的话，若是其中一人留给对方不良印象的话，必然会影响其对另一人的观感，这对第二回合的谈判来说，是十分不利的。

自己的老板在谈判时唱的就是“黑脸”，他的责任，在激起对方“这个人不好惹”，“碰到这种谈判对手真是倒了八辈子霉”的反应。而自己唱的是“白脸”，也就是扮演“和平天使”的角色，使对方产生“总算松了一口气”的感觉。就这样，二者交替出现，轮番上阵，直到谈判达到目的为止。

老板的谈判已经做到使对方产生“真不想再和这种人谈下去了”的反感，不过，阿来知道，这样的战术，只能用在对方极欲从谈判中获得协议的场合中。当对方有意借着谈判寻求问题的解决时，是不会因对第一个谈判者的印象欠佳而中止谈判的。所以，在谈判前，阿来已经先设法了解对方对谈判所抱持的态度，才使“白脸”与“黑脸”战术派上用场。

地产大亨潘石屹有句名言：“不要犯法，可不择手段。”用来阐述鬼谷子在这段里表达的精义，十分准确。在合法的范围内可以做任何事，在基本道德的框架内，我们也可以充分发挥聪明才智、谋略权术，争个高低，但若超越这两个标准，危害到他人的基本权益时，就需三思而行了！

世间本无绝对的智者和愚者，每个人都有自己的特长和短处，人人都有优点和弱点，也都有自己生存的法宝。智者在能力上，在思考方面，也会有笨拙处和短处，愚者也会有其精巧处和长处。只要善加利用，弥补弱项、扩大强项，都能达到自己特定的目的。

“遇弱示强”是说如果你碰到的是实力较你弱的对手，那么就要显露你比他“强”的一面。这并不是为了让他来顺从你，或满足自己的虚荣心或优越感，而是因为弱者普遍有一种心态，即不甘愿一直做弱者，因此他会在周围寻找对手，证明自己也是一个“强者”。“示强”则可使弱者望而生畏，知难而退。所以，这里的“示强”是防卫性的，而不是侵略性的，假如变成侵略性的也必为你带来损失，比如要是判断错误，碰上一个“遇强示弱”的对手，那你不是会很惨吗？交谈中造成一方软弱的原因有多种，或因弱小无力，或因地位低微，或因其秉性懦弱、缺乏意志，等等。和这种软弱的对手交流时，如果采用强硬态度，对方就会避开你，你便无法达到目的。相反，你应采用温和的态度，故意和对方扯平地位，主动、诚恳地体谅对方的苦衷，设法和对方培养起相当的感情。这时，对方不但不会对你产生戒备之心，问题更能迎刃而解。

鬼谷子认为，在人际交往中，把握对手的弱点尤为重要，知己知彼，才能百战不殆。那么如何才能牵制对手，达到我们的目的呢？

（1）投其所好

投其所好，也就是顺着对方的性情去揣摩。一个人的喜好习惯都可以通过交流得到确切的信息。所以，你要先了解清楚一个人只要活着，他就不可避免地有欲望，只要有欲望，他就有被别人一击即破的弱点。比如有些人爱财，有些人爱名，有些人重江湖义气，有些人好色……而这些都是突破点，知道点在哪里就可以采取正确的方式一一击破了。

（2）旁敲侧击

旁敲侧击，就是看他周围的事物，判断其优势和劣势。我们在找不到语言上面的理解之后也可以剑走偏锋，通过别的事情来看一个人如何回答，通过他对一件事情的态度来看他是如何认为的，这些都是考量一个人的方法。正所谓察言观色，说的就是这个道理。

（3）击破弱点

鬼谷子认为，打击一个人就是要利用“木桶理论”， 找到最短板，即从最薄弱的一点来着手。弱点是一个人的软肋，只有找到软肋才能快速制服对手。

鬼谷子教你诈

对他人的优点和弱点作一个全面的考量，做到准确把握，我们就知道了如何做，做什么，以及不同的事情我们该采取什么方法。对秉性懦弱、胆小的人，采用震慑的方法，达到我们合法的目的，使自己的成功变得情理相通，人人佩服，这是我们做人和做事的理想境界。

4. 灾祸之人，守身避之

“一块臭肉搅得满锅腥”常被用来形容那些害群之马，夸张地说有时候这块“臭肉”会导致全局溃败。所以鬼谷子在讲用人的时候就说：若要守身，必定要避开灾祸之人。不仅仅是思想上的问题，更多的是成事时候的关键，那些不学无术或是不成事的人会直接导致我们的进度减速甚至失败。

同时，鬼谷子还认为，远离灾祸之人也是维持自身名节的考虑，谁都不想和一个有着不好品行的人做朋友或者共事。而如果我们身边有这样的朋友，那么那些想要亲近我们的优秀的人可能就会有所顾忌，也会介怀的。

春秋战国时期，诸侯割据，战争不断，百姓苦不堪言，到处田地荒芜，形成了“千里无鸡鸣”的凄凉景象。在动乱的年代，如何安身立命就成了首要问题。鬼谷子作捭阖术，它的本义是开合。捭就是拨动，阖就是闭藏。一开一合是事物发展变化的普遍规律，是掌握事物的关键。他提出了利己的重要性，并针对如何利己守身给出了诸多非常实用的建议。

有人会说，捭阖术主要是针对那些纵横家以及政客们而言，但是随着时代的发展，人们在日常生活以及工作中，也会用到，要想在事业上立于不败之地，就要有人支持你，甚至提拔你，那你选谁作为你追随的对象，是非常重要的。

要想利己守身，关键在于你在对的时候跟对了人，就如同千里马遇到伯乐。然而，很多人对这一点的认识并不清晰，所以常常没有自己的主张，随波逐流，看不清形势，从而造成一损俱损，自身受到严重的伤害。

看过《三国演义》的人都知道，陈宫是东汉末年吕布帐下的重要谋臣，为人正直刚烈、足智多谋。其实，陈宫最初是曹操手下的谋臣，因看不惯曹操心狠手辣，杀害吕伯奢一家恩将仇报，就离开了曹操，后来又追随吕布。

有一次，曹操为了取得徐州，挟天子以令诸侯，下诏让刘备讨伐袁术，刘备不得已出兵征讨，留下张飞一人看守徐州城。张飞嗜酒如命，脾气暴躁，打骂军士，不顾刘备临行嘱托，打了一个名叫曹豹的士兵，此人便是吕布表弟。后曹豹投吕布，被陈宫得知徐州城只留张飞一人，兵不过五千余人，便献计命曹豹内应，让吕布乘虚而入夺了徐州。吕布兵不血刃就夺得了徐州，可见陈宫谋略不在郭嘉、荀彧之下。

又有一次，袁术谋臣对吕布用计，在大战即将来临之际与吕布联姻，重礼下聘，娶吕布的女儿，吕布没有看出袁术是在利用他抵抗曹操，立即答应了婚事。可是袁术这个计策被陈宫看穿，并拖延了婚事，过了不久，曹操打败袁术，攻下寿春。这样，陈宫又为吕布挡下了一难。

从上面这两件事可见陈宫心思缜密，洞悉先机，有着优秀的军事政治才能。

可是，后来曹操用离间之计派出陈登父子离间陈宫与吕布刘备之间的关系，使吕布疏远陈宫。吕布听信小人谗言，不听陈宫劝阻，陈宫无奈，叹忠臣不能为明主所用。曹操又使离间计，离间吕布与刘备关系，造出刘备与曹操联盟攻打徐州之假象，吕布中计，曹操用郭嘉的计策挖开泗水河，水淹下邳，又趁吕布军心不振时，放出消息，擒吕布者重赏，曹操不费一兵一卒便攻破下邳。吕布被杀，陈宫不愿投降，自缢而亡。

其实，陈宫在三国动荡年代，完全可以择明君辅佐，或隐匿山林，蓄势待发，可惜他选择了吕布。在世人的眼中，吕布是个见利忘义、贪恋美色、有勇无谋、心胸狭窄的人，这就注定了他失败的命运，聪明睿智的陈宫选择他做主公，也就注定了人生悲剧。正如鬼谷子先生所言：想守身，避灾祸之人。

那么，在当今工作生活中，怎样才能有效地避免灾祸，获取自己的最大利益呢？鬼谷子早在春秋时期就给我们提出了告诫。

（1）料其情，结其诚

在与人相处中，要观察他的为人之道，只有诚信的人，才可以结识信赖。诚信自古就是考量一个人品行的最高标准。同样，鬼谷子认为，和真诚的人结交，不仅可以提高自己的素养，还能吸收他人的优点来促成事情的成功。相反，那些偷奸耍滑的人，除了败坏自己的名声，只能带来不利的影响甚至错误的抉择。所以在选择朋友和伙伴的时候必须要亲近有正能量的人，远离灾祸之人。

（2）亲贤臣，远小人

这是古代讲给君王的道理，鬼谷子认为这是不变的道理。很多人尤其是在达到某个高度以后就开始沾沾自喜，就习惯听奉承之话，其实往往那些不好听的才是最有益的。所以鬼谷子说，要学会听逆耳的忠言，不要一味认为会阿谀奉承的人才是好人，这样只会让那些真心帮助我们的人远离，这是违背“远离灾祸之人”的道理的。

鬼谷子教你诈

一个人的名节很重要，他关系名誉和事业。只有好名节才会吸引优秀的人。鬼谷子告诫我们若要吸引良才，就必须剔除身边的小人和灾祸之人。远离那些“臭肉”，才能净化队伍，达到事半功倍的效果。

5. 重用之人，不可至信

常言说：“害人之心不可有，防人之心不可无。”早在春秋战国时期，诸侯割据，国与国间连年征战，用计谋获得胜利，取得最大利益的比比皆是。其中，最常用的就是反间计，这个计谋需用在最可信的人身上。鬼谷子就专门作反应术，反应术讲的是如何“察言见情”、“得其情诈”。

春秋战国时期，计谋主要是针对那些纵横家以及政客而言的，但是随着时代的发展，人们在日常生活以及工作中，用一些不损害他人的计谋来保证自己的利益，不也是很好的事情吗？

生活中最大的忌讳就是你最信任的人出卖你，所以，身处职场的人要清楚认识这一点，说话办事要留有余地，不能和盘托出，一个没有秘密的人，也就失去了他的人格魅力。诚然，信任他人是我们做人的美德，但我们应为自己留有退路，不能让对手找到置你于死地的方法。所以鬼谷先生曾有言：“重用之人，不可至信。”

翻开历史的画卷，有多少英雄人物竟折在身边的宵小之辈上。崇祯皇帝信佞臣，杀袁崇焕，最后导致清兵入关，自缢在千年古松之下。更有春秋时，功高一时的吴王夫差灭了越国，后轻信吴太宰伯嚭，成为亡国之君。

就连机智多谋的诸葛孔明不是也轻信了马谡，而失街亭吗？

至信他人，不能全方位思考是十分致命的，它不仅影响我们思维的判断，而且会带来不可估量的后果。

周良来自河南的一个小县城，因其学习勤奋努力，考上了北京的一所大学，四年很快过去，大学毕业后他就留在了北京自己奋斗，在一家外企做了一个白领，一做就是十年。

后来，他所服务的外资企业准备撤出中国市场，他失业了。在北京奋斗了十年，周良也有了一定的积蓄，之前一直给别人打工，这一次，他经过慎重的考虑，决定寻找一个合适的项目自己投资做老板。

听到周良要自己投资做老板的消息后，杜晓旭就找到了他。杜晓旭是周良的高中同学，两人又是大学同学兼室友，可以说，他们两个人的关系非常好，因为杜晓旭毕业后也留在了北京，所以他们这些年也保持着频繁的联系。

这次杜晓旭是跑来向周良竭力鼓吹自己看中的项目的美好前景的，并说如果周良相信自己，“只要你投资 30 万元，其他一切事情全部由我来做，到时候，咱们俩五五分成”。杜晓旭还一一列举了自己的市场调查数据，分析了市场前景，结论是：项目前景一片光明。

周良非常信任杜晓旭，加上两人又是同乡、同学，他不仅对 30 万元投资一口应允，而且在将钱交给杜晓旭之前，也没有亲自或委托他人重新对这一项目的市场前景和杜晓旭的办事能力进行任何调查。结果杜晓旭拿到钱后，没有多久就将项目做垮了，周良的 30 万元投资当然也跟着打了水漂。

通常，创业者对他人尤其是亲密朋友的意见都容易过度相信，认为朋友的话即代表了市场的真相，自己无须再对市场进行调查，从而导致投资失败。在作投资决策时，不要轻易相信任何人的意见与建议，哪怕这个人是赫赫有名的专家、你的亲兄弟、你的父亲母亲。只可惜，等周良明白时已经太晚了，自己的多年积蓄毁于自己对朋友的轻信。

任何事情都是具有两面性的，我们不能只看到有利的一面。鬼谷子认为，就算再看中一个人，也不能完全地信任，人都是有欲望和缺点的。这不是说不能相信别人，而是要掌握“度”。古语尚有“尽信书不如无书”，何况对人呢？尤其是对重用的人更要保持适度的警惕之心，这样才是良策。

那么，在与他人相处的过程中，怎样才能避免灾祸，阻止损害自己利益的事情发生呢？鬼谷子早在春秋时期就给我们提出了告诫。

（1）信任他人意味着必须承受易受对方行为伤害的风险，因此，承担易受伤害之风险的意愿亦是人际信任之核心。与朋友相处，重要的是信任，但是要把握一定的尺度，要适度。

（2）信任在个人讲就是一种内在的心理诉求，是一种渴望。通过信任别人，从而得到别人的信任。得到了别人的信任，从某些角度也可以证明个人的存在价值。有了存在价值也是对自己的一种肯定，也是一种个人进步的原动力。

鬼谷子教你诈

作为社会组成部分的个人的进步必带动整个社会的发展。现代社会中人与人接触越发频繁，个体间合作是社会活动的必然趋势。信任就是紧密联系个体间的纽带，是社会活动的前提，是社会稳定的基础，是社会发展的需要，也是社会进步的必然结果。但重用之人，不可至信，才可避免在商业中受到极大的伤害。

6. 疏远之友者，学会偶联系之

人际交往是一门重要的艺术，它直接影响着你的生活，鬼谷子早在春秋战国时期就专门作《内揵》篇，指出“决安危之计，定亲疏之事”，驾驭人际关系者，手操的是双刃剑，它既可以为你披荆斩棘，也可能弄伤你。诚然，志趣相投者，我们每日长相处，增进彼此的感情，但是那些关系不是很亲密的人，也要有不一样的策略来对待。

鬼谷子《内揵》篇说：“用其意，欲入则入，欲出则出；欲亲则亲，欲疏则疏；欲就则就，欲去则去；欲求则求，欲思则思。若蚨母之从其子也，出无间，入无朕，独往独来，莫之能止。”意思就是了解一个人以后，可以找到一个方法，这样你想他亲近你就可以亲近你，想让他疏远你就可以疏远你，全在于你怎么做。其实不是一味的亲近就是好事，对于那些疏远的人，有时候学会不同的策略才是大智慧的表现。

偶然翻了一下手机，不禁心头一震，密密麻麻的电话本里，记载了数千名曾经的朋友，合作过的人。可近一年中我经常联系的也不过寥寥数人，有些人甚至有好多年都不联系了，我的冷汗不禁冒了出来，是工作忙吗？连电话都不打一下。是没时间吗？逢年过节连个短信都懒得发。我们到底怎么了？其实正如鬼谷先生所言，我们要与人做到“远而不疏”，对于那些交往不是很密切的人，我们应偶尔问候一下。

王鹏和李辉是北京某名校的学生。在学校时，两人是校篮球队的球员，每天课余时间的练习常常一起切磋，平时更是形影不离，连饭菜票都混在一起。同学们都笑称他们是“连体兄弟”。

毕业后，王鹏的家人托关系让王鹏进了一家北京国企，在单位工作中，王鹏有几分聪明又踏实肯干，积极上进，经过几年的努力，王鹏升到了公司的人力资源主管。和王鹏的命运不同，李辉回到了家乡，在家乡的县城里找了一家规模不大的公司上班，几年过去，他还是在那家公司上班，也还是一个公司的小职员。

王鹏和李辉在刚刚毕业的时候经常联系、走动，可是后来，由于彼此工作繁忙，见面不多，就逐渐减少了来往。但是二人的情谊还在，逢年过节，他们都会打电话或者发短信联系彼此，谈谈工作和家庭。

一次，李辉到北京办事，时过境迁，他回想起在北京上学的学生时代，于是就到他和王鹏上学时经常光顾的饭馆吃饭。令人激动的是，他一进门就遇上了多年未见的王鹏。与此同时，王鹏也看见了李辉，浓浓的乡音让王鹏认出了李辉，他赶忙上前，热烈地拥抱老同学。同学间并不在乎如今两人身份地位的差异，王鹏也站起身来，热情地抓住李辉的肩膀，大笑道：“兄弟，我说你怎么这么久没露面，原来你还记着这个饭馆哪，咱们有缘千里来相会，还真是缘分哟，来来来，叫两个菜，咱哥俩坐一坐。”

点两个小菜、两瓶酒，两个人就像上学时那样，几杯酒下肚，两人就聊了起来。多年的情谊在，他们彼此推心置腹，从人生不易，求人办事的艰难，讲到人生的所得所失，从少年时彼此的乐事，到今天职场的无奈，还有现在的相亲难题和丢脸的爱情经历。一顿饭下来，多年来的疏远感早已烟消云散，两人的关系又回复如初。

说到二人现在的工作状态，二人一拍即合。王鹏提到创业，李辉也决心改变，二人决定自主创业，利用王鹏的人脉，他们在温州地区开办了一家公司，李辉主管技术，王鹏主管公关对外业务。由于两人的亲密合作，一年下来，他们的资产实现了翻番。两个人终于实现了梦想，而他们的友情也更加根深蒂固。

从以上故事可以分析出：当朋友分开后，若还能相互联系的话，那对自己的人生或事业一定大有好处。这有利的一面，也许是你意想不到的，也许会使你成就一番事业。

学会与各类人游刃有余地相处，适时地拉近关系或者适时地疏远，是对自己和对方都好的办法。在亲近疏远之间游离，要掌握火候力度，才能既维持原本的关系，又在未来拓展更深的关系。

众所周知，人际关系在危急关头能帮上大忙。但要记住，这中间的好处是来自平常的努力。朋友分开后，如果不联系，那关系从何谈起，从中受益更是一纸空文。

如果你有这份真心，真诚地维持朋友关系，那么，你的人际关系就会更加广泛，路子也会比别人多。朋友间彼此照应，相互支持和帮助，情谊才会永世不竭。与朋友交往，我们要切记：

（1）做一个优秀、有价值的人，那么就会有很多优秀、有价值的人为你提供帮助。这样的时候，这帮助往往确实是无私的。

（2）千万不要以忙为借口而与朋友之间失去联系。因为忙碌减少了和朋友间的沟通，很多原本牢靠的关系就会变得松懈。你可以花一点时间和你的朋友保持联系，可以打上一个电话，在不打扰同学的情况下，以聊天保持沟通。有时一个短信、一个电话都可能使你的朋友感到一丝惊喜和感动。

（3）要真诚，要对朋友付出真心。朋友间没有高低贵贱之分，无论你是总统还是平民，你们曾经站在一起过，这份情比什么都重要。

鬼谷子教你诈

关系疏远的人，偶尔也要有联系。朋友分开后，要保持联系。只有这样，你的人际交往才会无往而不利，这份情谊将取之不尽、用之不竭！

7. 掌握分寸，人情不远不近

物以类聚，人以群分，在与人交往中，掌握好分寸尤为重要。鬼谷子早在春秋战国时期就专门作《内揵》篇，指出交际需要距离，或远或近，分寸有度，交际就会产生奇效，而一切过犹不及的交际只能事倍功半，甚至会半途而废。

鬼谷子说："凡趋合倍反，计有适合；化转环属，各有形势；反复相求，因事为制。"意思是，无论是面对面迎合还是转过身去，都是有法度可依的。事物就像一个圆，每一面都不一样。而只有了解之后掌握分寸地去做，才能制服它。具体问题具体分析才是处理问题的方法。在人际交往中也是这样，掌握分寸，无论是说话还是做事，都不会给别人造成尴尬或者困扰，这样才能维持长久的人际关系。

无论哪一种社会交际，人与人之间都有一定的空间距离。这种空间距离不但界定了交往的形式，而且确定了交往的广度与深度。可以说，社交距离的远近，大致确定出相互间的亲疏程度。因此，人们在日常工作与生活中，要善于把握交际的空间尺度。尤其是企业中下层管理者，涉足的面宽、对象广，更应该自觉运用交际的空间距离长短，把握好交际形式，有效进行人际交往，协调好各种关系，以推动管理工作顺利进行。

一般情况下，交际分为情友交际、同事交际、业务交际和公共交际四种。这四种交际由于性质与形式不同，必须在一定的空间距离中展开。多数情况下这种空间距离是有规有序的，不能人为打破，否则交际就会出现障碍，甚至中断。

举一个例子，如果一个人在公共场所突然接近一个相互不认识的人，除了你使用公众用语还能与对方简单搭讪一下以外，超出这个范围以外的问话都会招致对方的怀疑甚至反感。为什么会产生这种情绪呢？因为这种交际的性质确定了既不能近距离交际，更不能深入交际，一旦破坏了这种格局，交际就会出现问题，或者根本就不能交际。相反，如果彼此之间是友人或者是情人，而你却用公共交际的形式去进行，即便你使用非常客套的语言，也会让对方产生狐疑与不安，徒生不必要的矛盾。

因此，交际必须有分寸。诚如鬼谷子所言："其身内，其言外者疏；其身外，其言深者危。无以人之近所不欲，而强于人。"大意是说：和关系密切的人说见外的话就会疏远；和关系较远的人深谈就会有危险；不要把别人所不愿意接受的事情强加于人。

唐嫣在朋友圈里的口碑非常好，人们都说她很有人缘。作为一个涉世不深的女孩，她却能够将自己和朋友的关系、朋友和朋友的关系处理得恰到好处，这十分不容易。那么，她是怎么做到的呢？

在唐嫣看来，关键在于她很注意把握与人交往的尺度。唐嫣是不折不扣的南方女孩，有着南方女孩温柔似水的性格，她很善解人意，朋友不想说的事情她绝对不问，朋友有事不能和她见面，她也不会抱怨。在她的字典中，从来都没有"强人所难"之类的字眼，平时说话做事也懂得给朋友留余地和空间。用她的话说就是人与人相处要给彼此留点神秘感，朋友之间相处得太过亲密、太过直白，没有私人空间，那就没有意思了，她说朦胧的美才是最好的。唐嫣一直是这样说的，也是这样做的。

唐嫣的交友之道就是：她懂得掌握分寸，既不会离朋友太近，也不会太远，在给朋友足够的个人空间的同时，在朋友出现问题的时候也会第一时间赶到，及时地向对方伸出援助之手，让对方能够感觉到关心。出现的时机很合适，在不该出现的时候你看不到她，但是当你需要她的时候她也不会袖手旁观，像她这样真心实意地体贴别人，怎么会没有人缘呢？所以她的朋友很多，并且每一个朋友提起她都会赞不绝口。

比如王晓失恋的事情，这件事情传播得很快，事实上，唐嫣第一时间就知道了这个消息。但是，唐嫣只是默默地陪在王晓身边，陪她伤心、难过，并尽可能地讲一些开心的事情逗她开心，并没有像别人那样带着一种好奇的口气去逼问王晓到底发生了什么。这让王晓感觉很温暖，觉得她是一个体贴可靠的人，后来她们成为了很要好的朋友。

由此可见，把握好交往的尺度和距离并不是什么难事，只要和对方保持适当的距离，不要逼迫对方说出其不想说的话，也不要对对方不闻不问，尤其不要逼对方做其不喜欢的事情；最重要的是在其需要你的关心时一定要坚定地陪在他身边。只要你处处替别人着想，给对方留下空间和余地，同时又不离对方太遥远，让你们彼此之间保持一个可以产生朦胧美的距离，那么，你们之间的友谊一定会变得越来越美而且很坚固，不会因为太近而窒息，也不会因为太远而猜忌。

什么事情都有个限度，人与人之间的交往也是一样，要想在交际中游刃有余，你就必须注意交往的尺度和距离，因为太近或者太远都不利于彼此之间的交往。

如果距离太近了，反而体会不到友谊的和谐之美。也许你会说这不是挺好吗，彼此之间没有秘密，能够做到足够的坦诚，朋友之间是需要坦诚的。可相互坦诚并不是无限度的，任何人都需要有自己的空间，哪怕是最好的朋友，也不能闯进对方的私密空间，否则你将会因为你的冒失而失去朋友。

每个人心里都有不想让人知道的小秘密，在他还没有想好要如何面对的时候，是绝对不会想让任何人知道的。如果你不能体谅、不识时务，非要和他分享一切，那么你就会因为冒犯他而让你们的友谊陷入尴尬的境地。鬼谷子早就告诉我们不要假装和每个人都很熟，借机来窥探别人的秘密，即使你是好心也不一定带来好的效果，反而会招人厌恶。所以把握分寸在人际交往中显得至关重要。

友谊需要维系，需要保持经常接触、互相慰藉。如果不常联系，或者偶尔聚在一块儿，会逐渐生疏，所以总是疏远也是不行的。友谊往往产生于两个相互亲近的人之间，所以，鬼谷先生曾告诫我们：

（1）把握好交往的尺度和距离

我们在与人交往的时候，一定要注意自己的立场，要明白自己没有权利为他人作决定，我们能够做的就是语言上的劝说或者为其提出可行的建议。如果我们逾越了这样的前提，就会给人留下不尊重人，擅做主张等不良印象，到时候要想让对方朝着我们所希望的方向作决策就几乎是不可能的了。

（2）修养在社交中尤为重要

做一个有修养的人，不仅是对他人、对社会的尊重，而且更多的是对自己的尊重与珍惜。古人就曾把修养作为自己开创事业的基础，故有“修身、齐家、治国、平天下”之说，把修养放在第一位。交友也是如此，修养差的人，是很难有自己的知心朋友的。人们都愿意同那些有修养的人相处，因为同他们相处，会有如沐春风的感觉。能在恰当的场合向人们展示你的修养，就会引起人们对你的好感。因此，修养也是你的社交魅力之所在。

鬼谷子教你诈

人际关系重在通过把握尺度用真心与人交往，但是前提是，一定要时刻清楚自己的位置、自己的身份，做一个有修养的人，才不会因为权限的逾越而引起对方的不满，所进行的交往才是最有效的。

8. 抱守中道，掌握主动权

“中也者，天下之大本也；和也者，天下之达道也。致中和，天地位焉，万物育焉。”由此可见，“中”与“和”才是夫子的道，即中庸之道。身处俗世，与人争长道短在所难免，恩怨情仇有时无非就是一句话的事，换个角度，换个立场，也许就会干戈化玉帛。“执其两端，用其中于民”，折中而用，不“过”亦不“不及”，把握好分寸，适当应运。

鬼谷子也曾有“观阴阳开阖以命物，知存亡之门户；见变化之朕焉，而守司其门户”之语。观察世间万物阴阳开合的自然规律，了解和掌握事物的本质属性，寻找解决问题的关键。发现事物发展变化的征兆，把握和利用变化的关键点，因势利导，掌握主动权。只有这样，才能在人际交往中进退自如，游刃有余。

明朝时，皇帝派御史韩雍到江西考察。当时，皇帝给远在江西的一名宦官发了一份诏书，地方官误以为是给自己的，所以打开了封志，误拆封志的地方官知道自己惹了祸，连忙向韩雍请教解救的办法。韩雍想了想，让地方官宴请那位宦官，然后由他出面将此事化解。

次日赴宴之前，韩雍让手下人伪造了一个封志，把诏书装了进去，然后送给他特意找来的一个邮卒，自己则怀揣真封志去赴宴。当宴会进行到酒酣耳热的时候，事先安排的那个邮卒拿着假封志进来，并把它交到韩雍手里。

韩雍从容地拆封，打开诏书看了一眼，脸色一变，斥责邮卒说："诏书不是给我的，你怎么如此马虎！"在给诏书套封志的时候偷偷地"调包"，将诏书套进怀中的真封志中，这一切都没有被宦官和其他人发现。在宦官看诏书时，韩雍大骂邮卒失职，并向宦官表示歉意。宦官见御史大人如此认真，反过来为邮卒开脱，大家接着饮酒，欢歌达旦。这件麻烦事就这样被搪塞过去了。

"中者，不偏不倚，无过不及之名"，从中我们可以看出，中就是不偏激，不要走极端，不要不及，也不要过头；中就是要我们做什么事情都要有个"度"，把握好分寸。钢刀虽利易折断，水流虽细能克坚，忍小节才能获大胜。在当今社会与人相处的过程中，凡事处理得稍有不当，就会招致很多麻烦，轻则工作生活不愉快，重则影响职业生涯、家庭幸福；因此无论做人还是做事，关键在于把握好度，说白了就是一句话，做人要低调，做事要中庸。

那么我们又该如何更好地运用中庸之道，在人际交往中得心应手呢？

（1）学会妥协，不仅仅要学会向现实妥协，更要学会向自己妥协。向现实妥协，是人成长历程中必经的路段，现实往往不以个人意志为转移，"兵强则灭，木强则折"，唯抑高举下、以柔克刚，纵使心中不甘也无法逆转，人只能顺应大势所趋，被动接受和适应，人们常感叹其为"命运的安排"。而学会向自己妥协，却是说服自己主动放开束缚自己心胸的无形桎梏，不沉浸于过去的悔恨，不寄望于未来的憧憬，而是抛开内心的诸多不甘和怨愤，不执着，不纠结，安之若素坦然接受既定的现实，潜心了解并积极顺应现实事物发展变化的规律，从而才能打开心窗，获得掌握命运之舵的主动权。

（2）低调做人，中庸做事，不仅可以保护自己，融入人群，与人们和谐相处，也可以让人在暗中蓄积力量，然后悄然潜行，在不显山也不露水中成就事业。反过来说：做人若不懂得低调，就会处处碰壁；做事若不懂得中庸，就会处处受阻；这一点无须举例，历史和现实生活已经给了我们很多教训。

鬼谷子教你诈

鬼谷先生教导我们：为人处世要低调也要中庸，做人要低调，也要能方能圆，做事要中庸，也要能进能退，人生旅途中困难太多，低调做人，中庸做事，只有这样才能掌握事物的主动权，把握成功。

9. 保利至上，亲疏远近无定数

成就大事业者必须要有真本事，于乱中取胜，谋定天下，非长期修炼的高人不能为。《鬼谷子》上篇十卷转轮内炼之道就说到，和一个人的亲疏远近是由于保利而来的。利是做事情的核心，一切行为都是为了创造利，所以围绕这个核心就要制定策略，策略是随着利的不同需求而变化的，时远时近可能是最好的策略。

鬼谷子说："凡度权量能，所以征远来近……其有隐括，乃可征，乃可求，乃可用。"一个人要想干出一番事业，就必须广泛招纳各方面的人才。郑国子产是一个办公择而能使的人，公孙挥能知四国，火而善辩，裨谌、冯简矛能断大事，子大叔美而善写，遇国与国之事，子产问公孙挥，然后与裨谌计议，再让冯简矛判断事情的可行性，一旦事情成功，再让子大叔写文来应对宾客。所以要保住自己的最大利益，结交有能力的人才，尤为重要。个人如此，一个公司、一个国家，更是如此。

很久以前，吐谷浑国的国王阿豺有20个儿子。他这20个儿子个个都很有本领，各有所长，难分上下。但是他们自恃本领强，从不把别人放在眼里，连对自己的兄弟都没有亲情，常常明争暗斗，见面就互相讥讽，在背后也总爱说对方的坏话，认为只有自己最有才能。阿豺对儿子们这种互不相容的情况非常忧心，他明白这种不睦的局面很容易被敌人利用来各个击破，那样，不仅儿子们的性命难保，传承下来的国家也会被击垮。

阿豺不愿意看到这样的结局，于是他常常利用各种机会和场合来苦口婆心地教导儿子们不要互相攻击，要相互团结友爱。可是儿子们都是阳奉阴违，对于父亲的话从来都是左耳进右耳出，谁都没放在心上，表面上表现得很遵守，但是行为依然我行我素。阿豺对于儿子们非常失望，知道他再怎么教导也没有效果了，随着年纪的增长，阿豺明白自己在位的日子不会很久了，可是让他忧心的是，如果儿子们再没有人教导，调解矛盾，国家就会四分五裂，那时候儿子们怎么办？国家怎么办？有什么办法可以让他们知道自己的错误，懂得团结起来呢？

阿豺终于想到了一个好方法。有一天，他把儿子们召集到病榻跟前，吩咐他们说："你们每个人都放一支箭在地上。"儿子们虽然不知道为什么，但还是听父亲的话，拿了一支箭放在了地上。阿豺对自己的弟弟慕利延说："你随便拾一支箭折断它。"慕利延捡起身边的一支箭，稍一用力，箭就断了。阿豺又说："现在你把剩下的19支箭全都拾起来，把它们捆在一起，再折断它们。"

慕利延按照阿豺说的弄好箭捆，他抓住箭捆，咬牙弯腰，脖子上青筋直冒，折腾得满头大汗，用尽了力气，始终也没能将箭捆折断。这时，大儿子也过来帮忙，因他天生神力，认为很简单，但是他同样也没有折断箭捆。阿豺这才语重心长地对儿子们开口说道："你们都看到了吧？一支箭，无论它多坚固、锋利，还不是一折就断了，可是合在一起弄成箭捆的时候，就怎么也折不断。这也好比人，你们兄弟也是这样，不管个人有多优秀，如果只相信自己，和兄弟朋友斗气，单独行动，很容易被敌人钻空子导致失败，只要你们 20 个人联合起来，齐心协力，就会产生无比巨大的力量，这种力量可以战胜一切，保卫自己的族人，保障国家的安全。这就是团结的力量啊！”

儿子们终于领悟了父亲的良苦用心，想起自己以往的行为，都悔恨地流着泪说：“父亲，我们明白了，您放心吧，我们一定不再像之前那样了，以后我们兄弟一定团结，守护我们的国家。”有句古话说：“兄弟齐心，其利断金。”结局我们可想而知，吐谷浑国兄弟同心，把国家治理得富足昌盛。

正因为阿豺的智慧，团结了具有不同能力的儿子，才铸就了吐谷浑国的辉煌大业。

这和鬼谷子的保利至上理论是一样的，都是围绕一个最根本的核心去服务。用人的时候要取其优势，并给他们合适的机会去实现自己的能力。至于暂时不需要的方面姑且搁置，总会有利用的时候。

在当代企业中，如何用好人，除了要端正用人思想，让那些想干事的人有事干，能干事的人干好事外，在用人技巧上还要注意：善于用人所长。用人之诀在于用人所长，且最大限度地实现人的价值。那我们又如何做到呢？鬼谷先生认为：

（1）接纳人才是有规律可循的，这些规律就是领导行为模式。哪位领导者在错综复杂的矛盾中抓住了主要矛盾，他就能把领导艺术演绎得出神入化。例如，牵牛要牵牛鼻子，十指弹钢琴，统筹兼顾，全面安排，这些就是所谓的模式化。

（2）黑格尔说过：“世界上没有完全相同的两片叶子。”同样也没有完全相同的两个人，没有完全相同的领导方法。有多少个领导者就有多少种领导方式。同样，针对不同的人，要用不同的方法。

鬼谷子教你诈

广泛地团结人才，为己所用，获得人生的最大利益。常言说，尺有所短，寸有所长，同样我们应包容人才的缺点，取其所长，将其能力发挥尽致。

第二章

借势法
忤合化转，大势非天定人可谋

任何利己行为都离不开天时，但凡常人皆以为天时乃天定，人哪能谋之。在鬼谷子看来，非也。万物的趋势都在变化之中，只要我们能够深入其中忤合化转，也能制造出所需的天时，这就是所谓的借势利己法。

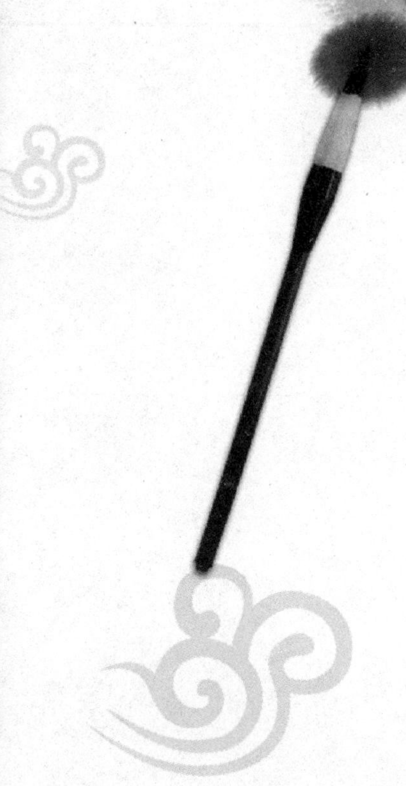

1. 审时度势，顺势而动有可为

俗话说，“识时务者为俊杰”。鬼谷子早在春秋战国时期就专门作《忤合》篇讲道：“世无常贵，世无常师。圣人常无为无不为，无所听无不听，成于事而合于计谋，与之为主。合于彼而离于此，计谋不两忠，必有反忤。反于是，忤于彼。忤于此，反于彼。”意思是，圣人也不是什么都是对的，他们也是审时度势、观察大局得来的看法和谋略。只有会顺时而动的人才是时代需要的人。

鬼谷子生活的时代，战乱四起，民不聊生，今日你称霸，明日他登场，对于那些纵横家以及政客们而言，站错了队，跟错了君主，会惹来杀身之祸。鬼谷子的忤合之术，在理论上指导了当时的弄权之人。

掌握事物的规律，要因势利导、顺势为之，不能逆道而行，即要掌握自然之道。就是说，春天万物萌生，夏天万物成长，到了秋天万物收获，冬季寒冷，万物凋敝、储藏。这就是自然界运行的正常法则，绝不可企图改变和违背这些规律。若违背了这种法则，终究会失败。君主治理国事也有一定的法则，使百姓生息，使百姓安居乐业，把百姓教养成才，万万不可违背民意，倒行逆施。要顺应自然之道，而不可扰乱自然之道。

在当今社会中，寻求个人发展也是如此。如果能审时度势，驾驭方向，找准发展的目标，全力投入进去，就一定会取得骄人的成绩。

在世界富人榜排行榜中，有一位杰出的华人企业家，在近几年，他曾经一度荣列世界富豪榜第十位。李嘉诚在商界可谓叱咤风云，他统领着四大企业公司，形成了一个逾万亿资产的跨国企业帝国。这一切，使他赢得了许多人对他的佩服和尊重。当我们回过头去看李嘉诚这一生的传奇商业生涯，可以看到，他经历了很多的艰难困苦，他的成功与他在商业中能审时度势、顺势而动是分不开的。

李嘉诚出生在一个贫困的家庭中，生活的艰辛和不易，让孩童时代的他很早就懂得了金钱对于人生的重要性。1940 年，李嘉诚跟随父母到香港定居，一家人在这个还算发达的城市中过起了稳定的生活，但是好景不长，在 1943 年冬天，李嘉诚的父亲离开了人世，家里的顶梁柱倒了，生活的重担落在了李嘉诚的身上。为了养活自己和家人，年少的李嘉诚就到附近的工厂里开始了学徒、工人、塑胶厂推销员的生涯。1948 年，由于勤奋好学、精明能干，20 岁的他开始在新蒲岗担任了一家塑胶厂的业务经理、总经理。

经过几年的锻炼之后，此时的李嘉诚已经拥有了一定的经商经验，他开始向往经商的生活，所以，他一直在寻找商机。1950 年，李嘉诚发现塑胶产业在香港很有前景，于是他及时把握住了时机，用平时省吃俭用积蓄的 7 000 美元创办了自己的长江塑胶厂。果然，不出两年，他的长江塑料厂就已经在香港小有名气，生意颇为红火。

从小就发奋图强的李嘉诚并没有因为一点小的成就而满足，他始终在跟随着时代发展的步伐来改变自己的经营项目。1958 年，一场金融风暴席卷了整个香港，房价暴跌，很多地产商抛售土地、楼盘，但是此时的李嘉诚却有自己独特的见解，他认为香港的经济在 10 年内定会复苏，于是他乘机低价大肆收购土地，后来事实证明了，他独到的眼光和精明的开发策略使“长江”很快成为香港的一大地产发展和投资实业公司。紧接着，1960 年，他认为，香港经济复苏的时候到了，他顺势而为，先后在北角、柴湾建造了两座工业大厦。长江实业上市并乘机吸收大众的资金购买土地，从他在 1958 年盖好的第一栋厂房后的 10 年间，他持有的房地产面积达到 59.4 万平方米以上，增加了 50 倍。

这次投资累积了李嘉诚人生中的超级财富，同时这也是他人生中一个重大的转折点。李嘉诚把握住机会，利用他的资产，顺势而起，成为世界级富豪，他的审时度势也铸就了他后来的辉煌人生。

毋庸置疑，李嘉诚的成功得益于他在适当的时机找准了事业发展的方向，凭借不屈不挠的奋斗精神，才获得了巨大成功。能把握时机的就能昌盛，而断送时机的就会灭亡。

鬼谷子提醒我们：一个人必须能够见机行事，懂得权衡变化。因为处世并无固定法则，这些都取决于智慧。假如智慧不足，即使拥有孔丘那么渊博的学问，拥有姜尚那么精湛的谋略，也难免会遭遇挫折。但是缺乏正确的认识而盲目行动，也会得不偿失。

那么，我们又如何去把握时机，蓄势而发呢？

（1）机会总是留给那些有准备的人。我们无法预测将来，但是我们可以规划现在，时刻提醒自己要努力工作和学习，提高自己的综合素质，不断积累更加丰富的人生经验，为自己美好的未来创造机会。

（2）用清醒的头脑去辨别周围纷繁的事物。愚者等待机遇，智者寻找机遇，把握机遇。只有认清形势，顺势而发，才能有所作为。

鬼谷子教你诈

把握大局，才能谋划未来，有更多胜算。学会审时度势，必须善于搜集情报，分析态势，明智判断，从而顺势而动，不断向目标奋进，使自己获得更大的成功，闯出自己的一片天地。

2. 巧妙借势，环境不利仍可胜

机会是留给有准备的人的。这句话说的就是一个人要学会利用时机，借助形势的变化行事，这和鬼谷子的理论不谋而合。鬼谷子说："圣人者，天地之使也。世无可抵，则深隐而待时；时有可抵，则为之谋。可以上合，可以检下。能因能循，为天地守神。"圣人就是会观测天意、遵循规律的人。借助环境的有利因素，把外力发挥到最大，有助于成功。

鬼谷子生活的时期，诸侯割据，国与国之间的争斗此起彼伏，借助他人的势力，即使环境恶劣，也能出奇制胜。鬼谷子的门生孙膑，可谓把借势而起运用到了极致，《孙子兵法》"势"篇有这样一句话："故善战者，求之于势"，意思是说善于作战者，往往充分利用形势以及形势的变化。

大家熟知的赤壁之战，就是刘备巧借势大败曹操，最终形成一方霸主的关键所在。

三国时，刘备和曹操赤壁之战初期，曹操在官渡之战中击败袁绍，统一了北方，而后兴兵向南。几天的时间曹操就大军压境，这给了刘备很大的压力，为了保护自己的势力，在存亡未卜的危急关头，孙权和刘备终于结成了联合抗曹的军事同盟。因为曹操的军队来自北方，相对于南方人来说，水性并不是很好，为了保护自己的士兵，曹操决定用铁环将小船首尾连接起来。

曹操和刘备的大军在赤壁大战一次后，由于曹军受挫，退回了江北，屯军乌林，与孙、刘联军隔江对峙。虽然在当时的情况下，孙权和刘备的士兵都是南方人，在生活习性上都很适应，但是力量和曹操的大军比起来十分薄弱。曹操大军的人数是刘备和孙权大军的几倍，如果只是单纯地通过硬碰硬的战争来看，那刘备和孙权必输无疑。刘备很清楚，想要单纯地凭借实力来打败曹操，保护自己的领地，非常不容易。

一时间，刘备和孙权的大军中人心惶惶，人们都害怕会因这次战役失去家园和生命，就在这个时候，周瑜的部将黄盖针对敌强我弱、不宜打持久战及曹军士气低落、战船连接的实际情况，建议采取火攻，奇袭曹军战船。经过了和刘备、孙权的仔细商议之后，周瑜采纳了黄盖的这一建议，制定了“借助风势，以火佐攻”，因乱而击之的作战方略。

曹操本身就是生性多疑的人，再加上这个战争的特殊时期，曹操的戒心更重，于是为了取得他的信任，刘备设计黄盖向曹操诈降，并让他与曹操事先约定了投降的时间。曹操仗着自己人多势众，欣然得意起来，竟然应允了和黄盖的约定。周瑜这边虽然骗过了曹操，取得了他的信任，但是想要用火攻，必要的条件就是风了。周瑜经过几天周密的星象观察，发现两天后就要有一场东南风，刘备他们此时借助风力正好是顺风。于是两天以后，黄盖率斗舰数十艘，满载干草，干草上全部浇满了油，并且为了麻痹曹军，进行了巧妙的伪装，插上旌旗，同时预备快船系挂在大船之后，以便放火后换乘，然后扬帆出发。

黄盖带领的战船借着江上猛刮着的东南风，迅速向曹军阵地接近。曹军望见江上船来，均以为这是黄盖如约前来投降，丝毫没有戒备之心。黄盖在距曹军不到一里时，下令各船同时点火。由于东南风是顺风，所以一时间火势迅猛开来，船往如箭，直冲曹军战船。曹军船只首尾相连，分散不开，移动不得，顿时便成了一片火海，紧接着，熊熊烈火一直向岸上蔓延，一直烧到了岸上的曹军营寨。此时在长江南岸的孙、刘主力舰队乘机擂鼓前进，横渡长江，大败曹军。曹军将士被这突如其来的大火烧得惊慌失措、鬼哭狼嚎、溃不成军，烧死、溺死者不计其数。

曹操被迫率军由陆路经华容道向江陵方向仓皇撤退，孙、刘联军乘胜水陆并进，穷追猛打，扩大战果，一直追击到南郡。这场大战，最终以曹操率领残兵败将逃回北方，孙权、刘备大获全胜而宣告结束。

赤壁之战是历史上著名的以少胜多的战役。分析曹操失败的原因，个人的骄傲轻敌是主要原因，其次孙、刘联手首尾呼应，也是重要的原因。其实，最终这次战役的大赢家是谁？当属刘备了，刘备当时可谓很不得意，整天投靠别人，而且还常吃败仗，当曹操统一北方的时候，他还没有个立身之处。他受尽了别人的冷嘲热讽，吃尽了颠沛流离之苦，郁郁不得志，刘备当时借住荆州，没有半分自己的江山，他借助于孙权的势力，孙权军队擅长水战，不费自己一兵一卒，稳收战利品，自此，曹操势力削弱，刘备趁机夺取蜀地，有了三分之一天下。

采用斗争手段而在某方面压倒对手，而以此整治整体格局达成战略目的，在难有收获时，切不可轻启争端。由于斗争只是达成组织战略目的的一种选择，因此必定要经过慎重考虑，权衡合不合于战略利益之后才能采取行动。绝不是凡事都讲斗争，来一个盲目的逢对手就杀，到头来损兵折将，两败俱伤，而从根本上打破了组织和谐生存的环境。但又如何能借助于对方的势力，保证自己的最大利益呢？鬼谷子早在春秋时期就给我们提出了告诫。

（1）借势而发。俗话说，团结就是力量，团结可以团结的人，借助彼此的实力，形成一股无法逾越的垄断力量，就会无往而不利，令你的对手不战自败。否则，孤军奋战，注定满盘皆输。

（2）“计利以听，乃为之势，以佐其外。势者，因利而制权也。”也就是在主持斗争行为的“将帅”的战争谋略获得组织领导者的采纳和支持，开始战争行动之后，首先要谋势造势，也就是“因利而制权”，做出必要的权变，而获取战争的有利局势，最终获得胜利。

鬼谷子教你诈

认真分析自己所处环境，权衡与对手竞争的利弊，作出决断，找自己最合适的联盟，借助彼此的势力，全力出击，削弱对手，使自己变得更加强大。

3. 好风扬帆，瞅准时机好造势

人生起起落落，把握好机会，借助于外力，扬帆远航，到达成功的彼岸，是件多么快乐的事啊！所以鬼谷子曾有云："反趋合倍反，计有适合。"大意是说所有趋合或背反的事情，都会有适宜它的计策，谋臣应借助于外力，造声势，发展自己。有时候我们真的是"万事俱备只欠东风"，这个东风就是时机和天命，只有借助这个东风才能达成所愿。所以鬼谷子认为找准时机是成功的客观条件，而这个客观条件的寻求却是一个人主观修行的体现。

孙子兵法曰："激水之疾，至于漂石者，势也。"湍急的流水，飞快地奔流，以致能冲走巨石，这就是势的力量。

孔明自出茅庐以后，极擅长造势、借势、用势。刘备赴江东招亲时，赵云令荆州随行兵士俱披红挂彩入南徐，便是孔明造势之计。其目的在于制造出一种热热闹闹办喜事的舆论声势。用现代话来说，这既是表明来意的"安民告示"，又是广而告之的"轰动效应"。结果，这一轰动效应惊动了乔国老和吴国太，孙权和周瑜的假戏不得不真唱下去，最后，刘备得了孙夫人又保住了荆州。而宋太祖赵匡胤更是因造势成就了一片大好河山。

当年赵匡胤被宰相范质、王溥派去北上防御北汉和契丹的联合进犯，最后黄袍加身一事，事实上就是赵匡胤背后的支持者选好了时机，通过不断的造就时势而最后得来的结果。后周显德七年，赵匡胤的支持者赵普派人散布谣言，上奏朝廷说北汉和契丹会师南下，派兵进犯。当时朝廷只有一个年幼的小皇帝，尚未亲政，于是只好由辅助大臣们来商议此事，为了保护江山，朝中要选一位英勇无敌的良将前去退敌。

当时朝中宰相等人并没有怀疑军情的真假，只感到了事情的严重性。契丹和北汉联合，说明敌军非常强大，于是他们只好选中了在朝中最有实力的赵匡胤前去退敌。当大军行至开封东北四十里的陈桥驿时，赵匡胤便驻足不进。而朝中的幼帝和大臣等还不知道赵匡胤此时的野心，都在等着赵匡胤凯旋的好消息。

赵匡胤的野心当然不能明摆着表现出来，他还要日后让人们信服自己，不想落得一个背弃朝廷和帝王的名声，于是，他很需要自己的谋士来为他造就好的时势，从而等待机会顺理成章地实现大志。在赵匡胤随行的军中有一个通晓星象的人叫苗训，他指点门官楚昭辅等人观察天象，看见“日下复有一日，黑光摩荡者久之”，似乎两个太阳正在搏斗。而出现这种情况，在古人们的眼里就意味着要出现一个新的皇帝。这个谣言很快就在赵匡胤的军中散播开，很多人开始猜测这可能是老天爷的旨意要让更合适的人来做皇帝。

有了之前天意的铺垫，军中将士们已经开始有了各种猜测，于是赵匡胤借着现在的这种种对自己有利的时机，开始派自己的亲信去煽动将士们“现在皇帝年幼，不能亲政，我们冒死为国家抵御外敌，又有谁知道，不如先立将军为天子，然后再北征也不晚”的意愿。

此时赵匡胤的造势已经到了高潮部分，于是，一直在幕后策划的赵普、赵光义等出来假言规劝将士们不要这样做。但是单纯的将士们正好就中了他们的激将法，一下子整个军营中就人心聚齐。赵普等人见时机成熟，就派人连夜赶回通知大梁城内的守将石守信、王审琦等人，让他们在京城领兵策应。

在整个造就时势的过程中，赵匡胤本人从未正面表现过自己的野心，直至黎明时分，北征的将士们在赵普等人的安排下准备兵变，此时的赵匡胤仍然装作毫不知情，让在场的将士们对他更为信任，等到赵匡胤在下属的通知下走出营帐后，将士们一见便高呼："诸军无主，愿奉将军为天子！"赵匡胤未及开口，就有人把象征着皇权的黄袍裹在他身上，高呼万岁。参加兵变的将士们不等他分辩，就簇拥他上马。

赵匡胤黄袍加身这一事件，将他自己毫不知情、被迫无奈、顺从人心的情态表现得淋漓尽致，这一切都得归功于在他背后为他造就合适时机的谋士赵普等人。赵匡胤已经深得人心，于是很快就号令三军，于是，他就整肃军队进入大梁。进城后，他命令将士们各归营帐。

同时，为了给群臣和百姓一个交代，赵匡胤的手下又开始着手寻找机会为他造就一个得人心的时势。手下将领簇拥着宰相范质等群臣前来，赵匡胤一见之下就痛哭流涕，对他们说道："我违抗了上天的旨意，当了叛军首领，都是诸位将士下命令逼迫我的缘故，我不得不这样做啊！"但还没等范质等开口说话，一个名叫罗彦环的将领随即手按利剑对范质等人厉声怒喝："我们诸位将士没有首领，今天我们奉赵匡胤为天子。"范质等人面面相觑，无计可施，只好承认赵匡胤为皇帝。

于是赵匡胤择日登基，是为宋太祖。从散布北汉与契丹进犯的谣言，到观天象、唆使将士拥立赵匡胤为帝，而后里应外合、兵不血刃进入都城大梁，赵匡胤和他背后的谋士们一起把握住了时机，并且瞅准了时机造就时势，最终让赵匡胤名正言顺地当上了皇帝，

回顾赵匡胤黄袍加身的整个事件，赵普等人将整个造势过程安排得丝丝入扣、细致入微，甚至连加身黄袍和禅代诏书都已事先准备好，可见，谋大事贵在善于借机造势。

鬼谷子认为：只有占有优势，才可先声夺人。所以当今企业在市场竞争的商战中，无势者需造势，无力造势者需借势，有势者需用势。商战同样需要造势。一个刚开张的新企业，一种刚上市的新产品，知名度低，企

业需要造势以提高知名度，以势为其鸣锣开道；一个实力雄厚的知名企业，一种名牌产品，虽然已有了一股势，仍需继续造势，以巩固市场，提高形象。有人认为，实力本就是一股强势，人为地再造势无非是花拳绣腿，这种观点有失偏颇。有实力自然好，但是实力还应当被消费者认识到，才会对企业产生认同感和信任感，因此造势与不造势就大不一样。企业搬家，是再平常不过的事。不造势，路人视而不见，造了势，就可能引起冲击心理的强大轰动效应。

那又该如何造势，才能取得成功呢？

（1）策划造势。当一个企业鲜为人知时，当企业的某个活动不被人理解时，造势开路最具效应。如果孔明不嘱咐赵云造势，江东百姓连刘备过江这件事都不会留意，更何言知其来意。孙权、周瑜本无意演戏，孔明却极想把这出戏热热闹闹地演下去，演戏以前必然有一番策划，披红挂彩入南徐就是开场，赵云的造势明明白白地告诉东吴百姓，刘备过江是来求亲的，不是来打仗的，不会给百姓造成威胁，只能因孙、刘联姻给百姓带来好处，从而使东吴百姓，以及东吴的上层人物乔国老、吴国太接受了刘备的此行。

（2）把握机会，营造氛围。中国有历史悠久的酒文化，中国名酒厂家林立，中国喜爱杯中之物的大有人在，但是对洋酒却鲜为人尝。法国轩尼诗公司认为中国酒品种多、产量大，引进点白兰地并不会对中国名酒厂家造成威胁，还能起到调剂酒类市场的作用，于是以公关活动为方式大造声势。在上海，他们请了中国传统的舞狮和鼓乐队开道，并在码头和五星级花园饭店举行了爵士乐队和时装模特献技的宣传活动，为此花费了1 200万美元。借中国改革开放的契机，营造氛围，引得各家报纸争相报道。从此，这种昂贵的酒敲开了中国酒市场的大门，摆在了遍及各城市酒家的酒柜上。

鬼谷子教你诈

造势并没有一个固定模式，环境不同，造势的方式也有所不同。披红挂彩入南徐是热热闹闹地造势，孔明空城抚琴退司马是冷静沉着地造势，二者的环境有极大的差异。所以说，根据环境，瞅准时机造势，必能获得较大成功！

4. 因势利导，坏事也能变好事

鬼谷子在《谋篇》中说："凡谋有道，必得其所因，以求其情。审得其情，乃立三仪。三仪者，曰上，曰中，曰下。"这提醒我们，如果给人家出谋划策，就要遵循一定的规律，即首先要追寻所面临的事情的起因，进而探求事物发展过程特别是现在的各种情况。只有因势利导，才能在遇到困境的时候及时转化，把坏事用正确的方式转换成好事。

掌握事物的规律，要因势利导、顺势为之。鬼谷子在春秋战国时期指出因势利导的重要性，并对如何做给出了良好的建议。顺着事情发展的趋势，加以引导，直到达到自己的目的，即使是坏事也能变成好事。

在当今商业竞争中，占领市场，最重要的就是抓住市场的运作规律，顺应市场某种层次的要求，适者生存。市场战略是全域性的，是具有指导意义的，是根据形势需求制定的长期性规划，是稳定的、坚定的；但面对多变的市场形势，应用战术可以是灵活的、多变的，应该围绕战略思想，将现实的利益、现实的合理性与未来的发展、长期的发展有效结合起来。只有以事实为基础，向正确的方向计划实施，才能水到渠成，获得成功。

宁夏的某公司出产了一种“元福记”枸杞，在当地久负盛名。公司老板想把它尽快推向全国，因此需要公司的业务经理设定方案进行推销，其中最有效的方式就是向量贩店或地区经销商大力发展批发业务。李安是负责“元福记”枸杞天津业务的，当他按照总部的指挥采用这种战术时，不仅没有取得丝毫效果，还处处碰壁。

原来，天津是“老纪家”枸杞的天下，别的品牌根本无法轻易插足。李安作为天津直销的负责人，当然知道“元福记”在别人的地盘上无法销量增长的原因，于是他好几次回总部的时候向公司的领导总部提过建议和方案，但是公司领导始终没有采纳他的建议，依然要求他按照原来的销售方案进行。公司催着李安尽快打开天津的销售市场，否则一切责任要由他自己承担。

此时的李安非常的气愤和无助，得不到公司的理解和支持，还下达了最后的销售通知，这给了他很大的压力。开始的时候他一直很苦恼，经常借酒消愁，但是沉迷了几天之后的李安决定靠自己的实力来改变现状。于是他静下心来认真思考了自己目前的形势：如果按照上司的要求行事，一定不能完成任务，最终会让生意砸在自己手里；但是如果自己不按照上司的要求行事，自作主张，若出了什么问题，自己又承担不起后果。思来想去，李安决定放手一搏，他觉得靠自己的方法，或许还有些许的希望在。

接下来的日子里，为了打开“元福记”枸杞在天津地区的销路，李安采用了新的推销方法。他把装枸杞用的纸袋免费送给零售单位，这样一来，会有很多顾客知道“元福记”的存在，这无疑为公司做了一次大范围的广告宣传；此外，李安还对经营单位免费送货，在价格上实行薄利多销，为了方便客户，他还同意客户可推迟结算货款，这样的结算模式让经销者感到很贴心，于是很多人都愿意和李安合作。没过多久，李安通过采用这种销售方法，使得“元福记”枸杞很快就占领了当地的枸杞市场，成功登陆天津。

在以上的案例中，业务经理李安并没有一味地跟上司辩解，只想着让上司接受自己的观点，也没有专一地只是按照总部的规定等待市场竞争失败。

聪明的他懂得按照天津当地实际情况灵活地改变了战术，因势利导，使“元福记”枸杞得到了大卖。后来，因为李安成功地打开天津这个大市场，给公司带来了很大的效益，所以公司给予了他经济上的奖励，并且还将他提升为公司的销售主管。正是李安懂得运用因势利导的原理，改变思想策略，从而成功地完成了销售任务，在体现出自己独特的价值的同时还为自己争取了利益。

鬼谷子认为：掌握事物的规律，要因势利导、顺势为之，不能逆道而行。想要拓开市场，在商场里打开一片天地，也要顺势而为。想要生存，就要“以不变应万变”，要在原则的坚定性和策略的灵活性相结合的情况下，了解上司制订这个计划最终想要达到的目的，然后根据现实情况和自身力量，站在自己的立场思考该怎么做，做后会产生怎样的结果，将坏事变为好事。

职场上，你要会站在上司的立场上考虑问题，了解上司的全盘战略思想，了解他为什么要这样做，这样做能带来什么样的效益，这种战略和现实有什么矛盾。当上司安排你做一些事情的时候你要做到心中有数，既不要不问情况，不看实际地一味蛮干，也不要故作聪明地暗自跟老板较劲，消极怠工。我们要尽量选择符合自己利益的事情去做。那我们又该如何做到因势利导呢？

（1）做事情时，要纵观全局，从大处着眼，找准发展方向，结合当前环境，作出准确的判断，做还是不做，如何做才能获得大的收益。

（2）要具体情况具体分析，不能死搬硬套。事物都是处在不断的变化和发展之中，如果凡事都照搬教条，而不知随机应变，具体情况具体分析，那就难免失策。形势瞬息万变、波谲云诡，所以必须从实际出发，相机行事，照搬教条只能使人自食恶果。在付诸实践时也应灵活机动，切忌僵化不变。

鬼谷子教你诈

观察世间万物阴阳开合的自然规律，了解和掌握事物的本质属性，寻找解决问题的关键。发现事物发展变化的征兆，把握和利用变化的关键点，因势利导，才能制胜。

5. 蓄力待发，势大才能转时局

有人说："机遇只留给有准备的人。"鬼谷子曾经说过："世无可抵，则深隐而待时；时有可抵，则为之谋。"大意是说，没有机会时，养精蓄锐，等待时机。出现机会时，主动谋划，施展才华。鬼谷子教会我们不要总是出拳，要学会收拳。收拳的目的不是认输，而是积蓄力量，然后有力地再次出击。在面对困境的时候，不妨躲过风头，暂时缓和情绪，寻找好的策略再积蓄力量，等到有了足够的准备以后再绝地反击。这是有大智慧的人才明白的道理。

历史上，诸葛亮纵使隐居深山，仍关注时局政势，凭着满腹巧计奇谋，终觅得良主，三顾茅庐，出山辅助君主成就霸业，留下史册上耀眼夺目的篇章！他不怕岁月蹉跎，不怕曾因失去一个时机或还未拥有一个机会而一蹶不振。因为他知道，他有实力，并不断千锤百炼让自己的宝剑光亮如新。由此可见，命运阻碍不了一个努力的人，只要蓄势待发，终有胜利的一天。

蓄势待发是一个漫长的过程，坚持住了，你就能如浴火后的凤凰，冲出火团，展翅高飞，搏击于长空，康熙不是还在高歌"我真的好想再活五百年"吗？

中国古代在位时间最长的一位皇帝无疑是清朝的康熙大帝，之所以能够建立大清的宏图伟业，缘于他幼年时期的隐忍蓄力，励精图治。

作为一名皇子，玄烨是幸运的，但是宫中的一切又让玄烨很不幸。他的母妃只是一个不受皇帝宠爱的庶妃，更何况皇帝后宫佳丽无数，玄烨的降生根本引不起父皇顺治的注意。在玄烨出生后不久，皇宫里发生了一场瘟疫，宫内许多人都染上天花死去，小小的玄烨也没能抵抗住天花，不过福大命大的他竟活了下来。然而，不幸的事还是接连发生了，八岁那年，父亲顺治驾崩，过了两年，他的母妃也驾鹤西去了，独留下弱小的玄烨在皇宫之中。

说玄烨幸运，是因为他虽然失去双亲，却得到了他皇祖母的疼爱。要知道当时的太后是聪慧仁爱的孝庄，她是一位富有政治头脑、品性贤良的祖母，对玄烨的培养倾注了大量心血，为他成为一代明君打下了坚实基础。

孝庄经常给玄烨讲述祖父当年披坚执锐、创立江山的故事，激励他将来要秉承祖先英烈之风，成为有抱负、有作为的人物。而且孝庄对玄烨的要求也十分严格，经常教育他要"宽裕慈仁，温良恭敬"，甚至具体到他的一举一动，都要求"俨然端坐"，中规中矩。

从小就知道生于忧患、死于安乐的玄烨在学习上非常刻苦。从五岁开始，无论严寒酷暑，他都在自己的书房里学习。尤其是在父母双亡后，他更加发奋努力，系统学习治国安邦之道，认真研读儒家经典。除了内在的学识，玄烨还注重外在的武艺，并拜武艺高强的侍卫阿舒默尔根为师，刻苦练习骑射技艺，纵马射猎，十矢九中，英武非凡。天资聪颖的玄烨在年少时已经能文能武，并且有着果断坚韧的人格力量，这为他以后的统治积蓄了强大的力量。

玄烨正式亲政是在公元1669年，史称康熙皇帝。这位蓄势待发的少年天子，刚坐上至尊无上的王权宝座不久，就展现出治国的雄心抱负。他十四岁时就亲自谋划铲除了位高权重、专横跋扈的鳌拜，一生先后平定三藩之乱，反沙俄，并向外扩张，大大扩大了中国的疆土；对内则治国安邦，肃清吏治，富国裕民，开创了繁荣的“康乾盛世”。

真正的帝王，就该像康熙这样，既能驰骋沙场、运筹帷幄于千里之外，又能经世济民、稳固统治，这才是儒家标准的“内圣外王”的最高境界。

正因为康熙幼年的努力好学，才积蓄了他过人的能力，在机会到来时，一搏而举，铲除了鳌拜，平定了三番，成就了辉煌的人生。我们不要埋怨上天没有眷顾自己，上天对人人都是平等的。机会是留给有实力、有耐心的人的。顾影自怜是庸者做的事，要想成功，就努力让自己成为有实力的人吧！漫长的道路不可怕，背上你装满“营养”的行囊，你总会到达胜利的彼岸！

所以鬼谷子教导我们，要学会蓄势待发，那些会审时度势的人往往不是一味地向前直冲，而是知道伸缩，在不需要出力的时候做好准备，厚积薄发，最终总会赢得那些一味蛮干的人。

（1）拿破仑·希尔说过，一个善于准备的人，是离成功最近的人；一个缺乏准备的人，一定是一个差错不断的人，纵其有超群的能力、千载难逢的机会，也不能保证获得长久的成功。没有准备的行动会让一切陷入无序，最终面临失败。

（2）凡事预则立，不预则废。《鬼谷子》说：“变化无穷，各有所归。或阴或阳，或柔或刚，或开或闭，或弛或张。是故圣人一守司其门户，审察其所先后，度权量能，校其伎巧短长。”人生亦是这样，事前的准备往往决定了事后的成败。为了得到一个最令你满意的结果，必须在行动之前，把所有导致既定结果的方法和途径考虑进来，并为之做好充分的准备。即便一个人具有超强的能力、千载难逢的机会，一旦缺乏准备，就不能保证获得成功。

鬼谷子教你诈

多一分准备，就能少一些失败的风险，多一分成功的保障。所谓准备，主要是指为成功而长期进行的坚韧、扎实的知识储备和辛勤努力的劳动，以及在机遇来临时的全力拼搏和冲刺。有人曾这样说过，事业成功的三大要素是天赋、勤奋和机遇。可见，机遇固然重要，但离不开天赋和勤奋，离不开充分的准备。所以说，蓄势待发，最终大事可成。

6. 趋势非天定，巧生借口亦势可谋

鬼谷子说："是以圣人居天地之间，立身、御世、施教、扬声、明名也，必因事物之会，观天时之宜。"一个高明的人，在瞬息万变的事物中，应及时抓住事物转化的时机，去调整或执行自己的计划。大势并非天意，只要我们把握好时机，大势可以谋划，从而个人成就一番事业。"人定胜天"就是说人力的不可控制。自古成大事的人都不是听天由命的人，多少人少年贫穷不得志，却不信命、不服输而最终万古留名。古今多少成大事者，不是谋定天下？陈涉曾有云："王侯将相宁有种乎？"在大泽乡揭竿而起，令秦王朝战栗；洪秀全以"天王"降世为名举起义旗，反对腐朽的清朝廷。所以说巧用计谋，可令大势所趋。鬼谷子也是这样，如果生在乱世而自甘堕落或者整天杞人忧天，那么他就不会研究出万古流传的纵横之术了。

晏婴是春秋时期齐国的名相，他对齐国的发展很是重视，但是君主齐景公却是位好大喜功的人，非常喜欢夸耀自己的政绩，这样很多人为讨好他都

曲意逢迎，所以，当时的齐国国力衰退，国风日下，忠诚的晏婴看在眼里、急在心上，他琢磨着要劝谏一下景公。

这一天，国君找晏子谈话，问晏子："治理国家最该提防什么？"晏子想了想说："我认为最该提防的是社鼠。"齐景公本以为晏子会大力颂扬一番自己的丰功伟绩，没想到竟是这样一个奇怪的回答，他呆呆地盯着晏子，不解地问道："这是什么意思呢？"

眼见劝谏的时机到了，晏子回答道："大王，您见过社鼠吧？但是我们很难捕捉到它，这是为什么呢？因为它们最喜欢到土地庙安家，而土地庙外土内木的构造十分有利于它们的生存。如果我们用水去灌，害怕冲坏了泥墙；如果用火去熏，又恐怕烧坏了里边的木头，我们真是拿它们没办法。所以我才说，土地庙里的老鼠是最可怕的。"

看景公点了点头，晏婴开始说重点："其实，像社鼠一样的还有某些人，他们就生活在我们的周围，包括大王您，身边就有这种类似社鼠的人，他们在君主面前粉饰抬高自己，可背地里净做一些伤天害理之事。如果不除掉他们，百姓遭灾遭难；惩治他们吧，又怕有碍于君主的面子。大王，您说这些人是不是跟土地庙里的社鼠一样？"

听了晏婴的话，景公若有所思，这时晏子趁热打铁，继续说道："还有这样一个故事，一家酒馆环境清幽，依山傍水，而且他家的酒酒味醇厚，十里飘香。但非常奇怪的是他家的生意却十分冷清，店主人无可奈何，就去访问村里人个中缘由，原来是因为店门前的那条凶狗。许多客人本想去品尝一下美酒，可一看到凶恶的大狗，都掉头走了。理清了原因，店主人回去就把狗牵走了，从此，上门买酒的人络绎不绝，生意更是兴旺红火。其实一个国家之中也有这样的恶狗，就是那些不学无术却又野心勃勃的奸佞之人。当能人贤士向君王提供治国方略之时，就会担心自己被重用后遭到这些小人的排挤，甚至有生命之险。所以，有这些社鼠、凶狗的存在，有才之士怎么会为君主分忧，国家怎么能够兴旺发达呢？"齐景公听了晏子的谏言，心悦诚服，从此改革吏治，齐国渐渐强盛起来。

聪明的晏子没有直言进谏，而是巧妙地以老鼠和凶狗来比喻那些朝中的庸人和奸臣，把道理讲得极为透彻明白。作为君主的齐景公既没伤了面子，又得到了良好的建议，可谓两全其美。

鬼谷子教导我们：在提建议或者试图说服他人的时候，一定要根据情势，采用适当的方法，令对方能欣然接受，既达到了目的，又能稳定大势。这就是说要巧用语言，用计谋达到大势可成的效果。针对那些只信命不信人的人，就要去除他们的命数之心，告诉他们人定胜天的道理。而那些没有因势利导的人，则要找准时机。那怎么做才能成功呢？

（1）不管是怎样的游说活动，都有采纳和建议两方面，而这两方面正好是相对立的，提出建议的人都希望对方采纳自己的意见，我们不能代替对方作决策，根据对方的特点，投其所好，目的可成。

（2）“阳动而行，阴止而藏”就是说要抓住有利的形势积极运动前进，只有这样，大势才可成。

鬼谷子教你诈

大势所趋，但是大势如何趋向，完全由个人决定，只要在适当的时候，把握时机，巧用计谋，大势定可按我们预想的方向前进，进而最终获得成功。

7. 谋而后动，决断行动随势起因势而变

鬼谷子先生说过：“谋，莫难于周密。说，莫难于悉听。事，莫难于必成。”是说谋划是第一位的，但是还要有周密的安排和执行力。为什么说“三思

而后行”就是要告诉人们谋划的重要性？经过深思熟虑作出的决定往往不是冲动的，所以不会漏洞百出、不堪一击。诸葛亮为什么让刘备三顾茅庐，就是因为他有着极高的谋略，使得刘备不惜放低姿态去寻求人才。

鬼谷子还说过：“凡趋合倍反，计有适合，化转环属，各有形势，反复相求，因事为制。”世上万事千变万化，一个主帅，必须拿出多个计谋去应付不断变化的情况。正确的决策来源于正确的判断，而科学决策的优先原则，则是要能够预见到事物的未来发展趋势，并做好各种有针对性的应对准备。这也是我们面对当今复杂变化的安全局势必须具备的素养。然而，历史上有许多重大事件的决策，不仅缺乏应有的预见性，而且还因主观臆断误判形势而导致不应有的后果。

大家都知道“纸上谈兵”的故事，说的就是赵国的赵括只会书本上的兵法却不懂因势而变，从而葬送了赵国的前途。

当时赵国的君主是孝成王，一年，秦军派兵攻打赵国，而名将赵奢已死，蔺相如也已病危，军中无人，赵王无奈，只好派廉颇率兵攻打秦军，可廉颇已经年迈了，没有了当年的英勇神武，出兵几次都被秦军打败，无奈之下，廉颇只好坚守营垒不出战。

秦国见赵军久不出战，再拖延下去也不是办法，于是张仪想出一计，他派人到赵国散布谣言说：“秦军最害怕的就是马服君赵奢的儿子赵括了，要是他做了将军，秦国必败。”说起赵括，他从小就跟父亲学习兵法，饱读各类兵书，谈论起来无人能及，就连他的父亲赵奢都说不过他，但是，赵奢从来不认为儿子能带兵打仗，赵括只是会说而已，要真的上了战场，他一定会败。

秦军怕赵括的消息很快就传到了赵王的耳朵里，赵王一看机会来了，决定撤掉廉颇，立即起用赵括做将军。而蔺相如听说后，不惜拖着病痛的身体，来到赵王跟前劝谏：“大王一定要三思啊！不说这消息是真是假，就凭赵括来说，他根本就不是做将军的材料，虽然他懂兵法，那只是读他父亲留下的书，根本不懂得灵活应变。”结果赵王不听，还是一意孤行，决定命赵括为将。

当赵王的信使通报赵家之后，赵括的母亲不顾身份，跑到赵王面前，请求撤掉儿子的将军头衔，因为身为母亲，她最了解儿子，带兵打仗对儿子来说，根本就是儿戏，她不能眼看着赵国几十万兵将死在儿子的手上。可是赵王根本不信这些，赵母无奈，只好请求如果有一天儿子做了不称职之事，自己可以免受株连之罪，赵王以为赵母有些小题大做了，便不在乎地答应了。

很快，赵括便当上将军上了战场，他根据书本，把军中的规章制度全都改了，甚至把某些将领都撤换了。秦军一听到这种情况，知道计谋得逞，便调遣奇兵，假装败逃，又去截断赵军运粮的道路，把赵军分割成两半，让赵军士卒离心。没坚持多长时间，赵军就撑不下去了，于是赵括出动精兵亲自与秦军搏斗，不料被秦军一箭射死。主帅被杀，赵军立即溃不成军，几十万赵军纷纷投降，可秦军还是把他们全部活埋了。

赵王一听见这个消息，龙颜大怒，下令株连赵家人，而赵括的母亲因为事先有请求，才幸免于难。这就是赵括不能谋定而后动，决断因势而变的后果。

在战争中，将帅要根据不同的作战因素而灵活机变；为将者要善于谋形造势、随机应变，为将者要精通因敌而变、因势而变的权变之术。张仪用计谋使赵王在战争中换将，赵括无谋，不会在战争的变化中因势而变，只会纸上谈兵，致使赵国惨败，以至后来被秦国所灭。这个案例有赵王的谋而后断，没有认清赵括的能力，致使形势大变；有赵括的无谋而断，造成赵国的惨败；更有张仪的深思远谋，令战争形势发生逆转。

鬼谷子给我们留下了许多精辟的见解："凡事预则立，不预则废。""先谋后事者昌，先事后谋者亡。"告诉我们无论做什么事情都要先谋定而后动，只有谋划得充分、合理、科学，执行起来才能游刃有余。谋划是对未来行动的计划。决策是指人们为了达到目标而在多个可行方案中择优并付诸实施的过程。在管理工作中，计划与决策是管理者首要考虑的问题。

诸葛亮胸怀大志，隐居隆中，躬耕陇亩，静观天下之变，思谋应对之策，不鸣则已，一鸣惊人。他的成功主要得益于冷静的观察与思考。欲望越是强烈，越不要急于行动！谋定而后动，则无往而不胜。那么，如何谋而后断，取得最终的胜利呢？鬼谷子早在春秋时期就给我们提出了告诫。

（1）“谋”可以说是事前的思考与准备，说明如何献计献策和利用他人交友的问题。计策在实施的过程中，要注意一些问题。一是要按对方的意图或想法去制定策略，如果一味固执己见，不能投其所好，则决策再完美也是徒劳，因为对方不感兴趣。

（2）“谋”与“动”相连，意思是施展谋略计策，其主旨是如何针对不同的人或事去设立和使用计谋，用以实施，以达到自己的目的。即通常所说的“运筹于帷幄之中，决胜于千里之外”。

鬼谷子教你诈

总之，在谋略的运用中，除了掌握技巧方法外，还应懂得公开运用不如暗中实施、遵循常理不如出奇制胜，因为谋的目的在于控制对手，而不是受制于人，使人在出乎意料、不知不觉中便达到了自己的目的，这才是运用智谋的高明之处。

8. 选盟友，人多才能势大好借力

《鬼谷子》告诉我们：“缀去者，谓缀己之系，言使有余思也。故接贞信者，称其行，厉其志，言可为可复，会之期喜。以他人之庶，引验以结往，明疑疑而去之。”如果这个人是一个人才，那么要想办法留住他，即使他去意已决，那么也要告诉他欢迎他再回来的态度。人才是从古至今人们争夺的财富。选贤任能是每个领导者都想要达到的目的，这些人才不一定是属下，很多时候是盟友，有了有力的盟友才能打胜仗。

“凡度权量能，所以征远来近，其有隐括，乃可征，乃可求，乃可用。”一个人要想干出一番事业，就必须广泛地招纳各方面的人才。“独木难成林”，人不能没有盟友，一个人打天下是不现实的，也注定是个悲剧，历史上有多少孤胆英雄死无葬身之地，所以人们总结出了一个经典真理：多个朋友多条路。

鬼谷子也强调朋友的重要。他警告说：“其身外，其言深者危。”明明是自己人，却跟你见外时，你就危险了，因为对方正跟你离心离德，心不往一块使了，就意味着利益有了分歧，朋友关系要宣布解散，从此分道扬镳，各走己途，别指望他来帮你。

所以我们要知道，一个团队之所以强大，是因为内部的团结。团队之间的竞争，需要做到的第一步工作，不是针对对手，而是针对自己：先把内部关系搞好，盟友之间要团结无隙。

李朱晨是某服装集团的创始人之一，可是最开始他是潮州有名的“电器大王”，当时正值改革开放初期，正好给了李朱晨用武之地。随着电器行业的饱和，他也开始转行，选择了服装业，成立了一家服装公司，却一直没有做出大成绩。

自信要强的李朱晨不相信自己闯不出一片新天地来，于是他认真学习各种服装商业模式，参加各种交流会，来提高自己的经验和能力。在一次服装行业交流峰会上，李朱晨认识了同样搞服装的张可建，两人一见如故，交流起服装来更是相谈甚欢，总觉得相见恨晚。于是，斗志昂扬的二人在商量后决定成立一家合作公司，这样便成立了温州服装有限公司。

共同合作的二人，还是不停地向同行请教经营经验，报名参加各种商业培训。在这期间他们真的学到了很多东西，对他们服装公司的发展有很大的帮助。不久之后，另外一位服装热衷者也加入到他们的队伍中来，这个人叫陈新东，也是一位小服装公司的老板。从此，三人合三家之力，集三人智慧，共同经营着公司，他们在公司各司其职、各有所长，被业界称为“黄金三角”。

这三个人彼此之间互相欣赏，什么事情都是商量着来，并且都站在公司全局的角度上考虑问题，从不为一些个人利益而翻脸。一个公司职责分工很重要，对于谁当董事长的问题，三人都看得很开。一般情况下，股份多的自然而然地会当董事长，可股份最多的李朱晨并没有坚持坐上高位，而是选择让张可建来当公司的董事长。谈及原因，他说：“服装只有由懂服装的人来做，才能有所成就。而张可建是我们潮州服装界难得的领导者，并且他还是服装商会副会长，在我们这三个人里面，只有他最在行，董事长的位子必须是他的。”于是三人经过协商达成了一致意见：服装公司的权力在董事会，实行董事会领导下的总裁负责制。

另外，他们还订了一条规矩：公司绝不安排任何人的家族成员。有一次，陈新东的侄子大学毕业后没找到工作，就想通过叔叔到公司来工作，可是被陈新东严词拒绝了。

如今这家服装公司股权清晰，事事由董事会集体决策，已经做出了很好的成绩。并且他们还与中央美院、潮州美术学院等多家科研单位合作，成功地把公司定位于主营高层次的服饰品牌上，效益不断上涨。

取长补短，互相利用彼此的优势，实现双赢，正是人们一直在追求的合作的最高境界。一个企业不论发展到什么程度，或者不管一个人的能力有多强大，总会存在一些大大小小的不足，如果能弥补自己的缺陷并与盟友合作，也许这些问题就会迎刃而解。

在合作双赢的过程中，一定要牢记一个原则，就是要使双方的利益和情感需求都得到满足，并愿意进行下一次合作。假如两个朋友合伙做生意，每一次可以赚1000元的利润，假设大家付出的劳动相等，则这个利润应该是五五分成，但是有一方却拿走了600元或者更多。一次、两次也许会安然无事，但如果次数多了，肯定会引起另一方的不满，并最终导致合作关系的破裂，这显然不是一个双赢的结果。

我们只要浏览一下当天报纸上的新闻，必会看到这样的报道——在统一管理下合并的企业，共同创造出市场奇迹。今天是一群银行合并，明天又是一群铁路公司合并，过几天又是几家钢铁公司联合起来。这一切的联合行动，其目的全是为了运用高度的团结及合作，发挥出巨大的力量。

显然，合作不仅可以提高个人生产力，而且是“创造一种生产力”，产生一加一大于二的神奇效果。那么，选择合作伙伴，或者在合作中让自己获得最大收益，需要把握哪些细节呢？

（1）鬼谷子认为，我们应该明察彼此的异同，分清双方各自的优劣，确立取长补短的合作模式。

（2）不仅要找到利益共同点，还要建立较为亲密的关系，才能实现双赢。在利益一致的基础上达成合作，组成合作团队，则企业双赢的结果将是必然的。有人说如今是一个合作型社会，各取所需的合作模式可以表现在工作和生活的方方面面，同样也表现在企业经营管理中，所以双赢应该是经营者始终要牢记的最高准则。

鬼谷子教你诈

创业的时候，更需要借助别人的力量。找到一个好盟友，才能迸发出潜在的能量，才能各得其所。但是，在开始合作之前，一定要谨慎选择你的合伙人，凡立场相同而又互相亲密，结成统一联盟，形成坚固的堡垒，共同作战，大家都可成功。

第三章

影响法
言不失其类，游说辞令可利己

天上不可能掉馅饼，世界上也没有免费的午餐，那么，怎样才能吃到馅饼，吃到午餐呢？这就需要我们练就游说的嘴上功夫。不要小看游说辞令，一张小口，一条舌头，关键时刻也能为你谋得不少利益。

1. 打通途径，畅通好献计

每个人都希望得到他人的赞扬和认同，不喜欢他人的质疑和反对。尤其是领导者，更是如此。所以，给领导提意见不能直来直去，必须使用一些技巧，必须懂得从鬼谷子身上学习一些可利己的游说辞令，选择好的方式方法去献计献策。

鬼谷子《捭阖》上说：“或开而示之，或阖而闭之。开而示之者，同其情也；阖而闭之者，异其诚也。”意思是，说话的时候引导对方吐露出真情，听话的时候隐藏自己的动机；用说话引导对方吐露真情的方法，是为了顺同他的实情真意；用听话隐瞒自己动机的方法，是为了区别他的真诚假意。由此可见，说与听之间，确实隐藏着大学问。

生活中，提意见最终的目的是让自己的意见被对方采纳，在这样的前提下，使用一些技巧是非常必要的。我们经常会遇到这样的情况：意见的出发点虽是有益于双方的，却常常因为沟通方式的不当而搞得双方不欢而散，不仅意见没能达成一致，双方还从此结下仇怨。所以说，意见的优劣是次要的，提意见的技巧才是关键所在。

晏子在齐庄公、景公时任齐国相，以机警多智、能言善辩著称。仅《晏子春秋》一书中所载他进谏言事就多达212条，涉及内容之广，在同朝代士大夫中是绝无仅有的。

从心理学上看，人都有坚持己见、不听劝告的潜在心理，古代的君王更是如此。与晏子同时期的一些士大夫就曾因不善于进谏，或不恰当地进谏惹来了杀身之祸。那么晏子何以能够畅所欲言，让君王听进去自己所说的话，并接纳自己的意见呢？

有人以为也许是晏子的命好，遇到了齐庄公、景公这样的开明君主，给了他谏事和成名的机会，其实并非如此。细读《晏子春秋》，我们不难发现，晏子为人处世很不简单，他进谏言事，不仅言之成理，谏之有道，而且很讲究技巧和章法。从下面的例子中就能看出一二。

比如，景公平时高兴了就酗酒无度。大臣玄章进谏道："您这样酗酒，既伤身体，又带坏了风气，如果您不听我们大臣的劝阻，继续喝下去，那么我们只能以死来警醒您了。"景公听了心里不舒服，对晏子说："玄章劝我戒酒，我知道他是好意，可他竟以死相逼，难道我还怕他们死吗？"

晏子一听，立即回答道："玄章遇到您这样的明君真是太幸运了，如果他是对桀纣说这些，恐怕早就没命了。"景公听了心里瞬间舒畅了许多，并因为晏子的这句话，戒酒很长一段时间。

还有一次，齐景公准备修建一座台子，他命令民工在寒冬施工，民工不胜冻饿，怨声四起。晏子向景公建议停止施工，景公同意了。然而，还没等到景公下令，晏子就跑到工地上，拿着鞭子抽打民工，催逼他们要加紧施工，民工对晏子非常怨恨，骂他是助纣为虐。

不久后，景公下令停工的旨意传达了下来，民工都说景公是个明君，把罪名全部都推到晏子的身上。其实，这才是真正善为人臣的人，他把赞誉送给君主，罪责留给自己，真是难能可贵！

晏子进谏的故事给了我们一个很重要的提示：提意见一定要注意方式方法，因为提意见的目的不是发泄自己的不满，而是为了自己的意见被采纳，或者面临的问题被解决。

如何说，对方才愿意听；如何听，对方才愿意说。这里面其实是与人沟通的技巧问题。鬼谷子告诫我们，掌握内在的门道，才能实现良好的沟通。比如，提意见往往出于好意，但是如果不掌握技巧，就会事与愿违。概括起来，提问的技巧是一个标准的三步法：

第一步是承认

无论如何，首先要认可对方，特别是面对你的领导时，这个认可就显得尤为重要。如果他的主意不够好，就要试着认可他的眼光；如果他的眼光也不够好，就要试着认可他的办事原则；如果他的原则也存在问题，那么至少要认可领导积极的态度。总之，一定要找出领导身上可以认可的东西来，并以真诚的态度加以赞扬。这样才能快速获得对方的好感和信任，才能为之后的进言作好情绪铺垫。

第二步是同化

意思是，在说出建议内容之前要有一个表态。如何表态呢？表态的重点就是在前一步认可的基础上，分析一下自己认可的那些东西给自己的启发和对自己的教育作用，进一步说明自己后边的想法都是在这个重要启发的基础上形成的。

这个表态的过程非常重要，它表示出了你的立场不是和领导对立的，而是和领导站在同一战线上的，并且是受了领导的启发才产生的。这样一来，领导自然就会消除敌意，即使你的建议错了，立场还是对的。其他的旁观者也不好有落井下石的举动。

第三步是附加

这是整个建议的核心部分，在前边两步上做足了铺垫后，这个核心部分才可以登场。而且在提意见时，不要强调是自己的建议或想法，而要说成“受了前边的启发以后的个人的一点不成熟的想法，作为对领导意见的补充”。这样，既可以不显山不露水地把自己的意见讲出来，又不容易被人误会成好大喜功、张扬自我。总之，这样做的目的只有一个，就是为了减少抵触情绪、减少冲突，使得自己的建议真正地被大家所重视，被领导所接纳。

很多人对提意见有不同的看法，耿直的人会觉得太过婉转的提意见略显虚伪，豪爽的人觉得太过隐晦。其实，天下万事没有绝对的完美，我们做事情只要把最主要的目的达到就算成功了。提意见的最主要目的当然是让自己的意见能够被接受。只要能达到这个目的，那么啰唆一点、麻烦一点都没有关系的。这是做事所需要的胸怀。

说与不说，说什么，都是大有深意的。鬼谷子的建议是，掌握畅通的沟通途径，明晰听者的心理情绪，更容易达到自己的目的。

鬼谷子教你诈

鬼谷子说“同其情”才可“开而示之”，其实从这个角度讲，有时即便“同其情”，不考虑场合和时机就开口，也会带来相反的效果。所以，直言也好，沉默也罢，都要分清时机和场合，只有万事俱备的时候，只有说话的前路都畅通的时候，才能一语中的，直达目的。

2. 三思而后言，伺机而说

说话，好像人人都会，但有时候一句话能博得众人的好感，一句话也能遭到众人的谴责，这就是说话技巧的问题。说话要三思，要把握说话的艺术性，特别是在特殊和关键的场合，说话千万不能有歧义，既要清晰而正确地表达自己的观点，同时又要照顾到别人的情绪。

鬼谷子提醒我们，出来混的人必须管好自己的嘴巴，历史上很多才华横溢的人，最终都栽在不会说话上。所以，说话要谨慎。尤其当你难于决断的时候，更要三思而后言，必要时，宁可沉默不语，也不能随便开口说话。

说话是捭阖的基本方法，是一个人办事能力的最直接体现，但是，我们一定要明白一点，即喜欢说话并不等于会说话。平时叫得凶，事到临头往往最虚弱；说起话来滔滔不绝的，可能只是个流于空谈的伪君子。如果考虑不周便急于表达，一定会尝到言多必失的苦果。但是，如果该果断表达时，却选择保全和沉默，也会错失成功的良机。因此，三思而后言，伺机而说才称得上会说话，才能通过“说话”来实现自己的目标。

刘邦死后，吕后独揽大权，想立吕姓的能人为王，便来征求王陵的意见。王陵仰着脖子说：“当然不行，高祖与我们杀马盟誓，非刘姓不得为王，这个你怎么能更改呢？”

吕后听后很生气，转而又问陈平。陈平说：“如今是太后您执掌朝政，这些事您可以自决，不需要征询我们的意见。”

事情的结果是，陈平被提拔，王陵被贬，吕后封了很多吕氏家族的人做官。事后王陵气愤地找到陈平：“当年杀马盟誓时，你也在场的，还信誓旦旦要守护与高祖的誓约，如今却违背誓言，这不是拍马谋权吗？你真是个卑鄙小人！”

陈平听后并不生气，淡淡地笑道：“你说得对，但是触犯太后惹她生气，后果岂不是更糟糕。在信守承诺上我不如你，也很佩服你，可是将来辅汉安刘，收拾残局时，你就未必赶得上我了。”

果不其然，吕后一死，天下大乱，诸吕谋反，正是陈平和周勃等人伺机而出，铲除诸吕，拥立汉文帝即位，才保全了刘姓的汉室江山，最终信守了当年的盟誓。

通过上面的故事可以看出，两个人的处事态度截然不同。王陵一身傲骨，直言上谏，忠心可表，但他开口不分时机，不但不能促进事情的发展，还让自己差点丢了脑袋。陈平则冷静审察，审时度势，知道当时时局已定，再反对也无法改变吕后的主意，于是就顺应事态，保存实力，耐心等待时机，然后果断出击，最终实现了杀马盟誓的承诺。

话不在多，切中要害才最关键，时机不对，话越多越让人讨厌。《墨子》中记载了这样一则故事，子禽去问墨子："多说话有好处吗？"墨子说："青蛙、蛤蟆和苍蝇时时在叫，口干舌累，却没人去注意它们。公鸡一天到晚不吭一声，但黎明时打鸣，一叫即能惊动天下。所以，多说话不一定有用，只有在恰当的时机说话才有用。"因此，只有在恰当时机讲恰当的话，才是鬼谷子教我们追求的处世境界。

那么，我们在说话时应该注意哪些方面的问题呢？

（1）失言时立刻致歉

勇于认错是很重要的，当你发现自己的言语伤害到他人时，千万不要碍于面子不肯道歉。每个人都会有说错话的时候，留意他人的反应，只要察觉自己说了不该说的话，必须马上设法更正。不要编一大堆借口，以免越描越黑。

（2）和别人说话要抱以沟通的心态，而不是比赛

有人在交谈时，时常把它看成一种竞赛，一定要与对方分出个高下。如果你喜欢在他人的话里寻找漏洞，并经常因为细节争论不休，或矫正他人，借以炫耀自己，那往往就会给人留下不好的印象，甚至影响对方与你继续沟通下去的欲望。这些人其实是忽略了沟通的技巧，把交谈当成了辩论，而不是彼此交换信息、想法与感觉的方式。所以为了与他人有更好的沟通，这种竞赛式的谈话方式必须被舍弃，而采用一种随性、没有侵略性的谈话方式。这样，当你在表达意见时，别人就不会产生排斥感，比较容易听取和接纳。

（3）挑对说话的时机

在你要表达意见之前，必须先确定对方已经准备好愿意听你说话了，否则你等于对牛弹琴，白费力气。其实要遇到最好的谈话时机很困难，但是要遇到适于交谈的时机却不是难事。比如说，在公共场所，或有其他朋友、同事在场时，应避免谈论涉及隐私或一些敏感的话题。以及当感到对方已经烦躁时，也应该适时继续谈论下去。

（4）先揣摩别人的感觉

如果能先试着揣摩出对方的心思和感觉，我们就能选择比较巧妙的方式说出你认为难以启齿的话。比如说，如果你的父母很担心你的投资计划有风险，而总是干涉你，你就不能对他们说："我是个成年人，有自己的想法和计划，你们的意见只会妨碍我。"这种典型的防卫性反应根本无法增加父母对你的信心，实现不了你本来的目的。这个时候你就要站在父母的角度，从他们的出发点切入，打消他们的顾虑，然后为自己的计划扫除障碍。所以当面对别人的批评或某些行为让你不悦时，你只要能找出背后真正的原因，就能够用另外一种说辞去避免一场不必要的冲突。

（5）倾听对方的回馈

一个人要和别人交谈，不仅自己要懂得如何去说，也要懂得如何去聆听。缺乏聆听的技巧，只想主控整个对谈的场面，往往不利于交流。相反，如果你仔细聆听别人对你意见的回馈或反应，就能确定对方听你说话的感触，得知对方是否了解你的观点，而你也能判断出对方所关心的重点在哪里。

鬼谷子教你诈

说话是每个人的必修课，我们必须把握好其中的技巧。俗话说："病从口入，祸从口出。"这句话警告人们：细菌病毒都是通过嘴才进入身体的，灾难和祸患都是通过嘴才招惹来的。因此，你一定要记住，嘴巴一开一闭之间，就决定了你的吉凶祸福！虽然嘴很容易招惹麻烦，但是嘴又是人们沟通交流不可缺少的重要部件。我们要努力让嘴在开合之间对我们的生活、工作、学习发挥积极的作用。吃饭、喝水，包括有病吃药都得通过嘴。人与人传达交换信息也得需要嘴。嘴的功能需要我们积极发挥和利用。

3. 掌握实情，言可进亦可退

每个人都有出人头地、展示自己的天性和欲望，正是这种欲望的驱使，使得很多人在说话的时候"忘乎所以"，很容易把话说过头，给自己的人生道路增添了绊脚石。虽然为人处世离不开说话，但我们不能为了表现自己的口才而口无遮拦，鬼谷子的捭阖智慧向我们印证了一句俗语："逢人只说三分话"，就是说不要把话说得太绝对，要给自己留有说话的余地，这才是提升交际能力的上策。

经常会听到某些人斩钉截铁地说："我一定行！""我一定能办到！"不得不承认，类似的语气里包含了一个人的自信心，但是自信一旦过度就成了自负，而且还容易作茧自缚，因为事物在发展过程中难免会碰到意外的事情，过分自信难免会造成尴尬的局面，自己给自己设下了障碍。所以，说话必须要把握分寸，必须根据具体的事实来说话，尤其是在比较正式和关键的场合，更不能把话说得太绝对。

对此，鬼谷子有深刻的见地，他说：“人言者，动也；已默者，静也。因其言，听其辞。”意思是说，别人在侃侃而谈，是动态的；而自己缄默不语、静心聆听，则是静态的。此时就要在静态中根据别人的言谈，来观察和分析出对方的真正意图。显然，当事人只有学会倾听，才能发现真实的情景，从而采取有效的应对之策。

如果你留意过就会发现，很多新闻发言人在面对记者的询问时。说话都是极为谨慎小心的，从不会说“肯定”、“绝对”之类的词，而是用一些诸如可能、尽量等字眼。他们之所以这样谨慎，就是为了防止“意外”的事情发生，以免把自己推向被动绝路。

就算是我们普通人的身边也经常会发生类似的事件。

一天，某公司经理把一项托运工作交给一位男下属，由于这项托运任务较之以前难度更大，因此经理有些担忧地问这位职员：“你觉得完成任务有没有困难？”

没想到这位职员不假思索地挺起胸膛说：“没问题，包您满意！”说完后还给了经理一个自信的微笑。

可是，一个星期过去了，还是不见这位职员来汇报工作，于是经理找到他问道：“怎么样，不能按期完成任务了吗？”

职员听后有些惭愧地说：“事情的发展与我预想的不一样，也不像我想象的那么简单！”虽然经理听了他的种种理由之后给了他很多鼓励的话，但从那之后，这位职员胸有成竹的自信再也得不到经理的重视了。

这位职员所犯的错误就在于事前没有了解清楚任务的具体情况，在接受任务时又没有给自己留下足够的余地。所以，我们要吸取他的教训，在说话时要注意：无论是对朋友还是商机，如果可以完成别人的请托时，就应该承担下来，但是你答应对方的话要说明确，可以用“我试试看”“我会尽最大的努力帮忙”等字眼，但千万不要说“没问题”“保证完成”等类似的话，同样上级交办的事必须得接受，但不要说“保证没问题”，应当以“应该没问题，我会全力以赴”之类的话来答复。

有时候即便是稳操胜券的事情还是有所保留为好，既不得罪人，也不会让自己陷入困境，因为，用不确定的词句一般都可以降低人们的期望值，你若不能顺利地完成任务，人们因对你期望不高而能用谅解来代替不满，有时他们还会因此而看到你的努力，不会抹杀你的成绩；你若能出色地完成任务，他们会喜出望外，增值的喜悦会给你带来很多好处。

说话除了要注意用词上的分寸之外，还要注意说话的对象和场合，所说的内容一定要有所保留。《增广贤文》中有一句话说：“逢人只说三分话，未可全抛一片心。”意思是不必说，说话须看对方是什么人，不该说的就不要去说。孔子也曾说：“不得其人而言，谓之失言。”意思是说，如果对方不是你倾诉的对象，你说得多了，就等于失言。

之所以要说三分话，是因为你的话有些是带有危险性与机密性的。比如，由于受到工作的压力，你对同事毫无保留地把对领导的不满全盘托出，没准很快就会被领导知道，到那时候就后悔莫及了。

对于这一点，大家可以从下面的例子得到启示：

小琳是某校初一年级的语文教师，由于她的教学成绩比较突出，在本市的教师讲课大赛中获得了一等奖。而且她为人处世也有自己的一套风格，因此，同事们都很欣赏她，尤其是主任对小琳更是关爱有加，还时常给小琳传授一些有关教育方面的经验和心得。

这些待遇被小琳的同事王英看在了眼里。王英也是初一年级的语文教师，但是她的水平一直跟小琳有很大差距。所以她把自己不尽如人意的教学成绩都归咎于主任对小琳的偏袒上，心里对主任极为不满，对小琳也是嫉妒万分，她这一肚子的怨气一直需要一个机会发泄。

某天，办公室就剩王英和另外一个跟她比较要好的同事了。王英终于等到发泄的机会了，于是，她把憋了好一阵子的怨气一股脑地向这位要好的同事倒了出来。

但是，言者无心，听者有意。好景不长，不知道什么时候这话传到了主任的耳朵里。可是主任并没有为此大动干戈，他只是心平气和地对王英说："学校下周的观摩比赛课，语文组本来是决定让你去参加的，但是由于某些原因，那天领导为你安排了别的任务，很可惜。"说完，转身离开了办公室。

王英这时才目瞪口呆，好好的一次机会就因为自己说话不懂得收敛而泡汤了，没想到自己口无遮拦的发泄竟然阻碍了自己的前程。

说话不留余地等于不留退路，说话不注意分寸，就等于自取灭亡。在如今这个复杂多变的社会里，与其与自己较劲，不如多用"是……不过……如果……"之类的话语方式，不如选择保守沟通、谨慎交流的对话方式。

所以，不管是你的普通朋友还是亲密无间的朋友，你都要有所保留，尤其是说话时，更要给自己留足余地和退路，否则，将来有一天肯定会吃亏。

鬼谷子教你诈

话说得太满，并不能与自信画上等号。话说七分满，才是一种谦虚的人生哲学。从一个人说话的态度可以看出他的实力，真正有自信的人，懂得谦卑，不会把话说得太满。因为只有这样才能进可攻、退可守，这才是成功的做人之道。

4. 游说言不必多，入心是关键

美国名人戴尔·卡耐基曾说过：“一个人的成功，约有10%取决于知识和技术，85%取决于人类工程——发表自己意见的能力和激发他人热忱的能力。”一句捧场的话，可以使人飞黄腾达，一句进谗的话，也可以使人折戟沉沙。可见语言表达能力的重要性。

在游说过程中，鬼谷子主张“以反求复，观其所托”。也就是用主动试探的方法求得对方的反应或答复，借以观察对方心理情感的依托。显然，你说的每一句话都会给对方带来不同的反应。只有真正深入对方的心里，才能在知己知彼中实现预期目标。

曾仕强教授曾在央视教育频道的《百家讲坛》里说过这样一句话：“人不能总是说老实话，话要说到人的心坎上。”其实这个道理很简单，就像我们在垂钓的时候，必须以鱼最爱吃的蚯蚓作为诱饵一样，只有投其所好，鱼才有可能上钩。反之，如果你用的都是鱼儿不爱吃的东西，那么鱼肯定不会上钩。如果你不顾及对方心理，只管自己滔滔不绝，只管按照自己的思路去游说对方，那么对方也必定是不愿意听的。话是说给别人听的，只有说到对方心坎里，才能博取好感。

如果你拥有一副好口才，却还不懂得如何运用“口才”，那么你也同样很难获得好人缘，也很难通过说话来获得别人的认可。无论在任何时候，会说话的聪明人办事绝对不盲目，他们会先参透对方的心理，知道对方想要的是什么，然后再对症下药。投其所好往往能把事情顺利地办好。

一位日本议员前去拜见埃及总统纳赛尔。尽管彼此的经历、志趣、脾气等都极不相同，但日本议员为了搞好与埃及当局的关系，事先做了充分的聊天前的准备工作，并在双方的谈话中积极运用认同的技巧和投其所好的入心之术。

日本议员对埃及总统纳赛尔说："尼罗河与纳赛尔这名字，在日本是妇孺皆知的，今天这次谈话，我与其称您为总统，不如称您为上校吧（纳赛尔以前是上校），因为我也曾经做过上校，和您一样，跟英国人打过仗。英国人骂您是'尼罗河的希特勒'，他们也骂我是'马来之虎'。我读过您的《革命哲学》，也曾把它同希特勒的《我的奋斗》作比较，我发现希特勒是实力至上的，而您则是充满了幽默感的，更容易被平民接受。"

纳赛尔听了日本议员的这番话语非常兴奋："我写的那本书，是革命之后三个月匆匆写成的。我觉得你说得很对，我除了实力之外，更注重作品的人情。"

日本议员马上附和说："是呀，我们军人也需要人情。我在马来西亚作战时，一把短刀从不离身，目的不在杀人，而是为了保卫自己。阿拉伯人现在为独立而战，也正是为了防卫，目的与我佩带短刀是一样的。"

纳尔赛大喜，说："你说得对极了，欢迎你以后每年都能来一次埃及。"

在这种气氛中谈话可谓是顺风顺水，到后来涉及两国的关系及贸易时，谈判依然进行得相当顺利，双方很快达成了一致。

其实，有时候看似很难的事情，真的可通过几句简单的交流来解决掉。你不需要费多少口舌去游说对方，只要摸清楚对方的秉性，知道对方的习性和爱好就可以了，然后按照他们的喜好投以糖衣炮弹，就能打开对方的心理防线。接下来的事情，也就会向你期望的轨道发展。

好口才是帮助我们开启事业大门的金钥匙，但好的口才并不是单纯地指巧舌如簧，而指说话的准和精，必须是句句说到点子上，说到对方心坎里，这样才有说服力。

比如，当一个人很有兴致地谈到他的专长，或他曾经取得的辉煌时，你就应该适时地提出与之相关的要求，在这个时候，你被拒绝的可能性就会降到最低，你的要求得到实现的概率就会大大增加，这是被心理学家及社会学家的实验所证明了的。当你有求于人时，选择用赞美和迎合的方式，营造一个合适的氛围，将使你的需求最大可能和最大限度地得到满足。

就像在谈判的时候，有些人可能磨破嘴皮也达不到预期的效果，但有人不必大费口舌就能轻而易举地说服对方，这是因为他们能够抓住对方的心理，把话说到对方心坎里。

小王是一位研究所的高级工程师，由于工作原因和妻子两地分居十多年了，总想找机会把妻子调回来，为了托人把妻子调回来已经是用尽办法，精疲力竭了。但是就在调动过程中，起关键作用的局长换了，小王听说新上任的张局长能急人之所急，为群众办实事，于是他先了解了张局长的业绩，以及他所做的实事，然后决定登门拜访。

见到局长后，他并没谈自己此行的目的，而是先捧张局长，夸赞他是真正为人民做实事的公仆。张局长也很谦虚地说："哪里，哪里，他们的确有困难，我只是做了我应该做的事。"

到了这个关口，小王就顺势提出了自己的问题和请求："张局长，我也有点小事，需要麻烦您，我和妻子已经两地分居十多年了，一直没有解决，听大家说您的政绩，心中仰慕，来请您帮帮忙。"接着小王又介绍了一下自己的情况，张局长让他回去静候消息。果然，一纸调令到手，小王终于可以全家团聚了。

任何时候，深入人心都是最有效的沟通之道。鬼谷子的意见是："故用此者，己欲平静，以听其辞，察其事，论万物，别雌雄。虽非其事，见微知类。若探人而居其内，量其能射其意也。符应不失，如螣蛇之所指，若羿之引矢。"

显然，知人的关键在于了解其内心的情感，从而采取有效的对策。为此，听取他人讲话的原则是，自己首先要平静下来，以便专心听取对方的言辞，进而分析事情的原委，论说万物的兴衰，辨别事物的真伪异同。即使所谈的内容并不是实际的信息，甚至无关紧要，但是仍可以从细微的征兆中探知重要的信息。

所以说，能否把话说到别人心里是一种处世的能力，话说得是否动听，能让人乐意接受，关系到一人的前程和发展。即便是小事，如果处置不当，也会酿成祸害。话并不是说得越多才越有说服力，话要说到点子上才能起到关键性的作用。只有抓住谈论的要害，才能事半功倍。

汉武帝喜欢巡游，一次在视察完鼎湖之后，突然决定到甘泉视察，到了之后发现甘泉官道坎坷难行，不禁恼怒：“难道义纵觉得我会驾崩鼎湖，连甘泉也来不了吗？”这件事本是义纵的疏忽，情急之中义纵也难以置辩，汉武帝一怒之下就杀了义纵。

同样是面对汉武帝，上官桀就能够化险为夷，保住人头和地位。

由于汉武帝好骑马游猎，一次大病之后，他猛然发现宫中御马瘦了许多，于是把管马的上官桀叫来骂道：“你是不是以为我该病死，连御马也看不到了？”说完便要降罪于上官桀。

上官桀冷静而机智，急忙申辩说：“臣万死不辞，唯知陛下圣体欠安，臣日夜忧虑，无心喂马。臣确实已失职，陛下愿杀愿罚，臣都领受，只要陛下圣体健康，臣死而无憾！”话还没说完，就已泣不成声。

没有养好马与没有修好官道一样，都是不尽职，但是上官桀却很高明地将失职转成尽忠的表现。言语之间，使汉武帝感觉到了他的忠诚。结果，上官桀不仅没有被杀头，反而受到重用，累官至骑都尉。可见语中要害最关键，在危急时刻不仅能扭转形势，还能保住自己的性命。

鬼谷子教你诈

一个人的语言能力对于人类社会的发展和进步有举足轻重的作用。早在春秋战国时期，孔子已将语言表达提高到一个重要的地位："一言可以兴邦，一言可以丧邦。"德国诗人海涅也曾经说过："言语之力，大到可以从坟墓唤醒死人，可以把生者活埋，把侏儒变成巨人，把巨人彻底打垮。"21 世纪是一个竞争激烈的时代，经济飞速发展，信息迅速膨胀。在现代化的信息社会里，时代对于人才素质的一个基本要求就是要具有较强的交流信息的语言表达能力，要能在短时间内击中要害，把话说到别人心坎里。

5. 切莫越俎代庖，代人决策是忌讳

游说是语言上的艺术，掌握其中的门道并不容易。许多时候，人们常常会在推广个人主张的同时，不自觉地代替他人做决定。结果，因为逾越职权而得罪他人，造成游说失效，自身受损的后果。

鬼谷子认为，越俎代庖的游说方法是十分致命的，它不仅不能有效地说服对方，反而会迅速恶化双方的关系，造成不必要的误解。更重要的是，如果引起他人的不快，等于给自己树敌，这实在不是什么高明的言辞技巧。

明娜是一个相当活跃的女孩，在工作上精力十分旺盛，而且点子多，做事不怕苦不怕累，人也活泼，所以深得领导的重视。由于明娜在提建议方面很有一套，所以她提出的工作建议，往往都能够被领导所采纳，连周围的同事都对明娜说服领导的功夫赞不绝口。

由于公司人事调整，明娜所在部门的副经理被调往其他部门，其工作上的事务暂由经理代为负责，部门副经理之职空缺。而明娜无论是从工作业绩还是从领导的重视程度上看，都是最有希望得到提升之人。聪慧的明娜自然知道升职的机会来了，所以在工作上的表现也更加积极。

这一天，明娜的部门要开会，为了能够有好的表现，明娜早早就准备了会议发言的内容，然后按照规定的时间来到了会议室。谁知，到了会议室门口才发现，其他部门的会议还没有结束，同事们都站在会议室门口等待。

这时，明娜突然有了一股说服别人，树立自己威望的想法，于是便单枪匹马地冲进了会议室，对开会部门的工作发表了一通自己的看法，并以领导的架势告诉大家什么事情应该怎么做。可想而知，所有人对于明娜的指手画脚都十分不满，然而出于领导在场不好发作，也只能是隐忍不发。明娜看着众人一语不发，还以为自己的游说起了作用，所以，心里便更飘飘然了。

此时的明娜，还丝毫没有意识到自己已经犯了游说中的大忌。同事们的隐忍不发使得明娜颇为得意，虽然还没有坐上副经理的位置，但是她已经开始以副经理的架势对待同事、对待工作了。

有一次，明娜在公司的走道里正好遇到了拿着文件前往经理办公室的小刘，明娜拦住小刘询问事情的来龙去脉，当得知小刘是去找经理签字时，明娜随即拿出了随身携带的签字笔，一边在文件上签上了自己的大名，一边对小刘说道："以后，这种签字的事情直接找我就行。"说完扬长而去。

很快，经理得知此事后把明娜叫来并问起此事，明娜对此并不以为意，而是很潇洒地说道："您几乎每次都按照我的建议办事，我知道您忙，所以先看了看，觉着没有什么问题，所以就签了。"

不用说，明娜这种越俎代庖的行为令经理十分不满，最终的结果可想而知，本来很有希望升职的明娜，最终因为越俎代庖而失去了升迁的机会。

明娜之所以没能顺利地升职，其关键就在于她犯了游说中的大忌。做事之前一定要先动脑子，积极提出合适的建议当然是好的，事实上，大部分领导都喜欢那些积极为自己排忧解难的下属，但是所有的领导都有一个底线，那就是不能忍受下属擅自做主，尤其是在自己不知情的情况下。

游说重在通过语言说服别人接受自己的想法或者建议，但前提是，一定要时刻清楚自己的位置、自己的身份，只有时刻安分守已地提建议，才不会因为权限的逾越而引起对方的不满，所进行的游说才能够保障自己的利益，否则只能适得其反。

鬼谷子提醒人们，在提建议或者试图说服他人的时候，一定要注意自己的立场，要清楚地明白，自己没有权利为他人做决定，我们能够做的就是通过语言上的劝说或者为其提出有可行性的建议。如果我们逾越了这样的前提，就会给人留下不尊重人，擅做主张等不良印象，到时候要想让对方朝着我们所希望的方向做决策就几乎是不可能了。

那么，在游说他人的过程中，怎样才能有效地避免越俎代庖进而损害自己既得利益的事情发生呢？鬼谷子早在春秋时期就给我们提出了告诫。

（1）尊重事物的内在规律。不管是怎样的游说活动，都有采纳和建议两方面，而这两方面正好是相对立的。提出建议的人都希望对方采纳自己的意见，而接受建议的人则会通过自己的甄别判断，采纳自认为最有利的建议。正因为两者是对立的，所以，我们在游说他人的过程中，尤其要注意不能强化这种对立矛盾，这就要求我们不能代替对方做决策，否则就会激化矛盾，从而阻塞了建议被采纳的通道。

（2）游说当独来独往。要想推行自己的主张，其游说就要独来独往，不受任何人的牵绊，做到想进来就进来，想出去就出去；想亲近就亲近，想疏远就疏远；想接近就接近，想离去就离去；想被聘用就被聘用，想被思念就被思念。就好像母蜘蛛率领小蜘蛛一样，出来时不留洞痕，进去时不留标记，独自前往，独自返回。只有这样，所提出的建议才能顺畅地被采纳。倘若我们越俎代庖，那么无异于给人留下把柄，又怎能进退自如呢？游说一旦失去了独来独往的自由，往往也就很难再起好作用了。

鬼谷子教你诈

四处推行自己的主张，少不了游说之功，但在游说的过程中，一定要紧守本分，明确自己的职权范围，一定不要逾越半分。只有时时提醒自己，才能避免在游说的过程中出现越俎代庖的错误，才不会因为侵犯他人的底线而激化双方的矛盾，造成游说失效，甚至是人际关系破裂等无可挽回的恶果。

6. 灵活应变，人话鬼话都会说

“见什么人说什么话，到什么山唱什么歌”，在生活中，有些人很会说话，和不同的人用不同的方式说话。最典型的莫过于商场里的售货员，见到男顾客，就称赞其理智、有眼光；见到女顾客，则称赞其美貌、年轻。灵活应变地说话不仅是鬼谷子纵横术的精髓，更是一种交际礼仪，一种成功的捷径。

这涉及交际中的游说之道。对此，鬼谷子说：“捭阖之道，以阴阳试之，故与阳言者依崇高，与阴言者依卑小。以下求小，以高求大。由此言之，无所不出，无所不入，无所不言可。”在他看来，做任何事情都必须按规律办事，需要从阴阳两方面来进行论证和实施。与处于“阳气”中的人交谈，可以用崇高的语言来说服他；与富有“阴气”的人交谈，要用低微的语言来引导。这样一来，就能通过因人而异的策略说服对方，也就没有解决不了的问题了。

由此不难看出，言谈的力量是巨大的，它能征服世界上最复杂的人心。

掌握说话的技巧，对于每个人来说都是至关重要的，在我们的现实生活中，有些人天生不善言谈，本来可以抓到的机会都轻易地放掉了，最终只能让自己活在进退两难的紧张和压迫之中，惊惧不安。有些人说起话来头头是道、游刃游余，原因何在呢？其实，最根本的原因就在于他们懂得灵活变通，变是永恒的法则，所谓变则通，不变则不通，我们只有掌握了灵活变通的说话技巧，才能把话说得恰到好处。

这就要求你能做到见什么人说什么话，到什么时候说什么话，在什么位置上说什么话，处在什么场合说什么话，这才能达到变通的境界。

大千世界，每个人的心理特点、脾气秉性、语言习惯各不相同，所以，不能用统一的说话方式来交流，必须针对不同的人采取不同的说话方式。尤其是从国人的心态来看，中国人比西方人更注重人情关系的和谐，而这种和谐大部分是靠沟通换来的。因为中国人认为做好人比做好事更重要，基于这种心态，中国人更讲究说话方式，通过揣摩不同人的心理，说出让他们都能够接受的话，从而促进目的的达成。例如，现代社会竞争激烈，当某些人获得利益的时候，可能会导致另外一些人感到不快。这个时候，你就需要通过特定的沟通方式，化解别人心中的不快甚至敌意。

话总是说给别人听的，至于说得好不好，不仅要看所说的话能否适当地表达自己的思想感情，也要看别人能不能理解并乐于接受你所传达的东西。如果你说的话别人听不懂，或者根本让人提不起继续听下去的兴趣，那这样的谈话就失去了意义。所以与人交谈之前，你应该搞清楚对方的个性。假如他喜欢委婉，你就说些抽象的话；假如他喜欢率直，你就说些坦白的话；假如他崇尚学问，你就说点高深的话；假如他喜欢谈些琐事，你就说点浅显的话。这就是所谓的“见什么人说什么话”。只要你说话的方式能符合对方的个性，便很容易一拍即合。

所以，当你和对方交谈时，尽量使用对方会认同的语言，谈论对方熟悉和关心的话题，并且视具体情况灵活应变，以便迎合对方心理，赢得对方的好感。

当然，凡事不能太出格，见什么人说什么话也要发自本心，如果过分奉承别人，反而会适得其反，让人感到反感。即要做到所谓的“智圆行方”，也就是说，人的思想要圆滑、行为要端正，这也是行走社会必备的处世之道。而“见什么人，说什么话”，也不是教人做“两面派”，而是警告人们要根据不同的场合，做适当的事；面对不同的人，说适合的话；同时也要学着做到换位思考，从别人的角度看问题，用对方容易接受的语言和沟通方式打交道。

切忌不要单纯为了“讨好”一个人，而对另外一些人恶语相向，又或者为了迎合大家的口味，而说一些让自己尴尬的话。

根据鬼谷子的观点，与不同的人说话要采用不同的方式，才能达到良好的预期目标。比如，当与地位较高的人谈话时，要把握好下面几点：

（1）态度要尊敬，对方讲话时要全神贯注地听。

（2）不要随意插话，除非对方希望你有所响应。而且回答问题要简洁，尽量不说题外话。

（3）说话态度自然，不要显得紧张。

（4）不做“应声虫”。当你只一味地说“是”时，对方可能会认为你没有主见。

当与地位比你低的人谈话时：

（1）你应表现出庄重的态度，千万不可在交谈时表现得漫不经心。

（2）让对方感觉到你对他的谈话内容有兴趣，并让他继续说下去。同时要庄重、有礼，避免高高在上的态度。

（3）你不妨赞美对方的出色之处，但切记不要太过聒噪，或太过亲密。

（4）不要用自己的优越地位去打断对方发言。

如果你是男士，当你和女性谈话时：

（1）最好是先开启话头，以便能够继续交谈。不妨从书籍、花草或其他让人感到轻松的事物开始。

（2）尽量以对方为中心，并用能够增加对方感情的谈话口气和态度。

这样你们的交谈就能愉悦而顺利地继续进行。

（3）务必保持尊重对方的态度，除不可随意打断对方的谈话外，也不应轻蔑对方。你要表现出有礼、诚恳、和善的态度。

当你和老年人谈话时：

（1）保持谦虚的态度。老年人接受的新知识虽然比你少，可是他的人生经验却比你丰富，所以在双方谈话的过程中，你应谦逊虚心。

（2）只需提及他的阅历，不要直接谈及他的年纪。

另外，与对方交谈时，你也必须考虑到对方的文化背景，不同文化背景的人，在说话方式上也会呈现不同的特点。从事不同职业、具有不同专长的人，他们所接触的信息类型和话题往往不同。因此，如果你以对方一窍不通的事物作为话题，他们就会觉得无味，继续深谈将会显得十分困难。相反，如果你能抓住对方职业或专长上的特点，并借此作为交谈的话题，就很容易拉近心灵的距离，使双方产生共鸣。

综观以上情况，你一定能够发现因人而异的谈话方式不仅体现了你自身的素质和修养，也让对方感受到尊重与信任。因此，对于这种“见人说人话，见鬼说鬼话”的说话技巧，我们不可不知，不可不学！

鬼谷子教你诈

生活中，很多事情都需要说服人，需要维系人与人之间融洽的关系。这就要求我们要有良好的口才，需要会变通的说话技巧。灵活地说话、办事，是生活的艺术，也是追求进步、实现理想、达到目的的途径。掌握灵活的说话、办事技巧，是关系到一个人成就的重要课题。

7. 直言直语，不如绕点圈子

都说做人应该坦率，说话应该直爽，但事实上，没有人喜欢说话直来直去的人，因为太直的话很容易伤人，虽然直爽的话出发点大都是好的，但说出来总让人听着不舒服，所以，直言之语不如绕点圈子。

通过曲折的途径达成自己的目的，似乎舍本逐末，不过这却是符合人心的应对之策。鬼谷子说："即欲捭之贵周，即欲阖之贵密。周密之贵微，而与道相追。"在他看来，假如想要畅所欲言，坦白内心的真实想法，最重要的是严密周详；假如想隐藏心迹，不让别人看到自己的真实意图，最重要的是要深藏不露。可以说，交谈之道有许多大学问，能够在藏露之间找到恰当的方法，就容易呈现熟稔的沟通技巧。

因此，与人交谈中，必要的时候学会绕圈子并非耗费时间、精力，而是为了维持特定的效果。例如，谈话中如果对方有事相求，而你在能力范围内又帮不了对方，又不想直截了当地拒绝，就可以委婉地说："这种事目前恐怕很难办到。"例如当你愤怒时，常会说出一些自己无法控制的话，像没有方向的利箭一样射伤对方。为了避免扩大争端，说话应委婉，培养适时停止争辩的能力，以免一发不可收。说话含蓄是对听话人的一种尊重，能表现一个人的修养，也有利于建立自己给别人的第一印象。它总能让对方在再三回味中不断增加对说话人的好感，从而与之更好地相处。

生活当中有好多话是不能说的，会说话的人往往用委婉含蓄的方式表达这些不能说的话。

西安事变之前，张学良和杨虎城频繁会面，其实他们早已有意对蒋发难。但是面对关系身家性命和国家安危的大事，在对方没有表明态度之前，谁都不敢轻举妄动，随意开口。当时，张学良的实力比杨虎城大得多，又是蒋介石的拜把兄弟。杨虎城如果直接把自己的想法告诉他，万一张学良有二心，那后果不堪设想。尤其是眼看时间越来越近，双方还是难以找到表态的机会。

为难之下，杨虎城想到了一个解决的方案。

杨虎城有一位共产党的部下，名叫王炳南，张学良也认识此人。在一次会面中，杨虎城婉转地借着王炳南的身份说道："王炳南是一个激进分子，他主张扣留蒋介石！"张学良立即接应道："我觉得这不失为一个好办法。"于是两个将军终于不再徘徊于谁先开口的尴尬局面，开始正式商谈行动计划。

杨虎城选择了借不在场的第三者传出心声，即使对方不赞成，自己也可全身而退。这就是绕圈子说话的妙处所在。

同样，19世纪的俄国著名作家陀思妥耶夫斯基也是用委婉含蓄的说话技巧获得了意中人的芳心，赢得了完美的爱情。

1866年，对陀思妥耶夫斯基来说是不平凡的一年。他的爱妻玛丽亚和他的哥哥相继病逝。为了还债，他不得不开始赶写小说《赌徒》，并雇用了一位名叫安娜·格利戈里耶夫娜的性情随和且善良活泼的速记员。

陀思妥耶夫斯基对待工作认真负责、一丝不苟的态度，使得安娜非常崇拜他，朝夕相处中，陀思妥耶夫斯基也早已深深爱上了安娜，但他并不确定安娜内心对他的看法。于是，他找了个机会对安娜说："我又在构思一部小说。"

安娜听后问："是一部很有趣的小说吗？"

"是的。只是小说的结尾还没想好，女主人公的心理活动我把握不准，现在只有求助于你了。"

陀思妥耶夫斯基看了看安娜认真聆听的表情，继续描述道："主人公是一个艺术家，年龄已经不小了，而且刚刚遭遇了丧亲之痛……"

听到这，安娜已经听出，他所描绘的主人公就是他自己，忍不住打断他的话：“看来你很同情你的主人公。”

“是的，我非常同情他，他有一颗善良的心，虽遭受不幸，却依然渴望爱情，期望获得幸福。”

安娜有些激动地说：“那主人公遇到那位温柔、聪明、通达人情的姑娘很不错呀！”

“但是两人的性格、年龄有差异，年轻的姑娘会爱上艺术家吗？我揣摩不到，想听听你的意见。”

“当然会，如果两人情投意合，她为什么不能爱艺术家？难道只有相貌和财富才值得去爱吗？”

作家有些激动，声音颤抖着问：“你真的相信，她会爱他一辈子？”

安娜一下子怔住了，她终于明白他们谈的不仅仅是文学，而是在构思一段爱情的序曲。于是安娜果断地告诉作家：“是的，我会爱他一辈子。”

后来，陀思妥耶夫斯基同安娜结为夫妻，在安娜的帮助之下，他不仅还清了全部的债务，还写出了许多的不朽著作。陀思妥耶夫斯基这种委婉含蓄的求爱方式，被大家当作爱情的佳话。

有时候圆滑一点并不是世故，也不与真诚对立，对待朋友要真诚没错，但对一些敏感有争议的事物圆滑一点未尝不可。

那么，说话委婉都有什么好处呢？

（1）说话委婉，能够化“干戈”为“玉帛”

尤其是在冲突将要升级的时候，试图用戏谑的方法，以笑对怒，以柔克刚，用开玩笑的方式去创造一种和谐的气氛，会很快缓解矛盾。

（2）说话委婉，能够让恶意的挑衅者自食其果

面对他人挑衅的言辞，许多人往往忍不住发火，甚至大打出手。其实，只要以柔克刚，用婉转的话语来应对，就能收到四两拨千斤的效果，让对

方收敛恶言恶行。

（3）说话委婉，能够在不经意间获得期望的结果

委婉含蓄的语言是成熟、稳重的表现，委婉含蓄地说话既能把意思表达出来，又能使对方愉快地接受。这是鬼谷子纵横一世的经验，也是现代人需要汲取的智慧。

鬼谷子教你诈

遇到令人尴尬的情况或不适合坦白的时候，直言直语不但不能起到积极的作用，还会引人反感。所以我们不妨另辟蹊径，旁敲侧击，用委婉的“针”去刺中他的“穴位”。

8. 以情动人，以理服人

古代历史上，大臣辅佐君王，必须阐明自己的主张，提供决策情报。在说服君王的时候，大臣必须运用以情动人、以理服人的策略，促使自己的意见被采纳。

对此，鬼谷子是这样描述的：“将欲用之于天下，必度权量能。见天时之盛衰，制地形之广狭，岨险之难易，人民货财之多少，诸侯之交，孰亲孰疏、孰爱孰憎；心意之虑怀，审其意，知其所好恶，乃就说其所重，以飞箝之辞，钩其所好，以箝求之。”

在他看来，大臣辅佐君王治理天下，必须事先揣度君王的权谋智慧，衡量君王的才能，再观察天时的盛衰，以及地形的广狭、山川险要的难易

等，综合考虑各种因素，才能采用具有诱惑性和针对性的说辞，让自己的政治主张成为国策。在此，晓之以理，动之以情，就成了大臣说服君王的拿手好戏。

而在日常生活中，中国人求人办事是很注重“情理”的。许多时候，中国人把“情”放在“理”之前考量。中国人认为“情”的地位，甚至超出了理性，其实这是一种错误的理解。人们常说“以情感人，以理服人”，事实上，“情”只是在为“理”作铺垫，“感人”则是“服人”的前提。对中国人来说，人情是工具、是手段，不是目的，讲情只是为了更好地处理好事情。

某公司的销售经理是老总的哥哥。大家都知道这人平时工作拖拖沓沓，没什么真实力，就擅长做表面工夫。只要老板一来，他马上摇身一变，一副干劲十足的样子。而且，他仰仗着和老板的亲密关系，经常对员工指手画脚。大家对他这种行为非常厌恶。

有一次，他一时兴起，竟然对财务部门一位职员的工作横加干涉，在遭到同事的反对之后，竟然恶语相向。就在二人争执的时候，恰巧老板经过，这位职员就向老板报告了财务部门的诸多错误。

老板听后不但没有及时作出理性的反应，反而把自己的哥哥带到了办公室。结果显而易见，那位职员第二天就被炒“鱿鱼”了。就因为这位老板在工作当中公私情理不分，使得他越来越失掉人心，公司经营状况也开始走下坡路。

中国人重视家族血统观念，本来无可厚非，但是，经营一家公司，领导人就不能用远近亲疏待人处事。必须把“情”与“理”的尺度把握好，按规矩办事，用“理”服人，不能因为是自己人就乱了章法。

我们都知道，过分重视人情，忽视了“理”的价值，必然误入歧途。但是，在生活中，我们又很容易发现，单纯“讲理”也是远远不足的，会给为人处世增加许多困难。因此，这个时候，我们就需要把“情”融于“理”，用“情”来包装“理”。这才是对“情”与“理”的恰当运用。

（1）道理往往是深奥的，情感是容易被人接受的

理，是一种理性思维，比感性思维逻辑性和规则性更强。如果处处讲道理，把“理”放在口头，必然造成人与人之间的沟通障碍。因此，有时候必须通过“情”来说“理”，达到明事理的结果。

（2）盲目坚持道理，容易出现固执和走极端的现象

理，是一种逻辑思维。所以，一个人为了坚持自己认为正确的道理，很容易走极端，在与人的沟通和交往中坚决不妥协。这个时候就需要一些感性的思维去平衡它，以将道理人情化。

（3）道理常常挂嘴边，而真正落实到行动中却很少

讲理是必要的，但是如果不分场合，不顾大局，大谈自己的道理，必然各说各话，陷入个人的小圈子，这样一来，人与人之间的关系就容易陷入僵局。

总之，在处世过程中，讲“情”只是过程，目的是明事理，推进事情的进展。理解了这一点，才能掌握交际中的人情逻辑，学会在情理的交融下把事情做好。

鬼谷子教你诈

“合情合理”“合理合法”，“情”和“法”都要把“理”拉进来，足证中国人最讲道理。中国人的一切行为、各种关系，都要达到合理的边界，才能被接受、被承认，否则你就会寸步难行。这就是中国人思维里的一种合理化。

9. 小错不改，为大错埋单

鬼谷子的思想中，蕴含着辩证的观点，并且在事物相互转化中看到未来的趋势。他说："不悉心见情，不能成名；材质不惠，不能用兵；忠实无真，不能知人。故忤合之道，己必自度材能、知睿，量长短、远近、孰不如，乃可以进，乃可以退，乃可以纵，乃可以横。"

显然，如果不尽心努力洞见世情，就不可能成就声名；如果没有聪慧的素质才能，就不能进行军事运筹；如果不能诚心忠实，就不能知人善任。在这里，鬼谷子提出了"忤合之术"的法则，提醒人们估量自己的才干、能力、头脑，从而找到正确的方向，在可进可退中成就功业。

比如，人们在生活中习惯忽视小过错，认为它无足轻重；结果，随着事态的发展，往往迎来更大的失误，到头来悔之晚矣。这其实就是鬼谷子说的事态相互转化，必须在事情可控的时候主动出击，把不好的苗头消灭在萌芽状态。

三国诸葛亮曾说："勿以恶小而为之，勿以善小而不为。"这句话讲的是做人的道理，只要是"恶"，即使再小也不做；只要是善，即使再小也要做。因为极小的错误就可能会一点点腐蚀放大，就可能会慢慢扩张，然后毁掉你的一生。鬼谷子也深谙这个道理，在他并不完美的一生中，至少他懂得如何把大的祸患遏制在萌芽状态，避免了小错的蔓延。

好比丢了一个钉子，就会坏了一个铁蹄。坏了一个铁蹄，就可能折了一匹战马。折了一匹战马，会死一个骑士。死了一个骑士，就输了一场战争。输了一场战争，就可能亡了一个国家。这就是从一颗小钉子的错误开始，酿成最后亡国的大错。

在现实生活当中，总是有个别人把吃点、拿点、收点视为“小毛病”，并且完全不把这些“小毛病”当回事。岂不知，小错误到大错误正是一个从量变到质变的过程，一旦你的思想防线被“小毛病”攻破了，就会快速滑向罪恶的深渊，这种教训是屡见不鲜的。

从前有个小孩，从学校里偷了一块同学的写字石板回家，并且拿到母亲面前炫耀。母亲不但没批评他，反而还夸他能干。第二次，他不再偷写字石板了，而是偷了一件昂贵的大衣回家，母亲看到竟然很满意，还夸奖了他。

随着岁月的流逝，小孩长大成人了，便开始去冒更大的险，偷价值更高的东西。在一次行窃过程中，他被警察当场捉住，并被反绑着双手，押送到刽子手处。他的母亲跟在即将行刑的儿子后面，捶胸痛哭。

这时候，儿子叫住了自己的母亲，并说想和母亲贴耳说一句话。他母亲马上凑上前去，谁知，儿子猛地用力咬住她的耳朵，撕了下来。母亲骂他不孝，犯杀头之罪还不够，还要伤害母亲。儿子歇斯底里地说：“我初次偷石板交给你时，如果你打我一顿，改掉了那个小毛病，我就不至于落得今天的下场，这样悲惨的结局！”

从这个故事可以看出，播种行为收获习惯，播种习惯收获性格，播种性格收获命运。生活中的点点滴滴都有可能改变人的一生，成功与失败往往决定于一个人的习惯。冰冻三尺非一日之寒，大错往往是由生活中的小错汇聚而成，所以，犯了小错必须及时加以改正。

俗话说：“千里之堤溃于蚁穴。”一步走错，就可能满盘皆输。1986 年，“挑战者”号航天飞机在发射上天 73 秒后爆炸解体，机上七名宇航员全部遇难。失败原因不过是固态火箭助进器出现了小小的故障，却没能及时发现和修整，最后发生了泄漏，导致了悲剧的发生。

“亡羊补牢，犹未晚矣。”这个古老的寓言故事说的也是及时改正错误的问题。丢一只羊问题不大，只要发现问题是出在羊圈上，及时把漏洞补上，就能避免更多的羊丢失。而如果听之任之，不去检查羊圈，或者发现了羊圈的漏洞而不去修补，那么圈里的羊就会在不知不觉中丢光。同样的道理，如果一个人犯了错误，但是根本不去做自我检讨，甚至认为错误无关大局，一笑置之，而且沿着错误之路继续走下去。那么，即使一开始只是芥子一样的小错误，日子久了，也会发展成弥天大错。到时候只有“悔之晚矣”的无奈了。

日常生活中，我们常常看到这样的人和事，因为贪恋美食，不加节制，最终吃坏了健康；一些人贪图享乐，任由欲望不断膨胀，最终触犯法律，走上了不归之路。

所以，要重视改掉自己身上那些看似不起眼的“小毛病”，不管是道德所要求的，还是法律所规范的，都不要试图去逾越。蚁穴虽小，可毁长堤；羽毛虽轻，也能沉舟。无论在任何时候、任何情况下，我们每个人都要加强自身修养，加强自省能力的锻炼，不断提高自己的思想觉悟和辨别是非的能力，主动给自己的身上添置一件厚厚的“防弹衣”。时常提醒自己，远离“小毛病”，改掉“小毛病”，自觉抵制不良行为，端正自己的作风。只有这样，才能立德塑形，赢得健康的身心，赢得人生的辉煌。

鬼谷子教你诈

“小洞不补，大洞吃苦。”衣服上破了一个小洞，补起来很容易。如不及时处理，一旦成了大洞，也许花再大的工夫也补不好了。人身上的小毛病正如衣服上的小洞一样，不及时修补、改正，就会越来越大，乃至最终无法修补。如果把“小毛病”视为一种常态，不屑一顾，任由发展，久而久之，就容易使一个人的肌体丧失“免疫力”，“小毛病”的危害将逐渐弥漫开来，危及全身，乃至生命。

中篇

时进时退，鬼谷子捭阖之术处世经

第四章

虚实术
审定有无，识“真”人交其真心

在交际场上，人人都戴着面具示人，那么，身处其中的我们怎样才能交到真心实意的朋友呢？鬼谷子的虚实之术，便能够轻松化解这个难题。若想探知他人的真实实力，就要以诚意相待，以利他人。

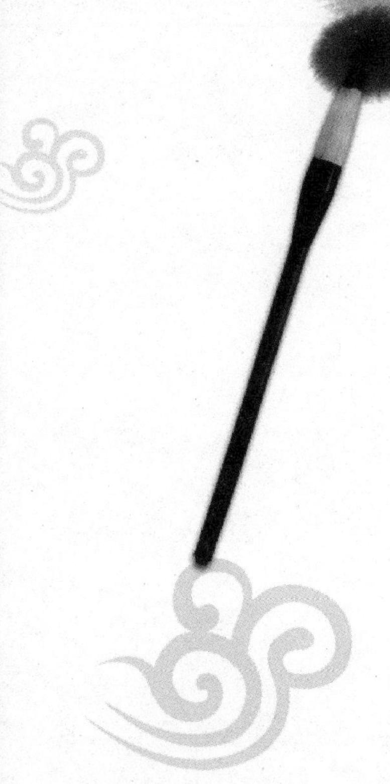

1. 隐而不露，暗中识人

动物迫于生活本能应用阴阳之道保护着自己，获得了生存繁衍空间。人作为最高级的动物，更应该懂得运用阴阳之道来谋求发展、追求进步、铸就成功。虽然誓不低头、毫不示弱有时是勇敢、刚毅的表现，但是适当地隐匿自己，甚至认输、放弃才是聪明的表现。

鬼谷子认为，隐而不露是一种大智慧，如果在不了解对方时便大肆张扬，就会经历更多的风雨，暴露在外的椽子必定是会先腐烂的。而不分时宜地过分张扬卖弄，不管多么优秀的人都免不了遭受明枪暗箭的打击。所以愚人会大肆张扬地运用智慧，而智者则将智慧运用得隐而不露。

隐而不露是一种谋略，并非一声不响、默默无闻、与世无争，更不是逆来顺受任人宰割，而是为达到某种目标，故意掩盖自己的内心，以达到麻痹对方的目的。《易经》上说：“君子藏器于身，待时而动。”隐藏便是如此，关键在一个“动”字上。它不是单纯地为了藏而藏，而是为了更好地表现，为了取得更大的成绩、获取更大的成功而藏的。正是从这个意义上说，隐藏，作为不被人了解而先了解于人的基础上，提升生命境界的技能和手段，所追求的是和这个生命境界相应的辉煌。

春秋战国时期，楚国两代国君皆大有作为。楚庄王即位时，全国上下也都希望他能继承遗志，开疆拓土，强盛楚国。邻近小国则战战兢兢，时刻密切关注着楚国的动向。

而即位后的楚庄王却令人瞠目结舌，对朝政不闻不问，终日沉浸在莺歌燕舞中，与妃嫔们寻欢作乐，或率领卫士前往深山打猎，一副荒淫无度的国君形象。

楚国大臣们不甘心将两代君王的奋斗成果就此毁灭，便纷纷上书进谏，对此，楚庄王一概置之不理，我行我素。后来听烦了便下了一道令：敢进谏者死！大臣们为了保命均不敢再对其劝阻。

一连三年，楚庄王始终不理朝政，下面也乱作了一团：权臣们树党争权，谄谀小人溜须拍马趁此捞取官职；贪官们浑水摸鱼，中饱私囊。楚国上下皆是混乱无序的状态，只有忠臣在扼腕叹息。

大夫伍举实在看不下去楚王的所作所为了，便决定进谏一回，当然谁也不愿意当冒死英雄，便想出一个巧妙的办法。他入宫时见楚庄王左搂郑姬，右拥越女，边喝酒边听乐师奏乐，见到伍举便问是想喝酒还是要听音乐。

伍举笑道："臣既不想喝酒也不想听音乐，是听说大王智慧过人，所以想请大王帮属下解答疑惑。"楚王知道他是来进谏的，但并不点破。伍举继续道："在我国一座高山上停落着一只大鸟，羽毛缤纷艳丽，唯一的缺点就是三年不鸣叫，也不飞走，属下实不知为何。"

楚王沉思片刻后答道："这并非一只普通的鸟，三年不鸣，是在积蓄力量，三年不飞，是在等待看清方向。它虽不鸣，但一鸣惊人；不飞则已，一飞冲天。你去吧，你的意思我明白了。"

如释重负的伍举，心里立马亮堂起来。他出宫后告诉大夫苏从："楚王并非庸君，他非常有头脑，只不过在等时机罢了，看来楚国还是大有希望的。"

可是几个月过去了，楚庄王非但没有任何变化，反而更加荒淫无度，苏从感觉受了骗，他全然不顾"进谏者死"的危险，舍身闯入王宫："您身为国王，不理朝政，只知享乐，却不知乐在眼前，忧在不远，不久就会民众叛于内，敌国攻于外，楚国也就离灭亡不远了。"

楚王大怒，拔出长剑，指向苏从喉咙，厉声叱道："大夫不知寡人的禁令吗？难道你不怕死吗？""假如我的死可以换回君王悔悟，能让楚国富强，那我又何畏于死？”苏从一字一顿地说。

半晌，楚王扔下长剑，抱住苏从，感慨道：“我等的就是大夫这样忠于国家，不畏生死的栋梁。”他挥手斥退歌舞，与苏从谈论起楚国的政务，令苏从吃惊的是，楚王对国家上下的了解比自己还要多。

随后，楚王颁布了一系列政令，将那些贪官污吏、权臣政客该杀的杀，该免职的免职；把苏从、伍举在内的忠臣提拔起来。一番措施后，楚国的政治从贪浊混乱一下子变得清明而富有活力。

国内基础稳固后，楚王便开始开疆拓土，平定了周围小国的背叛，挺进中原，夺得了霸主地位，成为了历史上著名的“春秋五霸”之一。

须知，拳头收回来，是为了更有力地打出去。楚庄王清楚自己即位时，看似太平的国家盛世，却充满了隐忧：权臣夺利，小人充斥，群臣良莠不清，忠奸难辨。他故意将真实的自己隐匿起来，装出荒淫假象，这样不仅解除了周围国家对其的戒心，还消除了群臣的顾虑，使其露出庐山真面目。苦等三年后摸清所有情况，将楚国政治清刷一新，这才是他真正的智慧。

现实生活中用藏巧于拙、用晦而明、聪明不露、才华不逞等韬略来隐蔽自己的行动，可以达到出奇制胜的效果。但藏要知道藏什么，更需要知道为了实现我们的目的怎么去藏。隐藏也不是目的，把隐藏当作追求的人，最终只能是弄巧成拙，自讨苦吃。

鬼谷子的捭阖之道，从某个角度来讲，卑是为了求索微小，崇高求索博大。所以如果向对手灌输一些卑小的目标，展现自己的短处、弱点来诱导敌人上当，使其麻痹大意、放松警惕，然后将强大的一面迅时展露出来，一举拿下对方。

糊涂要装得不露声色，越是大事，越要将糊涂装得彻底，这样一来就可以保护自己，看清对方的形势。“不露”是暂时的，只要时机一到，在对方不防备时予以攻击，最终大显峥嵘。

鬼谷子教你诈

人生并非一帆风顺，要切忌张扬，运用隐而不露的智慧将自己的内心掩盖起来，达到麻痹对方，暗中识人的效果。智慧也要尽可能地用在对方看不到的地方，时刻观察事物的发展规律，探索变化的征兆，学会分析引起变化的原因，及时制定应对的措施，找到合适的时机将其实施。大凡智慧者都应该“隐而不露”，这不光适用于古代战场，更适用于现今社会，人生很多领域都应遵循同样的道理。

2. 任尔真假虚实，实心待之

鬼谷子说过，拥有极高深智慧的人叫圣人，拥有极高尚道德的人叫贤人。圣贤是既智慧高深，又道德高尚的人。所谓好的领导者就是那些胸怀坦荡的人，没有一个自私自利的人最后成了居高位者就是这个意思。领导者不一定是圣贤，却要学习圣贤的人生智慧，跟随圣贤的脚步。哪怕遇见虚情假意的人也能以礼待之，这才是大智慧。

在当今社会，充斥着复杂、纷繁、激烈、尖锐的竞争。在法律和道德规范下，许多情况下人们都自觉或不自觉地运用着智谋、测算、分析，等等。而处于商业经济时代的我们，更应具备识破来自方方面面，形形色色的诡辩形式或韬略智谋的能力，以避免自己受到损失。正因为人们越来越关注研究谋略之术，才使得过去只有少数人掌握的谋略术越来越大众化，以达到不被人愚弄的目的，使得人以真心相待。

生活中并非人人都会以诚相待、真心相对，同时也仍然存在着大量真真假假、虚虚实实的人。与人交往时，不管什么样的人都要对其善待，这几乎成了与人相处的一条基本准则。真心善待他人并非是简单的同情心，而是对人的无形相助，是一种博大的爱。在需要合作的社会中，人们总是存在着互动的关系，不管对方如何，只要真心地善待他人、帮助他人，终会获得与他们的愉快合作。

鬼谷子认为一个心有大志的人，只要做到屈己求贤，善待他人，那么天下贤能之人就会云集而来，为其事业出谋划策。

与人为善并非只对贤能人士，也并不是一定为了得到回报。善待他人不仅可以创造一个宽松和谐的人际环境，还能够愉悦自身。它不需要谁刻意而为，只需要一颗平常心，这是很容易做到的。给人以微笑可以感染他人，即使是并非像你一样以诚相待的人都会受到感染，不会故意和你过不去。与人为善给了人们被人喜爱的充实感。

王玫是一名护士，工作二十多年，经她护理过的患者已不计其数，但是其中一位她永远不会忘记，那是一位善待他人的老人。

刚工作一年时，王玫被分配照顾一位某军区的司令员。临去前护士长一再嘱咐说：“老人是一位癌症晚期患者，脾气倔强，你处事一定要小心。”听到此，王玫的心不由紧张起来。她怀着忐忑的心，轻轻地走进老人的病房，看到的是一位慈祥却瘦骨嶙峋的老人躺在病床上，打着点滴。王玫轻轻地查看了一下药物的名称和针头是否在血管里，虽然动作已经很轻，但还是惊醒了睡着的老人。他睁开眼睛，虽然饱经沧桑却不失锐利。她轻声地对老人介绍道：“老首长，您好，我是您的护士，叫王玫，您以后可以叫我小枚，有什么事您告诉我，好吗？”老人手指轻轻动了动，旁边的家属告诉她说，老人让她坐那休息一会儿。

不一会儿，老人的头上淌下豆大的汗珠，紧咬嘴唇，双手还紧紧地抓住被子。王玫赶紧站起来，将一只手握住老人的手，另一只手给他拿毛巾擦汗。

她知道，这是老人在承受癌症带来的疼痛。疼痛使他将王玫的手握得很紧，甚至有些疼。医生看后说打一针止痛针。王玫给他注射了后，十分钟左右，老人睁开疲惫的双眼，看着她，脸上露出的却是带着歉意的微笑，声音虽然很小，但是每个字都很清楚："对不起，把你捏疼了吧？"王玫摇摇头，表示没关系。就这样她对老人的护理开始了。

老人精神好的时候，会讲他抗美援朝时的故事。讲到战友的牺牲他仿佛又会经历一回当时悲痛的场景。一次为老人检查身体时，王玫发现他身上有着大大小小的疤痕，老人告诉她说，那是当时弹片留在身上的印记，他的身体里甚至到现在为止还有没有取出的弹片。老人说当时药品紧缺，他愣是没有用麻药将部分弹片取出，将麻药留给了更需要的人。王玫没想到他会如此坚强，她对老人的敬佩之心油然而生。

照顾老人的时间久了，王玫发现老人很亲和，从不会因为她是护士而看不起她。老人也经常说他和她一样都是为人民服务，工作没有高低贵贱之分，不同的是分工。慢慢的他们成了忘年交，也从未体会过护士长说的犯倔。

可就在王玫轮休的时候，护士长打来电话说，老人正在发脾气，而且谁都劝不好，看看她能不能过来试着劝劝老人。她打车来到医院，看到一名护士正在抹眼泪，家属围在老人身边，而老人却在批评自己的儿子。护士长向王玫介绍了情况：刚才老人正在睡觉，小李护士不小心把茶杯碰到了地上，把他惊醒了。他的儿子说了护士两句，老人就生气了，把儿子骂了一顿，还让儿子给护士赔礼道歉。儿子刚辩解一句，老头就急眼了，非要起来揍他，家属一劝，他就火冒三丈，把他们都撵出来了，谁进屋也不让。实在没办法了，才把王玫叫来。

王玫打开房门就听到老人喊道："给我滚出去，我不用你们，都滚。"她走到老人床前，握住他的手，老人却吃惊地问："你今天不是休息吗？怎么把你也叫过来了？"王玫轻声安抚老人道："谁的话您也不听，他们没办法了，只好叫我这个小朋友了，您可得给我点面子，要不咱们怎么做朋友啊？您现在是患者，是不能生气的，来和我说说，他们怎么气您了，我去修理他们，看他们还敢气您不？我把您扶起来，揍你儿子一顿，把他打得跪地求饶，或者我去替您揍他一顿也行。”老人被逗笑了，然后气哼哼地讲了整个事情的原委。最后老人意味深长地说：“孩子，你还年轻，要永远记得，不管你做多大的官，也不管你多么富有，你都要学会尊敬别人、宽容别人、善待别人。尊敬别人，就是尊敬自己啊。”

鬼谷子深知世界上并非都是真诚之人，小人到处都有。当然，许多时候并非对方有多么坏，而是双方沟通不畅、利益冲突造成了隔阂。对此，不妨以真心示人，放下自以为是的心态，避免对人刻薄、挑剔，甚至随意指责，将矛盾扩大。只要以诚相待，严于律己，宽待他人，自然容易与人和睦相处。你的行为犹如一面镜子，你如何待人，对方也会怎样回敬于你。

宽容和善待他人一样，都是做人的美德，而宽容更是一种明智的处世原则。如果仅因为对人的一时狭隘和刻薄而在自己前进的道路上平添障碍，又有何好处呢？相反，无意中对他人的一点恩惠就有可能扩宽道路。如何处世为佳，相信你自有定夺。孰轻孰重，自有明鉴。

对人宽容并不意味着就是对恶人的迁就和退让，也不是鼓励纵容自私自利。在失误无可避免后去善意地宽待犯错的人们，因其宽广而容纳了狭隘，因其宽广显得大度而感人。一个和谐环境的产生就得益于这样的宽容，在这样的环境下双方都会感到快乐轻松。

一个和谐的环境由此而产生，双方一同享受施惠于人的快乐。

鬼谷子教你诈

以诚相待，与人为善，宽以待人，真心对待每一个人，不管阴险、奸诈还是真诚、友善。如冬日正午的阳光，去融化别人心田的冰雪，将其变成潺潺细流。一个不懂得真心对人的人，会显得愚蠢，大概也会衰老得快；一个不懂得对自己真心的人，会因为把生命的弦绷得太紧而容易受伤，抑或断裂。

3. 强也示弱，给他人留足面子

《鬼谷子》中说道："谓逢好学伎术者，则为之称远；方验之，惊以奇怪，人系其心于己。效之于验，验去乱其前，吾归诚于己。"讲的是若要守得人心，就要学会表扬称赞，尤其在公开场合也不吝惜赞赏的词汇，这样不仅自己有面子，也能让对方觉得感激，哪怕你比他强很多也会让他觉得自己很有面子，这样人心自然就收拢了。

示弱是一种生存智慧，也是一种获取成功的手段。鬼谷子捭阖术最突显的智慧便是暂时以弱示人，来追求更大的发展目标。

懂得示"弱"是谦虚的表现，总是在该表现的时候沉默，在大家都驻足观赏的时候，把一切赞扬、羡慕、鲜花、掌声无偿地让给别人，没有高谈阔论，只有一声不响；没有夸官显富，只有低调从容。在别人最需要帮助的时候，能及时伸出温暖的双手，这样才是弱的境界。

示弱可以给他人以表现空间，为他人留有"面子"，为了维系感情，不要做有损他人"面子"的事，不要说有损他人"面子"的话，并且还要想办法给他人“面子”，让他感受到你的“人情”。

懂得示“弱”的人一般是智者。聪明的人一般都是低调中暗藏自信，精神内守，精华内敛，沉静似水，不轻易显露江山本性，处处示弱，表面上风平浪静，内心里大智大慧大勇。示弱者冷静、理智，心中装着大志向，因而不拘小节，不争功抢劳，不吸引眼球，更多的时候是默默地积聚力量，沉淀岁月，以超凡脱俗的非凡之力脱颖而出，赢取最后的胜利。

明帝曹叡在弥留之际，命司马懿和曹爽辅佐幼子曹芳。曹芳年幼，听从明帝之命抱住司马懿的脖子以示亲近，司马懿感激涕零，连表忠心。曹芳顺利立为太子。曹叡离去后，遗命嘱大将军曹爽和太尉司马懿共掌朝政辅佐幼主，大权便落入了二人手中。

司马懿老谋深算，德高望重，两个儿子司马师、司马昭也能征善战，就其威望资历远大于曹爽。而曹爽是宗室后代，也有一定资历。曹芳年幼，害怕大权落入他人之手，便倾向于曹爽而疏远司马懿。几年中曹爽暗中发展自己的势力，排挤司马懿，时机成熟时，又夺了司马懿的兵权，撤销了其太尉的实职，而安排了一个太傅的空衔给他。司马懿见曹爽的势力控制了朝廷，于是装病在家，不问朝政了。

司马懿告病后，曹爽独揽大权，并不关心司马懿的病情真假。得意忘形之下，他大量安排自己的力量，将弟弟曹羲提拔为中领军，曹训为武卫将军，曹彦为散骑常侍，就这样，朝廷的武装大权被他牢牢掌握。曹爽也因此毫无顾忌，每天就是与亲近之人吃喝玩乐，连出行阵势都开始效仿皇帝规模，甚至宫中的妃嫔、乐师也被其带回家中寻欢作乐。曹爽的所作所为被一些正直的官吏所厌恶，慢慢人心四散，非议骤起。

称病在家的司马懿不仅没有闲着，反而对朝政和时局更加关注。他暗中高兴曹爽不得人心的情况，于是静待时机。

曹爽的党羽李胜由河南尹调任为荆州刺史，按例向太傅司马懿辞行。熟知官场之事的司马懿向身边侍女嘱咐了几句便开始传令接见李胜。

李胜来到他的病榻前，只见他面容憔悴，头发凌乱，虚弱地躺在病床上。司马懿看到李胜后硬要挣扎着从床上起来，侍女赶忙上前相扶，又将外衣递与他。只见司马懿十分费力地接过外衣，手一直发抖，衣服不慎落地。侍女弯腰捡起，开始帮他穿上，但是他动作僵硬。司马懿又以手指着嘴，侍女忙端来一碗稀粥，司马懿也不用手去端，伸了伸脖子就喝，结果里一半外一半，胡子上都是稀粥和饭粒，前大襟上还洒了一大片，侍女忙拿手巾来擦。李胜见状，忙往前凑了凑说："只听人们说您中风病犯了，想不到竟病到这种程度。"

司马懿上气不接下气地说："唉！年老病重，死期不远。君屈任并州，并州接近胡地，您可要当心啊！"说完喘了两口气又说："恐怕你我不能再见面了，我把两个儿子师、昭托付给您，请您多照应。"李胜见他说错了，就纠正说："我上任荆州，不是并州！"司马懿听了，大惑不解，偏偏头侧过耳朵问："什么？放到并州？"李胜只好再改口说："我放到荆州。"司马懿这才若有所悟地说："啊！都怪我年老意荒，耳朵也背，没听明白您的话。您这回到了'并'州任官，要好好建功立业啊。"李胜无奈，便也不再解释，于是寒暄几句起身告辞。

从司马懿家出来李胜便去向曹爽汇报，他将司马懿的情况绘声绘色地描述了一遍。曹爽心中更加轻松，此后完全不将司马懿放在心上。司马懿知道此计已奏效，便开始了各种准备工作。

一次曹爽、曹羲、曹训掌握兵权的兄弟三人护送曹芳出城扫墓之时，司马懿立即派两个儿子及其心腹夺取城中兵权，占领要害部门，并关闭城门，使整个洛阳城处于高度战备状态。后又以皇太后名义要求曹爽护送皇帝回城，只要投降即可免杀。无能的曹爽投降后，司马懿清除其羽翼，又以谋逆的罪名将曹氏家族诛杀。从此，司马氏独掌朝廷大权，为篡魏自立、建立西晋王朝奠定了基础。

司马懿本人如鹰似虎，却装病成不堪一击的样子来麻痹曹爽，让曹爽只当他是病猫，却丝毫不知已成为其爪下猎物。他心高气不傲，假装坐以待毙掩饰其野心，所以，成功也就只是时间的问题罢了。

鬼谷子在纵横术里面说到要学会示弱，不是认输，而是学会低调，因为没有人喜欢趾高气扬的公鸡，那些总是高高在上的人是不会得到人心的。有的人喜欢被人称赞，所以总想出尽风头，觉得会被人肯定，能够体会到成就感。其实这样的“出头鸟”并不会赢得他人的好感，甚至适得其反，其锋芒常会刺伤周围的人，让人避之唯恐不及，有时还会成为众矢之的，被其他人群起攻之，在竞争中首先将其开除出局。

强者示弱的极致表现便是胸襟宽广、能容人。形势不利于自己时要学会隐藏强大的实力，免得被人嫉妒而遭暗算，要给人一种软弱无力的假象，这样才能保护自己、伺机而动。

示弱这种生存智慧其实更是一种成功的获取手段，示弱不仅不会使自己的身份降低，相反，强者示弱还会受人尊重，给人以谦虚、和蔼、心胸宽广、平易近人的印象。而强者已经处于有利地位，如果在一些小名小利之事上有所放弃，“抓大”“放小”，示弱于人，这样可以使弱者感受到平等的人格，也能充分获得尊重，同时还可以心平气和地来向强者学习，达到提高的目的。

仔细想想不难发现，最后的赢家仍然是强者，因为“示弱”之人已成为大家眼中豁达大度、宽宏大量的人，更是一个充满人情充满智慧，处世浅浅而悟世深深的人。如此一来强者变成了长久的赢家，只会越发强大。

鬼谷子教你诈

示弱是强者在感情上体贴暂时在某些方面不如自己、处于劣势的弱者的一种有效而有力的交际手段，它能使你身边的“弱者”有所慰藉，心理上得到平衡，减少或抵消你前进路上可能产生的消极因素，以使你的事业取得更大的进展。愿事业上的强者都来学会示弱，它会使你雍容大度，更高人一筹！

4. 抓住优点，巧妙赞扬

“解仇斗郄，谓解赢微之仇。斗郄者，斗强也。”“解仇”就是要解除弱小者之间的仇恨，让他们和解。“斗郄(隙)”是说要使有嫌隙的强大者之间互相竞争。这里鬼谷子所说的竞争不是恶意的争斗，而是强者之间的切磋。这也是夸赞的一种手法，任何人都希望被认可，所以好的领导会抓住员工的优点借机表扬。好的朋友也会称赞别人的长处，不仅表明自己虚心，还能收获更多的人心。

赞扬是人与人之间最容易达到心贴心的捷径。每个人都希望被认同，这对自己来说有一种说不出的满足感、重要感甚至是成就感，真真正正地感到了存在于社会中的价值。赞扬可以使对方同样以友善的态度对待你，气氛便会因相互谦虚而和谐，顷刻间便可达到朋友似的阶段。

著名的心理学家杰丝·雷尔说过：“称赞对温暖人类的灵魂而言，就像阳光一样，没有它，我们就无法成长开花。”一个人身上的能量可以被一句赞扬的话轻易释放，还可以调动一个人的积极性。赞扬能使软弱者心理变得强大，能使怯懦者变成勇士，能让受伤的神经得到休息和力量，能给身处逆境的人以务求成功的决心。

赞扬的作用在不同的领域中被越来越多的事实所证明。赞扬对于开启受教育者的自信、潜能和智慧，激发学生特别是儿童的创造力、塑造健全的人格所起的作用是超乎想象的；赞扬在企业管理中发挥着同样非凡的效力，员工因得到及时的赞扬而更具活力，创造力被激发出来，企业凝聚力会因此加强，一句口头的赞扬或者一张荣誉证书，会超过物质激励作用。

有的时候一句赞扬的话，甚至是一个赞许的目光，都可以让人精神一振，为之鼓舞；尤其是在人遭受挫折的时候，他人的赞扬便好比一把火炬，照亮了希望之光，还有可能改变一生的命运。

既然赞扬有如此魔力，那怎么才能把握好赞扬的度呢？其实每个人都有自己的特色和许多优点，只要符合他的优点特色，并真诚地赞扬，就能收到良好的效果。相反，毫无根据的赞扬，便是不符合事实的，就成了凭空捏造的“虚伪”了。

鬼谷子也认同用褒扬之词来抓住对方心理。即使缺点再多的人都有值得赞扬的地方，只是有时被我们粗心地忽略了。一件件的小事组成了生活，优点其实就在小事中潜藏着。只要善于发现，你就会知道连服饰、思想品位甚至与一个人相关的事物都会成为我们直接和间接赞扬的对象。不是所有的人都会有惊天地泣鬼神的大事，所以小事上体现出的优点就完全可以成为我们赞扬的对象。就算实在发现不了别人的优点，奥地利心理学家贝维尔博士也教过我们：“如果你想赞美一个人，而又找不到他有什么值得称赞之处，那么你可以赞美他的亲人或者和他有关的一些事物。”

甄欣是一名小学语文老师，刚刚参加工作不久。最初她不懂得赞扬学生，每天总会发现有不能把课文背下来的学生，每每这个时候甄欣就会非常生气，总是批评他们，甚至放学也总将他们留下来继续背诵。一段时间过去了，甄老师发现这些学生不但没有任何进步，甚至还对语文课产生了厌学情绪。

一次甄老师在办公室批改作业时，无意中听到旁边的李老师在对一个学习较差的学生大加表扬，她很疑惑。事后甄老师问李老师：“这个学生有什么可以表扬的？”李老师并没有直接回答她，而是说道：“赞扬就像一盏明灯，悄悄地指明学生前进的路。哪怕只是一个眼神，一句轻轻的话语，却可以拉近心与心的距离，产生许多美丽的故事。我们在实际工作中，赞扬优秀学生，几乎每个老师都能做到，但是对差生的赞扬，就几乎没有人认同了。作为一个老师，要对所有学生实施有效的教育，就必须与差生进行有效的沟通。其实，差生毛病很多，在他们身上几乎找不到可以赞扬的东西，但是如果不能从内心深处尊重学生、赞扬学生，就不能唤起学生对美好人性的热爱，就不能唤起学生对老师教育的认同。所以教师要在倾听的基础上欣赏学生、赞扬学生。我在具体的工作中，注意了赞扬学生，就收到了良好的效果。”

听完李老师的话甄老师想起了风和太阳比谁强的故事，慢慢地她也开始赞扬学生了。对那些不能及时背过课文的学生，甄欣也不是一味地批评，而是尽量找出优点表扬他们，用各种方法激励他们。学生得到表扬后提高了学习的积极性，也不再像之前那么厌学了。

第二个学期甄欣带的班不管从课堂纪律来讲还是学习成绩来讲都还不错，但她总感觉上课缺点什么。慢慢地她发现是学生们不爱发言，即使是很简单的问题举手的同学也会很少。甄老师针对这种情况采用了综合量化积分考评每个学生的周表现，其中“课堂发言”占单独一项，每天对表现好的学生口头表扬一次，每周班会课进行物质奖励。从此，课堂气氛非常活跃，踊跃发言的人很多，总有不同的声音、不同的面孔为整个课堂不断激起沸腾的小浪花。

几周后，甄老师对班上的情况有了全面了解，学生的缺点也开始显露出来。周明和李晨曦作业拖沓甚至不做，学习习惯也不太好。经了解，他们的家长工作很忙，对他们的学习基本上不闻不问。但是两位学生的认错态度每回都很好，批评教育时总是虚心接受，但是事后依然如故。之前还因此事对他俩大发雷霆，但是这回甄老师决定表扬他们一下。班会活动课上甄老师对班上的前期工作做了一个总结，谈到作业，特意提到了这两位同学，他们都低下头，等待着“灾难”的降临。

没想到，他们并没有受到批评，反而被表扬了一番，作业有进步，尤其是书写方面，既干净又整洁，可见他们每天练字一张坚持得非常好。他们如果能用这种劲头去对待其他各个学科各门作业，一定会取得优异的成绩。自此以后，他们每天都能按时完成作业，上课专心听讲，肯动脑筋了。以后甄老师也经常关注他们的动态，利用晨读、班会等找他们谈心，鼓励、表扬、帮助他们。

被甄老师赞扬的学生越来越多，他们的学习的积极性也得到了提高，成绩进步很是明显。这使得她的教学工作越来越顺手，而让甄欣感触最深的是：学生的心灵在赞扬的激励下健康成长。

赞扬他人是一种处世之道，人与人相处不易，处好就更加困难。《鬼谷子·摩篇》就说到要善于揣摩人心，投其所好。对于喜欢赞扬的人就要找准优点不吝惜大肆夸赞，不仅能赢得人心，还显示出自己的胸怀宽广。如果总是带着审视的眼光挑剔他人的不足，那将让彼此都活得很累，处得艰难，也会让人敬而远之。人非完人，宽容地看待他们，会发现很多优点在挑剔中被忽略，其实这些优点是值得赞扬和学习的。我们更应该做的是以赞扬的态度给予肯定，让他人感到自豪并得以发扬。

知道如何赞扬他人的人，不仅可以为自己营造出正面、和谐的氛围，还可以获得良好的友情回馈，丰富自己的人际资源，更为重要的是在赞扬他人的习惯中养成热情积极的人生态度、宽容的胸怀和博采众长、知人善任的管理组织能力。

鬼谷子教你诈

赞扬并非阿谀奉承，也不是互相比对，赞扬是内心发出的赞同。学会赞扬，做好赞扬，多站在别人的角度替人考虑。人生在世，短短几十年的光阴，谁都不希望活在别人的嘲笑与谴责中，谁都渴望得到别人的认可与赞同。学会赞扬别人，给自己一个更好的生活心态，凡事就会迎刃而解，生活也会灿烂无比。

5. 收敛锋芒，摒弃高傲和善待人

鬼谷子的弟子尉缭在《尉缭子》中作了注解，他认为领导者要“爱在下顺，威在上立，爱故不二，威故不犯。故善将者，爱与威而已”。意思就是做人要和善，不要一味地威严不可接近，和善待人有时候更能赢得人心。

人活在世上，总会和人相处，而待人处世又是一门大学问。对人尖酸刻薄、高傲冷漠的人会被人拒之千里，而待人和善的人会得到来自家人、朋友甚至是陌生人的支持，还会得到上司的赏识、下属的拥护，为自己赚取好人缘，办起事来也会得心应手，需要人时，也可以一呼百应。

《水浒传》中，宋江在去梁山之前，无论是对晁盖、吴用、李逵，还是对武松、花荣、王英，他都以和善、诚敬之心对待，无论谁有困难都会伸手相助，不管是谁手头紧张都会送银子给予资助，所以结交了许多英雄好汉。他这样做并不是为将来“造反”服务，而是建立人际基础。到了落难时，好汉们赶来相救；他到了梁山后，先坐第二把交椅，晁盖一死，他立即被大家拥立为头领。论武功他在众人之下，论才学有许多人比他强，然而他的人缘比谁都好，所以用起人来很有说服力、号召力与影响力，这也是他能成为一代枭雄的重要原因。

孟子说：“天时不如地利，地利不如人和。”从古至今，成功人士无一不是靠天时、地利、人和来成大事的，而“人和”又起到了至关重要的作用。正因为他们对人和善，懂得如何对待每一个人，所以才能吸引各种性格、各种才能的人来平衡各种力量，让大家为自己发挥各自的特长，助成功一臂之力。

古今中外的人们皆重视用人之道。人才的重要性不言而喻，而如何发现人才、用好人才却难倒了许多人。鬼谷子说：“凡度权能者，所以远征来近。”对人审度权谋，衡量才能，让远近的贤士为我所用。而有志之人能够做到屈己求贤，那么天下的贤能之人，便会云集而相互响应，为自己的事业出谋献策。天下儒士皆有极强的自尊心，要求别人尊重他，对人才的礼遇非常重要。如果能收敛自己的锋芒，放弃高傲的姿态并使其得到满足，便可使其真心真意地为你服务。诸葛亮也曾说“士为知己者死”，只要真心地对待，便能换来忠诚的追随。

吕不韦执政时，秦国不仅经济能力得到提高，文化也有了长足的发展，军队的战斗力更是不断地增强，在对外的战争中取得了很大的胜利。其主要原因就是吕不韦知道如何待人，更知道如何重视人才。

当时，各国的诸侯大力招揽人才，供养食客。以“四公子”尤为著名，即齐国孟尝君、赵国平原君、魏国信陵君、楚国春申君。吕不韦来到秦国之后，也意识到了人才的重要作用，开始大规模招揽宾客，并大批吸纳其他国家的名士和政客。在他最初担任相国时，就在相府内建造了数以千计的高堂广舍，聘请了众多名厨，并在咸阳的城墙上挂起告示，欢迎各方人士来相府做客。

本不是秦国人的吕不韦，却得到秦国国君的赏识，做了丞相。这对于渴望功名的有识之士来说，无疑是一种极大的诱惑。再加上吕不韦当时的权势极大，即使养贤纳士也不会遭到别人的反对和嫉恨。那些有识之士看到在吕不韦的辅佐下秦国在军事上节节胜利，统一六国已成定局，便趁他发布告示之时纷纷前来投奔。

没过多久，吕不韦门下的食客就达到三千多人，他并不像之前做商人时那么高傲了，而是和善地对待每一位前来投奔他的人。不仅对他们足够重视，还发现并引荐了不少人才，而李斯就是最有名的一位。李斯原本是楚国上蔡的一个平民，在战国末年来到秦国，成为吕不韦的门客。吕不韦发现，李斯极具才干，便委任他为郎官（宫廷侍卫）。从此，李斯就有了出入宫廷的机会，向秦王献上“灭六国、成一统”的计策，从而受到重用，后来当上秦朝宰相。

吕不韦深知人才对得天下的重要意义，连司马迁都在《史记》中说吕不韦“招致宾客游士，欲以并天下”。《吕氏春秋》中有一篇《慎行论》，其中就说到人才对治国、平天下的重要性。他说：“身定，国安，天下治，必贤人。古之有天下者……其所以得之，其术一也。得贤人，国无不安，名无不荣；失贤人，国无不危，名无不辱。”这些都说明了人才对得天下的重要意义。《吕氏春秋·士容》篇中还讲了一则“狗乃取鼠”的故事，说有一个人为了让一只能捕獐麋豕鹿的好狗去执行猫的任务——捕鼠，就用夹子夹住这只狗的后脚，通过这则故事来讽刺挖苦那些君主压抑人才的社会现象，以此来和善待人才形成鲜明对比。

在用人上，吕不韦不论年龄，只要有能力都会委以重任。奇才小甘罗是他任用的最小的人才了，甘罗12岁就已经能负担出使他国的重任。他首先帮助吕不韦劝服张唐接受出使燕国的命令，之后自己又单独出使赵国，让赵国心甘情愿割五城给秦国。接着，他又联合赵国攻打燕国，掠夺燕国属地作为赵国的奖赏，于是赵王再次献出十一座城池报答秦国。因此，甘罗也被封为上卿。

甘罗说吕不韦登上秦国丞相之位虽晚，但他绝无一般暴发户政客嫉贤妒能的通病，他对元老重臣甚为器重。最突出的就是对老将蒙骜，吕不韦执政的十多年中，蒙骜从不居功，不傲上，而是继续带兵为秦国争城夺地，虽然已经年迈但威风不减当年。对元老毫无成见，也是吕不韦取得成功的主要原因之一。

除此以外，吕不韦还认为，对人才委以重任后就要赏罚严明。赏罚要不凭关系亲疏、个人好恶，而要考其实绩，做到因功授爵，赏罚得当。尽管事实上他不可能真正做到事事赏罚严明，但提出这些主张，对整顿秦国吏治、增强国力是有积极作用的。

吕不韦作为一个优秀的领导者，惜才如金，不仅能善用人才，还会善待人才，才换来了人才对他的竭力尽忠。

人不敢欺和人不忍欺哪个更高明？显然是后者。领导者让员工害怕，远没有让员工爱戴重要，而鬼谷子的弟子尉缭就谈到一个更高的境界，就是“爱故不二，威故不犯”。鬼谷子所言极是，只有那些和善的人才是心胸宽广豁达之人，与这样的人结交收获的就是自身修养的提升，而那些尖酸刻薄、不可一世的人只能让人觉得厌恶。

自古以来，妒贤嫉能的人总是成不了大气候。鱼儿潇洒自如是水的功劳，上司的辉煌员工功不可没，你身边的人才就是你的最大财富，离开他们，你可能会一事无成，他们对于你的善待受之无愧。善待部下才能留住部下，没有员工愿意在一个刻薄、冷酷的领导者底下做事，就算做也只是应付工作罢了，不会投入全部的精力和心血。所以，善用人才是必要的，善待人才亦是必要的。

鬼谷子教你诈

孔子曰：“三人行，必有我师。”在人与人的交往中也要遵循善待人才的原则。和善待人是追寻成功的过程中应该遵守的一条基本准则，更是一种互动关系。只有我们先去善待别人，善意地帮助别人，才能处理好人际关系，从而获得与他人的愉快合作。给别人一片晴朗的天空，就是给自己一片明媚的天空 。曾经有人说过：“善待他人就是尊重自己。”这就是善待他人的真正含义，只有真诚地对待别人，对方才会与你真诚合作。

6. 平等待人，尊重有礼方能知心

在鬼谷子的游说术中“平等互利”谈判技巧至今被人沿用。只有做到尊重他人才会有平等相待的心态。做人和做事一样，鬼谷子告诫后人要学会温和地待人接物，这是体现一个人修养的最好方法。人都是生来而自由平等的，与人相处就如同照镜子，你怎么样对待别人，别人也会怎么样对待你。只有平等待人，才能收获对方平等的真心。

社会中每个人都是一个个体，人和人之间总是存在着地位高低之分，贫富差距之别，除此以外容貌、智力、体能等也各有不同，这就有了生活习惯的差异。但是从人格角度来讲，不管地位高低，贫富差距多大，人和人都是平等的，都有其存在的价值，其重要性也会在特定时刻显现。所以对他人都要有最起码的尊重，并且平等相待。

斯蒂尔曾说：“对一个有优越才能的人来说，懂得平等待人，是最伟大、最重要的品质。”平等待人，是人与人相处时应该有的一种正确态度，并非只有地位高的人才能获得尊重，反之则要受人歧视。换句话说，在尊重面前人人平等。人与人的关系就好比面对大山大声呼喊“我尊重你”，你听到的回声也一定是“我尊重你”一样。

尊重是希望个人能力和成就能够得到社会的承认，尊重是一种修养、一种品德，一种对人不卑不亢、不媚不奴的平等相待，更是素质高的体现。真心尊重别人的人一定能赢得别人的尊重。孟子曰：“爱人者人恒爱之，敬人者人恒敬之。”其意指爱别人的人，别人也经常爱他；尊敬别人的人，别人也经常尊敬他。古往今来，人们都把“尊重”视为一种高尚的品德，因为它体现着人的“德行”。

真诚、谦虚、宽容、善良、赞赏、友爱都与尊重相得益彰，而虚伪、狂妄、苛刻、嘲讽、凶恶、势力却与尊重水火不容。它似一缕春风、一泓清泉、一扇心门、一盏明灯、一剂催人奋进的强心针、一首温暖人心的赞美诗。尊重成功人士表明对他们的敬佩和认可；尊重失败的人，表明支持他们敢于尝试、不畏失败的态度。

每个人的情感态度和处事风格虽不同，但是与人为善、真诚相待、平等待人，才能赢得别人的关怀和尊重，才可以让别人抬头仰望你。反之，即使处于很高的钱权位置，也只能让别人俯视你。

志文生病住院，单位给他安排在一所规格不错的医院里静养，还专门为其请了陪护，无聊之时，他也总是与之闲聊几句。

这是一个50多岁的女人，只上过一年学，朴朴实实。她告诉志文自己已经在这所医院当了30多年陪护了，最让她难忘的是陪护过钱锺书5年。

志文听后，大为吃惊。在他心里钱锺书是犹如云中庙堂、海底龙王，只可闻其声不可能见一面的“神”啊，他不禁开始羡慕起陪护阿姨。志文问陪护阿姨道：“钱老也是住这座楼吗？”她摇摇头，指了指对面说：“他住在对面的单人病房。”志文告诉阿姨说他很是崇拜钱锺书先生，学问之高，却淡泊名利。阿姨当即点头说道：“就是啊就是啊，有学问的人，待人真是好啊！真的真的！”阿姨犹如遇到知音，两眼放光，大喜。但是她激动得不知该如何表达，只是一味地说好。而志文却想了解一下钱老真正的样子，于是问阿姨：“钱先生是不是很谦和？”

阿姨这才开始边回忆边描述起来：“他心肠好，脾气也好，从不在我面前说半句重话。你想想，干我这个的，有啥地位呀，可他跟我说话时，极客气，十分尊重人，生怕刺伤你。即使疼得要命，他也忍着，生怕影响到我休息。不像有些人，有一点疼就不得了，能把好几个人支使得团团转……”

慢慢地阿姨打开了话匣子。有一次钱锺书先生的家人送来了一些提子，陪护阿姨将一部分摘下洗净喂他吃，他吃了几颗便说什么也不吃了，阿姨问他是不是胃口不好，钱老摇摇头，说留给她吃，想让她也尝尝鲜。阿姨告诉钱老说只是洗了一小部分，还有好多没洗呢，尽管吃就是了。于是他才将洗好的提子吃完。后来不管吃什么，他总是要求给陪护阿姨留下来一些。

还有一回，钱先生躺在床上，闭着眼睛，陪护阿姨以为他睡着了，便轻轻给他盖了盖被子，就在这时，护士进来查房，因为没事，就和护士小声聊了一会儿。护士问阿姨为什么大老远地离开老家来北京当护工。阿姨说家里很穷，盖房子需要钱，但是没有钱，所以只能出来打工。当时在医院做陪护，一个月也才几百块钱。

下午，钱锺书的夫人杨绛来医院，钱先生忽然跟她要钱。他说："我需要5000块钱！明天你给我带5000块钱来！"杨绛奇怪道："你躺医院里，没有花钱的地方啊，要钱干吗？"钱先生却开始用家乡话和杨绛对起话来，陪护阿姨因为听不懂他的家乡话，也就没太在意。

第二天一早，杨绛来到医院掏出5000块钱给陪护阿姨，阿姨吃惊地问："干吗给我钱？"杨绛指了指躺在床上的钱先生说："是他告诉我的，他听说你家盖房子，怕你缺钱，所以叫我拿来给你的。"

阿姨很是激动，开始有点哽咽了："当时都不知道说什么好，怎么会有这么好的人，他又那么有心，还嘱咐我不用还的。谁知道他就那么快地离开了人世呢。他去世后，杨绛又另外给了我5万块钱。他的女儿也是很好的人，每次来看钱老先生总是带很多很多吃的，都是在大商场买的，告诉我说她父亲吃不了那么多，怕我为了省钱不吃饭，所以多买了点，怕外面卖的不干净。"

陪护阿姨不善表达，说得总是断断续续，最后跟我说："你喜欢钱先生，我叫钱先生带的研究生给你带本他的书来！"我赶忙问："怎么带来？""他们隔一段时间就来看我一次，特别有两位，几乎每星期都来看我一次……”

钱锺书先生对待陪护阿姨的态度会让阿姨终生难忘，在他的眼里人没有地位高低之分，他尊重的是每一个人。

鬼谷子生在乱世却能看透世间如此之多的道理，不得不令人敬佩。他的时代是一个战乱频繁的时代，那时候没有平等一说，所以鬼谷子告诫后人要学会平等，这样才不会出现又一个乱世。人活在世上，不可能关起门来一个人过日子，与人相处就成了必然，每个人都希望在与人相处中受人尊重、受人欢迎，要想实现这一想法，首先要做到的就应该是真诚地尊重他人。

任何人都没有资格对他人不屑一顾，更不能轻视、嘲笑他人。真正的尊重是不管面对什么身份什么地位的人都能做到不卑不亢、不仰不俯的平等对待，同时肯定他人的价值和人格。一个真正懂得尊重他人的人，必然会以平等的心态、平常的心情去面对所有人，不论他是幸运抑或不幸运、成功还是不成功。当然他收回来的也会是与他付出等值甚至是高于付出值的尊重。

鬼谷子教你诈

“送人玫瑰，手有余香”，平等待人、尊重他人在心理上也是愉快的，更可贵的是可以换来别人对自己的尊重。而吹捧奉迎却完全不同，这是一种丧失人格尊严，对人有企图的行为。如果靠低三下四、廉价恭维博得他人好感，首先看轻的是自己的人格，有道是“自轻者人必轻之”，再想换来别人对自己的尊重恐怕就很难了。

7. 虚实糊涂，容人之过

在这个世界上，每个人都避免不了犯错误，“过，则勿惮该”，古训说得好：“人非圣贤，孰能无过”，其实错误并不可怕，重要的是对错误的态度。鬼谷子这一点和儒家的处世哲学颇为相似，他认为，每个人都避免不了犯错，过错是被承认的，也是可以被容忍和原谅的，没有犯错误的过程，就没有生命的成长。所谓集大成者就是那些能够看到别人优点，也能包容别人缺点的人。人非圣贤，孰能无过，有时候宽容别人就是抬高自己。

世上之事虚虚实实、形形色色，若事事认真必将把自己逼到一个死胡同里，毫无回头之路。与人相处也是一样，有时候着揣着明白装糊涂，忽略他人过失，反倒能受人青睐。所以人们常拿“难得糊涂”来应对世上虚实之事，面对虚实之人。

糊涂人做糊涂事自然被理解为在情理之中；而令人诧异的是聪明人也常常做糊涂状，实则看似糊涂，却糊涂得有理，有理却成了难得糊涂。难得糊涂是人屡经世事沧桑之后成熟和从容。这种糊涂与不明事理的真糊涂截然相反，它是人生大彻大悟之后的宁静心态的写照。《红楼梦》中写薛宝钗是“安分随时，自云守拙”，她表面上看似糊涂，但实际上一点儿也不糊涂，只是不爱与人计较，能够忽略他人的小毛病。小说中的种种描写都证明了她的“糊涂”是装出来的，是假象而非本象，这也成了她能深受大宅院里娇小姐们喜爱的一个重要原因。

绝大多数人无法放弃名利、地位、金钱等，因为这个过程实在过于痛苦，但不能学会放弃便会显得斤斤计较，处事过于尖锐，为丝毫之利你争我夺。只有经过一番“痛苦”的洗涤、磨炼之后，才能够使自己的灵魂得到升华。因此才谓之“难得”二字。

真正的智者，好似阅尽人间兴衰，体味过苦辣酸甜的百味，深感人间争强好胜的无聊，争名逐利的无耻，从而淡泊功名利禄，忽略个人的成败得失，一切都淡然处之，以静养心。对人尤其如此，明辨虚实之人与人相处能够不与争斗，宽以待人，总能糊涂无事，正所谓“宁静以致远，淡泊以明志”。

“知其固实者，自养也。知己者，养人也。”鬼谷子说，知道堵塞自己漏洞的人，是能够自养威势的人；把漏洞留给自己的人，是帮助别人蓄养威势的人。中国人难得糊涂，实则过程糊涂，结果不糊涂；外在糊涂，内心不糊涂；小事糊涂，大事不糊涂。这也正切合了鬼谷子的教导，体现了一种从容不迫的气度、谦抑为人的态度。

好友张芳有一双儿女，两人都非常出色。女儿是清华化工学院的高才生，成绩优异，各方面都很出色，后被学校保送为研究生。儿子更是清秀帅气，聪敏可人。家境富裕的张芳过着红红火火的小日子，很多人羡慕不已。

可是，这段时间张芳却情绪低落，毫无往日的幸福之色。终于她再也忍不住对我发泄出来：“我要离婚！”我诧异地看着她：“好日子不过，闲着没事干呢？非整出点花样来！”张芳犹如开了闸的洪水，开始数落起自己的丈夫文斌来。

张芳的婆家是个大家庭，上面有两个大姑姐，下面有三个小姑子，文斌是家中的独子。因为父亲早逝，姐妹们不管谁有了事情都来投奔自己这个兄弟，再加上他生意做得好，认识人也比较多，处理起事情来也比较有经验，亲不亲，自家人，姐妹们不管有什么事过来找他帮忙，他都会义不容辞，陪上工夫，搭上人情，再花上钱。

家里人多，事情也自然会多，这回偏赶上二姐二姐夫出车祸，伤得比较严重。文斌很是着急，忙着找医生、转院，肇事司机不出钱，所有的钱都是亲人垫上，已经花了50万。他怕张芳心疼钱，又怕她知道了生气，所以一直没有告诉她。可是张芳做事有条理，家里家外每一笔账都非常清楚，绝顶聪明的她根本不可能被文斌隐瞒。很快事情就被张芳发现了，问文斌这么多钱去了哪里。文斌看瞒不住也就说了实情。于是张芳感觉被丈夫欺骗，这么多年来风风雨雨，跟着一家人操心，却换不来一句真心话，还让丈夫当外人防着，开始赌起气来。气在心头的她越想越觉得委屈，于是想到了离婚。

听着张芳越说越气愤，我就想到了另外一个朋友的故事，于是讲给她听。瑾瑜三十多岁时，丈夫就在外面有了外遇。那是一个大学生，刚刚分配到丈夫的公司，年轻又漂亮，慢慢地两人对彼此都有了感情，后来两人总是偷偷在一起，逛街吃饭。再后来女孩租了房子，那里也成了两人甜蜜的小窝。周围的人看在眼里，却谁都不愿意说出来，俗话说宁拆一座庙，不破一桩婚，所以谁都不愿做那个说出实情的“恶人”。

但是瑾瑜的死党实在看不下去自己的好姐妹被人欺骗还蒙在鼓里，于是将事情告诉了她。没想到的是，瑾瑜非但没有恼羞成怒，找小三理论或与丈夫争吵，反而平静地说自己知道这事，只是觉得他还爱我们这个家，还爱她和孩子，他也就是一时贪玩，等新鲜劲热乎劲过了，他会回来的。如果和他吵、和他闹，才是真正把他往外推，他才会真正离开家。

后来的很长一段时间，瑾瑜都是装聋作哑，故作不知道此事，还是一如既往地对丈夫好。慢慢地，丈夫开始往回收心，陪妻子的时间开始变多，他知道了原来能和自己白头偕老的人只有妻子。于是他和小三彻底断了关系，重新回到家庭。人们又看到那对恩爱的夫妻，带着孩子出出进进，还是原来完整幸福的一家人。

我问张芳，文斌为了自己的姐妹哪里做错了吗？他没有如实地告诉你，实在是怕你生气、心疼，怕与你争吵从而影响到孩子，更怕伤了你们两人的和气。出发点是好的，总的来说都是为了这个家，为了你们那个大家。如果他六亲不认，会对你好吗？张芳听了沉默下来。

古语道：“水至清则无鱼，人至察则无徒。”意思是，水过于清澈，鱼就会难以生存，人太过精明而过分苛察，就不能容人，就没有了伙伴和朋友。有时很有必要装糊涂，不管是对爱人还是对朋友，能装傻的装傻，能包容的包容，缺点也就不成为缺点，过错也将不是过错了。小是小非不要放在心上。

鬼谷子的纵横术里讲到，要有宽广的心胸容纳不好的事情。难得糊涂也是一种境界，这是胜过精明一世的高明和修养。

糊涂有虚有实，世人较多会耍小聪明，事事、处处、时时都沉浸在争斗之中，争名争利，却不知也会因此以小失大。糊涂不是昏庸，不是愚昧，亦不是傻帽，相对而言，它反而是一种气度、一种修养，甚至于说，它是一种智慧，一种大智慧。生活中，真正的聪明人都会装糊涂，知道该舍小利时便能够舍弃，该糊涂时绝不自以为聪明。

鬼谷子教你诈

心底无私天地宽，天地宽了，就不会对一些琐碎的事认真，苦恼也会随之而去，怨恨也就更远了。可是，有多少人懂得，我们苦苦追求的，未必是最适合我们的。也许就在这一时刻，有多少风景正与我们擦肩而过。适时的舍弃是一种大智大勇，适时的糊涂是一种聪明的表现，是一种容人的表现，更是一种乐观豁达的人生态度。与人交往，谁都无可避免地会犯错误，对此故作糊涂不计较，反而抬高了自己，朋友也会与你更加亲近 。

8. 与人信任，真心真意交知心，心与心离得更近

《鬼谷子》博大精深，充满着权谋策略的智慧，包含着言谈辩论的技巧，是中国古代划时代思想的荟萃。鬼谷之术，往往有得于阖辟翕张之外，神而明之，益至于自放溃裂而不可御。至于说到人心，鬼谷子更是有着极高的角度，他告诫后人要与人信任，这是人与人相处最佳也最难得的状态，收获人心就是靠信任。

信任是人际交往的基石，只有有了信任人与人之间才会变得更加和谐。古语说："用人不疑，疑人不用。"这就是对人的一种信任。其实信任不只局限在用人上，平时的交往中时时处处需要信任。

纵横家非常重视攻心，因为攻心是游说成败的关键。鬼谷子说："心灵是精神的主宰。"信任可以让人从心底里有一种发自内心的顺从感，所以游说起来变得更加容易。有一定生活阅历的人都有过这样的体验：对他人表示信任，是一种终于有了依托之后的轻松愉快；而受到他人的信任，是一种肩负起责任感之后的自豪幸福。信任因难得而加倍珍贵，信任因出自纯朴真诚而更显得厚重。

信任是人与人沟通的必要条件，人生之幸，莫过于被人信任。得到信任，可以使人充满信心，激发内在的无穷无尽的潜能，得到意料之外的收获，会让生活更美满、幸福；而人生之憾，莫过于失信于人，缺乏了应有的信任就会使人觉得迷茫无助，犹如徘徊在十字路口，不知该去往何处，甚至会走向对立面，造成矛盾和痛苦。无论父母和子女，还是朋友或是恋

人之间，信任是建立良好人际关系最重要的基石，是人与人之间必不可少的精神支柱。

美国哲人戴维·威斯格说：“信任是一种有生命的感觉，信任也是一种高尚的情感，信任更是一种连接人与人之间的纽带。你有义务去信任另一个人，除非你能证实那个人不值得你信任；你也有权受到另一个人的信任，除非你已被证实不值得那个人信任。”信任他人是一种高尚的品德，值得别人信任也是无比幸福的。朋友间的信任除了心灵相知、思想共鸣，这些纯粹精神上的因素以外，在生活和网络中我们结朋交友的重要衡量标准是，他是否值得我们信任。信任是友谊的纽带，得到朋友的信任，让人感到满足和快乐。

任昊毕业后很长一段时间都没有找到合适的工作，自尊心很强的他不愿向家里伸手要钱，便向身边的朋友借钱维持生活。借给别人钱容易，借钱可就难了，不仅需要勇气，还得挑选朋友，从哪个朋友那里能够借得出来，哪个朋友不会借。有人说跟朋友借钱是区分谁是真正朋友的最好方法。

幸运的任昊身边一直有几个贴心的朋友，对他非常信任，只要他张嘴借钱都慷慨解囊，给予帮助，这使得他顺利度过了最窘迫的日子。朋友对他的信任深深感染了他，使他不仅对朋友信任，即使是遇到陌生人他也同样给予信任。

一天，任昊利用午饭时间去银行给一个朋友汇款，看着一堆单子，他真的不知道该填写哪一张。这时银行的工作人员过来帮忙：“请问您办理什么业务？”“请问一下，我要给朋友寄钱，是直接填写存钱单据还是汇款单据？”任昊问道。工作人员告诉他说给别人寄钱，存款单据不行，要用汇款单据。于是他开始按照工作人员给的样板单据填写，她看了说：“你这是外省的，需要手续费10元。”他说：“没问题。”她又问道：“您这是给朋友汇款吗？是不是需要回执单，如果不要的话，可以把钱存她的卡里，银行卡之间可以相互转账，这样同行卡转款手续费才5元。”任昊明白她的意思，也非常感谢她的好意，只是赶时间的原因，所以回绝了。

在柜台办理的过程中，由于汇款手续费10元，没有零钱的任昊掏出一张百元钞票递给工作人员，没想到的是那么大的一间银行竟然找不开这一百块钱，由于是过节期间，银行只开放了一个办公窗口，值班的人员也才三个，竟都没有零钱。没办法，任昊只能告诉柜台工作人员说回去取一下零钱，然后回来办理。这时工作人员将百元钞票递了出来要交还给他。任昊走得急，却不忘摆摆手告诉他说："先放在你这里吧，我很快就回来。"工作人员听完一愣，可是任昊已经走出了银行。

任昊并非粗心大意将钱忘记索回，而是对银行工作人员的信任，犹如柜台外的工作人员要帮他用自己的账号转款一样，所以他中途走得很放心。他完全可以像别人一样将钱取回等拿到零钱以后再回来办理，但是他觉得一定不会有问题，因为心里认定了这些人是值得他信任的。任昊去外面的一间小超市用身上的一百块钱买了一瓶饮料破开了钱回到银行后，工作人员为他顺利地办理了汇款业务。

回去的路上任昊想到他的朋友们，曾经那么信任地借钱给他，帮他度过困难时期，他从心底感谢他们，尤其感谢他们对自己的信任。

孔子说："人而无信，不知其可也。大车无輗轩，小车无軏，其何以行之哉？"意思是说："人与人之间相互不信任，我不知道还能做些什么。正如车上的辕木与横木间，若没有了个灵活的接榫，无论大车小车，应该怎么行进呢？"现在社会虽有道德、合同、法律的指导来约束人的行为，但是如果没有人与人之间的信任，不要说人和人之间的关系会分崩离析，就连社会都不能正常发展进步了，孔子可谓一语中的。

现今社会，人与人之间缺乏一些最基本的信任，在相互交往中很少能够彼此充分地信任，总会多少藏着掖着点什么，使本来很简单的事变得扑朔迷离，如此往往会付出更多更大的成本。虽然人们常说"害人之心不可有，防人之心不可无"，但终不能防范大于信任。

友谊的基础是信任，没有信任的友谊犹如沙漠里的楼房，随时都会有倒塌的危险。如果没有信任，朋友之间的感情则很容易出现裂痕，重则酿成不可挽回的悲剧。建立信任需要一个长期的过程，而毁坏却是轻而易举的。所以一定要说到做到，即便是一件很小的事情，不管你是没有去做还是没有坚持下来，都可能会失去别人的信任，信任的基础也就随之崩溃了。中国有句古话“君子一言，驷马难追”，便对此作了很好的诠释。

信任有两种，一种是有条件的信任，一种是无条件的信任。在这两种信任中，发挥着强大预言力量的是无条件的信任。无论在商海中，在企业里，还是在平日与人交往的过程中，信任都已渐凝结成一种大众认可的精神文化。

鬼谷子教你诈

信任是基于诚信的基础，信任是基于对对方了解的现实，信任具有相互作用。信任，不是盲目地信任，而是相互间在彼此深入了解的基础上的内心感应！长久的相互诚心交往是相互信任的基础！人与人之间多些真诚，少些欺诈；多些信任，少些猜忌，人和人之间心与心的距离才会更近。

9. 心诚为匙，实心实意交朋友

中国拥有五千年的悠久历史，诚信是中国人引以为傲的传统美德。鬼谷子《中经》曾提到“诚以其可转危为安，救亡使存也”，可见诚信的重要性。做事讲究诚信，对人就要有诚心。所谓“攻城为下，攻心为上”，得人莫过于得心，以赤诚之心待人，必会使人心甘情愿地对你敞开心扉。

鬼谷子强调以诚待人、以德服人，就是用崇高的道德来感化人，替人排忧解难，这样就会提高声望，扩大影响力，周围的人就会依附过来。中国人讲究诚信待人，对人示之以诚，推心置腹，从而得到衷心回报。

对人真诚的人无论走到哪里都会受欢迎，因为真诚是一种心灵的开放，人们对于真诚是可以感应的，所谓“唯天下至诚为能化”，只要有至诚之心，万物都可以被感化，何况是人呢？真诚的人不会欺骗别人，这样的人不管在哪都会有人乐于和他交谈、和他共事，容易让人接纳，和真诚的人交朋友让人放心。

真诚与人交往并不是说说那么简单的，它贯穿于与人交往的任何一件事情之中。正如“忠言逆耳”，也许对方并没有将要说的话加以艺术处理，听起来好似直白的指责，但是请不要就此蛮横地认为对方不好，是无中生有，反驳对方，更应该细细思索对方所说的问题自己是否真的存在，如果确有其事，接受对方的意见并加以改正，才是最佳的方法。对朋友也是一样，真诚指出对方的问题所在，不仅不会存在误会，还会让双方的信任由此增加。

处世交友能够待人以诚，对别人的意见虚心接受，改正自己的过错，不欺骗他人，不苛求于人，这是做人的基本准则。只有做到了这些，你才能拥有更多的朋友，赢得更多人的帮助，才能更容易成功。而那些不能待人以诚的人，不仅不容易交到真正的朋友，还会失去许多事业发展的良机，成就伟业就只可能是一种妄想。

私呵絜是南天竺一个滨海国家，当时一个邻近的小国兵荒马乱，人们流离失所。阿荣就是其中之一，她漂泊到私呵絜，没有住处，靠乞讨为生。但是乞讨始终不是长久之计。一日她听说当地有一位富裕的老人，待人很是和善，便想去拜见一下。阿荣谦卑地恳求老人能够收留她。老人仔细地端详着她，问道：“你是从哪里来的？亲人们呢？”提到亲人，阿荣难过地哭诉说：“我并不是本国人，家乡战乱，亲人被杀，剩下我一人孤苦无依，靠乞讨为生。”

老人看到阿荣这般模样说道：“你别难过了，留下来吧，我们不会亏待你的。”阿荣高兴地不断称谢：“我没有什么可以报答您的，您就派给我差事让我做吧，我不怕苦。”老人笑笑：“只要你不嫌弃，咱们也可算是一家人，快别客气。”此后，阿荣安心地住了下来，帮着操持一些杂务。

一日，阿荣奉命去街上买日用品，看到沙门们托着钵，缓步走来。她回忆起从前自己的家人也是虔诚的佛教徒，经常设宴布施供养三宝，如今却心有余力不足。她看到沙门们的钵里是空的，便合掌行礼问：“请问你们早起去托钵吗？是否得到供养了？”沙门回礼说道：“早上入城托钵，一无所得，现在正要回去！”阿荣便说：“让我回去看看，能找到愿意供养的人，我立刻就回来；若没有办法，我也会告诉各位的。”沙门们感受到阿荣的诚心，便在附近树下静坐等候着。

阿荣跑回家对老人道：“夫人，您能否借我1000块钱啊？我有急用。我可以卖身，终身做你的奴婢，我们可以签订契约。”老人诧异：“你在这并不缺吃穿啊，要钱何用？”阿荣低声说道：“个人之用，不能说。”老人非但没有生气，反而慈祥地笑了笑：“拿去用吧，我要你的契约何用？”拿到钱的阿荣，找了约50户人家，将钱分给他们，并告诉他们如何做。接着她又回到树下告诉沙门们，好多人家等着供养他们。沙门们听了便又折了回去。

几天后，再次来买东西的阿荣又碰到了沙门们，他们问阿荣住在哪里，为何找遍全城也不见其人。她见无法再隐瞒下去，只好从头到尾将自己的身世与自愿卖身以做供养的始末讲了出来。沙门们听了为之动容，说：“想不到，今日所乞的食物，竟是施主卖身所换来！我们该如何报答施主的恩惠呢？”

沙门们商量，决定大伙一起在禅定上精进不懈，因为众沙门精诚感应，很快获得禅定，证得神通，神威震动私呵絜举国上下，全国的树木也都弯曲，状如跪拜。沙门们将证悟的功德，也都回向给施主。

“人有诚心，佛有感应”，真诚可感动万物。

老人善待阿荣，将其收留，并不订立任何契约将钱借与她；阿荣真心虔诚地卖身供养；被感动的沙门们发起精诚用功德求道心，因为证得神通，使举国上下出现瑞象，这些都是真诚待人的可贵。

真诚虽不是智慧，但它经常要比智慧更可贵。许多凭智慧千方百计也得不到的东西，真诚却能轻而易举地得到。

现实生活中，总会有人害怕真诚待人会吃亏上当，所以总想让别人主动真诚待己。这样看似自己很是放心，却成了被动的伪善的人际关系态度。如果人人都这样想，都希望别人先付出的话，那谁来第一个伸出真诚之手呢？世界上还会有真诚的存在吗？

对人真诚从而换来别人的真诚以待，细细想来实则是在种因得果。真诚待人就是善待自己。你给人以善意的微笑，别人也以真诚的微笑回应，真诚地给人以关心，别人也会以真情回馈。这就是人常说的“以心换心”！

人非独居生物，社会由人构成，是一个利益共同体。每个人都在这个社会大树上扮演着不同的角色，谁也离不开谁，不可能孤独存在。生物学教会我们一个真理：只有互助性强的生物群才能繁衍生存。伤害别人就等于用自己的左手伤害自己的右手。

陶渊明的桃花源令人向往，温馨和谐的意境仿佛可以看到原始的生命，而原始的生命是饱含真善美的，也许生命最美的状态就是这种原始美。原始美是自然的，只要真诚便可以拥有这份自然美。而营造出温馨和谐的人际关系氛围，需要你付出努力。在积极主动付出努力的同时，你才会是这个氛围的受益者。友善真诚待人的结果是双赢。深刻的道理，往往是简单的；而简单的道理，真正做到了却很不简单。

鬼谷子教你诈

想让人真诚相待，必先真诚待人。你面对的永远是一面镜子，你怎样待人，别人怎样待你。你与人为善、真诚待人，别人通常也会反过来如此待你。与人相处中付出的十分真诚得到了八九分的回馈，自然是情有所值、利大于弊。“真诚能打动人，真诚能赢得一切。”没有人不喜欢真诚，真诚是生活中的通行证，有了这张通行证，我们就会在生活中畅通无阻，一帆风顺。

第五章

探心术
摩人意索其欲，知人心而不为恶

若想人际关系好，众人心思都要做到心中有数。既然不能明目张胆地刺探其真实心意，何不暗中观察，然后揣摩其心意，探知其喜好，进而投其所好，在满足对方愿望的同时，也能收获更加融洽的人际关系。

1. 知人知面，难在更要知心

世界上没有两片完全相同的树叶，也更加不可能存在两个完全相同的人。就像人们常说的，一种米养百种人，人生境遇万千种，造就万千众生相。即使是长相完全相同的双胞胎，其内心世界也会千差万别。俗话说“人心隔肚皮”，知人知面就未必知心了，而知心却恰恰是最为重要的。

世间之人可谓千奇百怪：有贤良有不肖，有聪明有愚蠢，有勇敢者有怯懦者，有仁人之君同样也存在苟且小人，这种种造就了人与人之间的千差万别。只有用“心”审视他、详查他、明辨他，才能对不同的人给予不同的态度。对于贤德之人可迎为上宾，而不肖之人大可拒之千里；引进重用聪明之人，而愚蠢之人大可以废黜斥退；怯懦之人使其卑贱，而勇敢之人要使其尊贵。

鬼谷子认为，用人之道贵在识人，而识人最重要的就是知其心了。只有认清每个人的特点才能够对其善用，而识人却是一门精深的学问。不会识人的人，看到的只是他们的形象，而看不到其真实内在，无法准确地读懂他们的内心。纵观古今，成功人士无一不是精通洞悉他人内心的方法与技巧，能够解读人心的秘密，清晰感知他人的情绪变化，以不变应万变。

鬼谷子游说之术中观察是重要的手段，在游说过程中，时刻观察对方，通过对方的言谈，仅仅凭借一句话，甚至是一个眼神便能够读懂他们的内心，思考其潜台词，分析他的真实想法，由此找出对方的弱点，逐一突破，乘机而入。

孔子想在齐景公之地寻一职位，但齐景公并不想接纳孔子。一会儿说没有适合孔子的职位，一会儿又说自己老了，不想再实行新政了。孔子明白景公是在找借口，便主动离开了齐国。孔子离开后感慨道：“不知言，无以知人也。”连别人的潜台词都听不出来，就做不到“识人”了。其实“知言”不仅只是说了什么，说话的语境、身份背景、肢体语言等都是观察的对象。只有拨开表象的外衣，直指内心才能通过蛛丝马迹看清对方的真实想法。

唐玄宗时，李适之和李林甫两人同为宰相，共同辅政，在今天看来，两人就是一人之下万人之上，地位甚高。两人表面一团和气，暗地里却钩心斗角。唐玄宗荒于政务，每日里就是花天酒地，极尽享受，国库日渐空虚。他发现这个问题后，要求李适之和李林甫设法解决。

李适之和李林甫都很着急，李适之是真的着急，想着从哪里能够找到钱，供皇上享乐，同时又让国库充盈，但李林甫最为关心的是如何扳倒李适之，独揽朝廷的大权，于是心生一计。

散朝后，李林甫找到了一个适当的时机，假装说漏嘴了，说出了华山藏金的事情。说者有心，听者更有心，李适之注意到了这个信息，完全没有想到背后的阴谋，于是，回到家里之后，他马上开始写奏折，提议开采华山的金矿，应付国库紧张的局面。在这里，李适之犯下了一个大错，既然李林甫知道这样的消息，为什么不到皇上面前去献计，得到皇上的嘉奖呢?

唐玄宗见到奏折，非常高兴，便找李林甫前来商议。李林甫在犹豫了一番之后，终于说出了早已经考虑好的话语。李林甫的意思，华山藏金的事情，很多人都是知道的，可大家都没有提出来，就是因为华山是皇家的龙脉所在，一旦开矿破了风水，后果难以预料。

当时正值风水之说盛行之时，唐玄宗不得不考虑皇家的龙脉，这岂是能够随意动的。李林甫已将李适之陷于非常被动的处境，被扣上了不为皇家考虑的帽子，虽然属于无心却铸成大错。李林甫看到唐玄宗面露不悦，便开始添油加醋说李适之对皇上的生活末节有一些意见，常常在背后议论，说不定，开采华山金矿的意见，是李适之有意为之。

唐玄宗听到这些话语之后，很是恼火，拂袖离开了，李林甫达到了自己的目的，而李适之却还蒙在鼓里不知大祸即将临头。按照我们现在的思维来说，唐玄宗是不应该有这么大的猜忌心理的，可古代的帝王，一生过于孤独，他们几乎没有朋友，而且都过于自负，最为看重的就是权力，无论什么时候，都要牢牢掌握权力，李林甫正是掌握了唐玄宗这样的心理，故意诽谤和陷害李适之。

自此以后唐玄宗越来越看不惯李适之，总是找机会给他难堪。不久，他找了李适之的一个小过错，将李适之革职了，朝廷的权力就落到了李林甫的手里。

李适之虽知道与李林甫的利益冲突，但疏于对其内心的透彻了解，以至自己陷入李林甫设置的圈套之中。

古人说："世事洞明皆学问，人情练达即文章。"如果希望事业有成，那么不会阅读、不懂得如何识别人心是不行的。与人相处一定要善于剖析对方的心，拥有一双慧眼看准人心，懂得用理性去看透、断准一件事物、一个人，那么对于世事的驾驭将了然于心。

然而，识别人心是多么不易的一件事，连料事如神的诸葛亮都感叹："夫知人之性，莫难察焉！"人的本性一般都不会直接暴露于众。用诸葛亮的话说就是："美恶既殊，情貌不一。有温良而为诈者，有外恭而内欺者，有外勇而内怯者，有尽力而不忠者。"一句话道出了人心叵测的关键，世界上的人很多都是心口不一、表里不同的。

单凭眼睛看是很难察觉的，只有学会揣摩"心"，不光是他人之心，还要先将自己了解透彻，正所谓知己知彼、百战不殆，从自己的角度去揣摩他人说话背后的动机。因为一句话、一个动作，背后都能反映其一种动机，而这种动机往往是其态度的表现，态度又是由期盼所支配。有的方式往往是不错的，可惜很多时候我们自己说过的话或者做过的事情，连我们自己都无暇去深究其背后的动机或者深层次的期盼，更何况身边的人。掌握了方法却疏于观察，可能这才是我们经常读人心而不解的真正原因。

洞察一个人内心最深处的东西，就是摸清他人的底细。一个人也许生性谨慎，一出生就先天地具备良好的判断力。这是一种天赋智慧，使他们尚未起步就等于走过了一半成功之路。随着年龄和经验的增长，理智达到完全的成熟，可以使判断力因时就势，左右逢源。但是看清楚事情并不很容易，可又不能不在这方面多动脑筋。

鬼谷子教你诈

人无时无刻不在与他人打交道，在人际交往中如果不能了解他人，识别他人的真实意图，那么你就很容易受到别人的欺骗，甚至被别人利用。人际交往中也会出现这样的情况，今天他是你的朋友，而明天，当你可能会成为他的竞争对手或者对他的生存构成威胁的时候，他可能又会来污蔑你、攻击你。因此，我们唯有懂得阅读他人，真正察觉别人的内心世界，才能辨恶存真，实现自己的目标。

2. 锣鼓听音，擅做倾听之人

人生来便是两只耳朵、一张嘴巴，其实就是让我们多听少说。鬼谷子也教导我们要“因其言，听其辞”。就是要善于倾听，并在听的过程中善于诱导对方发言，通过反复推敲对方发言的内容，来把握其内心的真实情况，然后再确定自己的应对策略。

经常有人在与他人交流时遇到非常尴尬的情况，那就是说者有心，而听者却无意。无论你怎样费尽心机地委婉表达自己的意思，对方就是不能明白你真正的意思。结果只能是听者着急，说者更着急，气氛尴尬无比。

在交谈中，有的人喜欢直截了当，而有的人就很委婉，虽然这没有对与错的分别，但是有时候直截了当地说就可能不太方便或抹不开面子。比如，批评人时不能言语太刻薄，否则会伤害别人的自尊；给领导建议时，不能让领导觉得你比他的能力还要强；如果别人问到你的隐私，不便直说，但仍要给人以台阶下；再或者涉及商业机密只能用“暗语”来回答，在这些情况下都需要委婉地来表达意愿，这样才会起到更好的效果。不过有一点需要注意的是，要学会听懂对方的言外之意，否则只能陷入尴尬局面。

所谓“弦外之音”就是别人不便明说的言外之意，虽然看不到，但它传达的信息却极其微妙，需要我们精心捕捉、认真揣摩各种“话里话”的意思，以便得知其真正用心，只有这样才能避免言语行为的盲目性，顺畅地与人交流。否则，不仅会影响交谈的顺利进行，而且还可能产生误解。比如，一位年轻的下属在非正式场合向领导说起他的工作量比别人大很多，任务也很重。领导却误以为下属在向自己诉苦，于是说了一大通要吃苦耐劳、无私奉献之类的官场套话，结果下属再无心与领导闲聊。其实下属也只是随便反映一下他的情况，让领导知道他的工作确实很辛苦，希望能够得到肯定。如果领导听懂了这其中的“话外音”，他一定会肯定下属的工作并给予关心，但是“话外音”只能用心来体会。

常言说“锣鼓听声，听话听音”，会不会倾听，能不能听懂对方的言中之意，推敲出“弦外之音”，能不能在倾听中摸准对方的“软肋”或者是“破绽”，以便迅速地调整应对的策略，是我们要培养自己的重要能力。听一个人说话，不同的人，可以听出不同的意思。有智慧的人会在倾听的同时，不显山不露水地引导人按照自己的设计多说，以“听到”自己想知道的“话”。

公元前 265 年，赵国被秦国猛烈进攻，于是求救于齐国。齐国却要求赵国用长安君作为人质，他们才能出兵。这时赵国由赵太后掌权，她坚决不同意让自己最疼爱的小儿子做人质，大臣们极力劝谏，太后十分恼怒，明确告诉他们："再为此事进谏者，格杀勿论！"

赵国的左师触龙说他希望谒见太后，太后猜想他肯定也是为人质之事而来，于是怒容满面地等待他。触龙一进屋，慢步走向太后，到了跟前连忙请罪说："老臣脚有病，已经不能走快了，好久没能来谒见了，心里很是过意不去，一直怕太后玉体偶有欠安，所以很想来看看太后。"太后说："我走路只能靠着这根拐杖了。"

触龙又说："太后每天的饮食还好吧？"太后回答道："就靠喝点粥罢了。"触龙又说："老臣现在胃口很不好，就自己坚持步行，每天走三四里，食欲才能稍微好一些，对身体也能有所调剂。"太后说："我也老了，走不动了。"说着说着，脸色渐渐和缓了起来。

"老臣的劣子舒祺，年纪最小，是个不肖之子。臣老了，偏偏又很爱怜他，希望能派他到侍卫队里凑个数，来保卫王宫，所以冒着死罪来禀告您。"触龙接着说。太后说："没问题。年纪多大了？"触龙回答说："十五岁了，虽然还小，但希望在老臣没死的时候先拜托给太后。"

露出微笑的太后说："做父亲的也爱怜最小的儿子吗？"触龙答道："比做母亲的爱得更深。"太后笑道："妇道人家才特别喜爱小儿子。"谁知触龙却说："依老臣个人的看法，老太后爱女儿燕后，要胜过长安君。"太后连忙说："您错了，对女儿的爱比不上对长安君爱得深。"触龙说："父母爱子女，就要为他们考虑得深远一点。老太后送燕后出嫁的时候，抱着她的脚为她哭泣，是想到可怜她要远去，也是够伤心的了。送走以后，并不是不想念她，每逢祭祀一定为她祈祷，总是说：'一定别让她回来啊！'难道不是从长远考虑，希望她有了子孙可以代代相继在燕国为王吗？"太后点点头，说："确实如此。"

触龙又说："从现在往上数三代，到赵氏建立赵国的时候，赵国君主的子孙凡被封侯的，他们的后代还有能继承爵位的吗？"太后说："没有。"触龙说："不只是赵国，其他诸侯国的子孙有吗？"太后说："我老婆子没听说过。"触龙说："这是因为他们近的灾祸及于自身，远的及于他们的子孙。难道是君王的子孙就一定不好吗？地位高人一等却没什么功绩，俸禄特别优厚却未尝有所操劳，而金玉珠宝却拥有很多，这才是真正的不好。现在老太后授给长安君以高位，把富裕肥沃的地方封给他，又赐予他大量珍宝，却不曾想到目前让他对国家做出功绩。有朝一日太后百年了，长安君在赵国凭什么使自己安身立命呢？老臣认为老太后为长安君考虑得太短浅了，所以，我以为你爱他不如爱燕后。”

太后恍然大悟，马上让人套马备车一百乘，让长安君到齐国去做人质，长安君一到，齐国也就出兵了。

触龙对于赵太后的谏说，成功于“神不知鬼不觉”之中，步步诱导，环环紧扣，不露痕迹。先用“缓冲法”，然后用“引诱法”，再用“旁敲侧击法”，借用自己疼爱儿子，却让儿子参军作为可供类比的先例。最后，触龙才触及主旨，提到长安君，指明太后的做法，看似爱子，实为害子，终于让太后心悦诚服，同意让长安君作为人质出使齐国。如此既避免了自己触及死罪，又成功地将太后说服，完成救国的使命。

人与人之间的沟通，重在分析信息，作出判断。其间，必须善于倾听，这既是搜集广泛、准确情报的需要，也是在分析情报中揣摩的过程。对此，鬼谷子说：“故计国事者，则当审权量；说人主，则当审揣情；谋虑情欲必出于此。”他认为，凡是谋划国事的人应当详细缜密地衡量权势，在向君主游说或陈情献策时应当仔细揣摩其内心的实情。

推而广之，我们在工作、生活中与同事沟通，与朋友交谈，不都是遵循这样的策略吗？所以，善于倾听，在揣测中准确分析对方的真实意图，才能采取有效的对策，传达给对方正确的信息，实现良性沟通的目的。

善于倾听是与人交谈必不可少的组成部分，尤其是在谈判中必须要学会倾听、善于倾听。许多情况下，能够做到善于倾听，其实就已经掌控了眼前的整个局面。

鬼谷子教你诈

和人打交道，善听弦外之音，能解言外之意，是最奥妙的人际关系操纵术。老于世故之人大都擅长话里有话，一语双关，精明之人无须多言直语，即让你心里明明白白；高明的小人惯会含沙射影，指桑骂槐，用话中之刺让你身败名裂。不管说话之人是否故意暗藏玄机，听话者必须弄明白他的真实意图，方能应对恰当。脑子不清，耳朵不灵，一定会多遇难堪。话里藏话、旁敲侧击是聪明人的游戏，笨人玩不了。脑子不灵光，煞风景自不必说，落笑柄更是常有的事。话里藏话、旁敲侧击其实是一种迂回，可它既重迂回策略，更重隐含之术，较之迂回更主动、更微妙。妙接飞镖又暗中回掷的是高超人际交手术，是机智聪明者才能驾驭的玄妙功夫。

3. 察言观色，莫逆人而为

揣测人的内心世界，可以通过面部表情、神态等作判断。对此，鬼谷子给出了这样的解释："故常必以其见者，而知其隐者。此所谓测深揣情。"他认为，人的内心情感发生变化，必然会在外表的形态上表现出来；因此，人们习惯用自己观察到的外在特征，来揣测对方的内心活动。这种探测对方内心和洞悉实情的方法提醒我们，一定要顺着对方的心意来，才能获得准确的情报。

与人交往，学会察言观色是最基本的要求。俗话说："出门看天色，进屋看脸色。"观察天气无可厚非，而看脸色就不单单是察看人的脸色了，而是通过观察对方的举止神态、言语情绪来捕捉其真实想法。弗洛伊德说：

“人是没有秘密可言的。即使他们口不作声，指头也定会喋喋不休。内心的秘密总会通过每一个毛孔泄露出来。”在现实生活中，如果每个人都精通察言观色，并能够根据具体情况来调整应对策略和处世态度，那么办事的效率自然会提高数倍。

察言观色可谓鬼谷子的游说之术中最重要的手段了。鬼谷子认为在游说过程中，不停地观察对方，听他在说什么，潜台词是什么，分辨其真实意图又是什么，如果遇到的是比较强的对手，就要敢于用“捭”的战略，主动攻击，以势压人；反之，则要采用“阖”的战略，隐藏自己以德服人。

而在社交过程中学会察言观色的本领也是至关重要的，因为不同脾气秉性的人喜欢听的话、做的事不尽相同。性格活泼、开朗的人说话可能会比较随便一些；而性格内向的人则需要耐心的交谈；性格耿直的人，对其直言不讳也不会生气，可能还会引起共鸣；对于小心眼、生性多疑的人，说话就要小心谨慎，以免得罪对方。

不同心境下，人的情绪也会变化，正如“人好水也甜，花好月也圆”。性格拘谨的人，在高兴时也会表现出一瞬间的活跃，只要善于观察，把握时机，即使是向对方提出要求，只要合理，对方答应下来的可能性就要比平时高出很多；温文尔雅的人，在情绪变得狂躁时也不希望有人随便打扰，否则就会怒目相对，自讨没趣了。

善于察言观色的人，一定善解人意，什么事都不会逃脱他的眼睛，能够时刻清楚对方内心的想法，就算对方有什么不同意见，也已经早做打算，提前化解了。即使对方已经提前作出反应，也可以按照对方的反应进行策略调整，将话说在适当的时机，说进对方的心坎里。如果对方不悦，就要适时而止，以免影响沟通，见风使舵随机应变，事情也就不会搞砸了。

俗话说“伴君如伴虎”，如果不善察言观色，就可能被“虎”吞掉，反之，不鲁莽行事，善于揣测对方的心意，并进行形式有效的应对，你就会发现凶猛的“虎”已经成为温驯可爱的“猫”了。

齐桓公召见各国诸侯，卫国的国君最后一个到达，退朝后桓公便同管仲商讨征伐卫国。桓公从朝堂下来，卫姬望见，急忙下跪叩首，说是为卫国的国君请罪。桓公纳闷："我跟卫国并没有什么纠纷啊，你们国君何罪之有？你为何请罪呢？""我看到您进来的时候，脚步提得很高，呼吸也很强烈，很是气愤，看见我时又露出不安的表情，这明明就是要讨伐我卫国啊。"卫姬不紧不慢地说出了自己的看法。

第二天，桓公进入朝堂便朝管仲一拱手，然后进去。管仲跟进后问桓公道："主公您是不是舍弃了讨伐卫国的计划？"桓公又是一脸不解地问："你何以知道我放弃伐卫了呢？"管仲答道："您上朝拱手时比平时恭谨，说话也迟缓了，看到我时脸色发红，观察了这几个方面，我觉得您应该是放弃了讨伐卫国的计划。"

还有一次，齐桓公也是和管仲商量攻打莒国，之间并无他人，谋划的事也并没有向外公布，可是此事却被国人所知。桓公很是奇怪，问管仲是何原因。管仲说："国内一定有聪明的人。"桓公略有所思，然后说道："那天你我说话时，一个士兵一直向上张望，估计就是他吧。"于是下令让那天的士兵再次来服役。

东郭牙就是那天服役的人，不一会儿，他来服役。管仲看到东郭牙眼神游离，便对桓公说："看来把消息传出去的人就是他了。"

桓公派人将东郭牙传召进来，他和管仲也分别站在了主宾台阶上。"传播攻打莒国消息的人是你吧？"管仲语气坚定地问。东郭牙回答"是的"，声音虽小，却着实令桓公吃了一惊。桓公说："我并没有说过攻打莒国的话，你为何要传播攻打莒国的消息呢？"此时东郭牙却底气十足地说："我听说君子善于谋划，小人善于揣测，我是私下揣测出来的。""揣测？你依据什么揣测的啊？"桓公更加不解。东郭牙不紧不慢地说："君子有三种神色：欣赏钟鼓乐器之时，神色悠闲，面露喜悦；面带清冷安静之色，必是居丧之时；而手足挥动，怒发冲冠，面色威严，就是要用兵打仗了。那天我一直望着您，您在台上怒气冲天，捶胸顿足，这必是用兵打仗的神色。您胳膊举着，指向莒国方向，而嘴巴张开，没有闭上，说明当时在说‘莒’。众诸侯中，唯有莒国不肯归顺齐国，所以我料想您是要攻打莒国了，所以才将消息传播了出去。”

桓公听了频频点头，并没有因东郭牙传播此消息而治罪于他，相反还升他为将士。

卫姬、管仲、东郭牙均是观察了桓公的行为才猜出了他的心理，他虽没有将心里话一一说出，却将所想表露无遗。而他们三人却可以识别桓公之心事，作出了相应的猜测和应对。

一般人喜欢通过语言来分析人，而齐桓公并未多言，他的潜在欲望只是体现在了举止形态之中，是他的行为泄露了他微妙的内心世界。心理学研究证明，外界事物对人的大脑的刺激，往往会使人体内某些相应组织的机能在短时间内出现异常。换而言之，喜怒哀乐不仅通过语言表现，更多情况下是通过肌体表现出来的。再就是个体存在差异，感情外露程度不同，有些会展现在动作或神态中，只能对其进行“观色”，比如齐桓公。

心有所思，口有所言，通过语言确实可以窥视人的内心世界，因为人的潜在欲望总是或多或少地流露在自己的话语里。有的隐藏在话题中，有的存在于话题的展开方式上。可见“察言”也可以发现有用的信息暗示，可以深入地了解一个人的本质。

察言、观色固然重要，但是并不是所有人都会时刻将喜怒哀乐表现于言、于色，很多时候是“笑在脸上，哭在心里”。那就要考验人的倾听能力了，听出他人的弦外之音，再加上如“看云识天气”般的观察其脸色，便能够很好地对人进行识别了。

对人察言观色的同时也要防止对方看透自己，因此即使心里波涛汹涌，都要深藏不露。这样做的原因有二：其一，你心里的事是你自己的，让别人来一同承受是不公平的。其二，你都表现出来人家会觉得你这个人太浅薄，没有心计，什么事都沉不住气。

鬼谷子教你诈

想在人际交往中游刃有余，必须要能够认真地察言，又要仔细地观色，将它们紧密地结合起来进行分析判断，这对提高我们的社交水平是大有裨益的。如果你不会察言观色，不会见风使舵，那么就很可能在风浪中翻了船，给生活带来不必要的麻烦。

4. 巧言恭维，探其喜好满足之

说到恭维，多会与“拍马屁”“马屁精”“溜须拍马”等联系在一起，让人感觉不好听，在思想上也常会对此不屑一顾，甚至极为排斥，至于拍马屁的人也会被深恶痛绝。而它却一直与人同生共长，古代赵高、高俅、魏忠贤、贾似道、和珅等人，均是“一人之下，万人之上”的位高权重之臣，虽然身处不同朝代，但同样凭借“拍马屁”的绝学，稳中有升，深受帝王喜爱。可见自古以来人就有着喜欢被恭维的需求，尤其是手握权力之人更是喜欢被人奉承。这正是人们常说的“千穿万穿，马屁不穿”。

“三百六十行，行行出状元”，拍马屁也可以达到其至高境界，它对手法和拍法也是极为讲究的。场合一定要对，否则达不到效果；拍的点要掌握好，否则感觉虚伪；拍的轻重程度也要把握好，拍轻了，好比在挠痒，拍重了，无法体现其诚意。如果能在投其所好后无声无息、不着痕迹地将马屁拍出来，让人觉得晕晕乎乎、得意忘形，其他听者自然也不会反感，如此便成了“拍马屁”行的“状元”了。

鬼谷子所言：“揣情者，必以其甚喜之时，往而极其欲也，其有欲也，不能隐其情。”揣摩君主心事，也要在适宜的时候，选择一个适当的时机表达，这样才能得到人主的欢心。虽然很多人不喜欢和珅等溜须拍马之人，但是这种人总是占尽便宜，正是因为他们善于揣摩君王的心意，了解他们的内心所需，进而进行不露痕迹的巧言恭维，所以才得以官运亨通。其实不单单要揣摩君王的心意，做任何事对任何人都要进行揣摩，从而投其所好。换而言之，恭维、拍马屁在现在的生活中一样是不可或缺的处世之道。

我们在对拍马屁反感的时候已经忽略了恭维在人与人交际中的作用，可以说它既是润滑剂，又是解毒散，可以将很多尴尬之事轻松化解。一句看似恭维的话，却蕴含了无限的玄机，所以显得含蓄委婉，但其作用不可忽略，更不可轻视。

恭维的首要条件便是要找到切合点，简单来说就是对方“好哪一口”。每个人都有熟悉和感兴趣的话题，若想与人愉快交谈，投其所好便成了万能钥匙。与志趣相投的人交谈可谓其乐无穷，如遇知己。因此，碰到要和陌生人交谈时不妨从谈论对方的兴趣爱好开始，这样更容易拉近彼此的距离，还可以引起对方的兴趣，从而容易进一步加深交流。

包公可谓是历史上赫赫有名的“包青天”了，他办案刚正不阿，深受世人赞誉。但据一些杂文野史记载，这位众人爱戴的铁面包公也有喜欢被人恭维，“戴高帽子”的一面。

初到开封做知府时，包公身边并没有师爷，想寻觅一位称职的文人来辅助自己，于是便张贴了招聘师爷的告示。消息一传出，便有大量来自四面八方的文人学士前来应试。整个应试分为两个阶段，一是笔试，二为面试。笔试阶段的考题均为包公亲自来定，就连审阅、批复也没有劳烦他人。最后从上千人中筛选出十个文采出众的儒生。第二阶段的面试，包公同样亲力亲为，一个一个单独会面，随口出题，要求文人当面作答。

世人只知包公脸色发黑，却不知具体何然。据杂文野史记载，包公头和脸都黑得如同烟熏火燎一般。如果没有眼睛、鼻子、嘴巴的轮廓存在的话，仿佛肩膀上顶了一个黑色的坛子。说到眼睛，那就更是可怕了，圆而外凸，一瞪起来，白眼仁多，黑眼珠小。包公别出心裁，以自己的面容为题。十位文人，每进来一位便问：“你看我长得怎么样？”文人看到包公面容，无一不是倒吸一口凉气，害怕如实讲出他的模样会无机会可言，更有甚者面前的包老爷还会大发雷霆。他们心里琢磨着，为官之人哪有不爱听恭维话的，不如对其奉承一番，留个好印象，以便对任用有利。于是都恭维他长得眼如朗星，眉似弯刀，面色白里透红，一副清官相貌。包公听着一个个的胡言乱语，怒火中烧，本来就黑的脸上简直可以滴下墨汁了，于是便一一打发了事。

第十个应试者推门而入，但包公已不抱任何希望，不过还是问出了同样的问题。文人同样如他人一样对包公仔细打量，然后不紧不慢地回答道：“大人的容貌嘛……”他故意拖延，“怎么样啊？”“恕小人直言，脸形如坛子，面色似锅底，与美毫不沾边，简直丑陋无比啊。尤其是两个眼睛，一瞪之下寒气袭人，甚是吓人啊！”包公听后，精神一振，但是黑脸却故意拉下，大声喝道：“放肆，你怎敢如此评价老爷面貌，难道不怕老爷我怪罪于你吗？”应试者却不慌不忙地答道：“老爷莫要生气，小人深信，诚实的人最为可靠。老爷的脸面确实是黑的，难道小人说一声‘美’就会变白吗？如果老爷不喜欢听老实话，以后还怎么能够秉公办案，做个清官呢？”

包公内心本无怪罪他之意，听到他的解释更是点头称是了，不过接下来的问题就更刁钻了：“你说的倒也在理，不过我听人说：容貌丑陋，其心必奸。你如何看待，是否可以当真呢？”应试者答道：“此言不一定正确，一个人奸否取决于其内心，而非容貌。只要大人有颗忠君爱民的心，就算长得再黑，也会被百姓认定是清官的。老爷在朝为官，一定见识过白脸奸臣吧。”包公听完心中大喜，当即宣布：“师爷人选，非你莫属！”

第十个文人胜出并非用了奇招，而是与其他九人一样恭维着包公，只不过他胜在揣测了包公的内心，切中了其真实想法，并将恭维渗透于问答肌理，不露声色地投其所好，说出包公想听的话。由此可见，恭维人也要讨巧。

虽然很多人不喜欢拍马屁的人，但又希望能有人对自己进行恭维。这种矛盾心理促使了恭维的合理存在，有时候说一些恭维的话是非常有必要的，比如，新娘一定是漂亮的，小孩一定是前途远大的，寿星一定是长寿的。如果你不讲出这些恭维的话就是对他人的侮辱。这时慷慨地恭维又何妨呢？多给人戴几顶"高帽子"，不仅能够哄人，还可以为自己遮风挡雨，一举两得，何乐而不为呢？

鬼谷子教你诈

无论在世界哪个角落，总有不同的语言表达对他人的恭维，虽然恭维有时并不是发自内心的，但它却在现今社会起着良好的作用。学会恭维，恰到好处、把握分寸，并且不失时机地说人家的好处、吹人家的长处、拍人家的"马屁"，无论在现实中还是网络上，提醒自己给你的交往对象尽可能多的恭维。无论你骨子里是谦恭的还是骄傲的，真心的赞美、诚心的恭维都会为你带来快乐和机会，也为别人带来快乐和机会。

5. 话当谨慎开口，有话心中留

"病从口入，祸从口出。"鬼谷子也曾用圣人的话教育学生："口可以食，不可以言。"佛经记载的一则故事告诉我们鬼谷子的话意义重大：一只乌龟遭遇百年不遇的干旱，被困在一个干涸的湖泊中，无力爬行到水草丰盈之地觅食。就在它感到绝望的时候，居住在旁边的大雁也准备迁徙。乌龟对其苦苦哀求，希望大雁能够将它带离此地。善良的大雁便用嘴将乌龟叼在嘴里飞向高空。飞行多时，乌龟忍不住问道：“你这样不停地飞，到底要飞到何处？”大雁张嘴回答，但是答案还没有听到，乌龟已开始直线降落，最终摔在地上，被人拾取，宰杀享用了。乌龟张嘴说话最终却害了自己，这正应了鬼谷子所言，口可以用来吃饭，但不能用它讲话。

虽然“口不能言”主张“沉默是金”，但也不代表完全保持沉默，如若这样在当今社会是非常不合时宜的，毕竟语言表达才能更好地将自己的才华展现出来。但言多必失，祸从口出，说出去的话犹如泼出去的水，再也无法收回。所以即便有雄辩之才，也应谨言慎行。有些话说出来没有效果，就没有必要说；有些话可能会伤到别人，就一定不要说。

常言道：“说者无意，听者有心。”而人和人的交往中语言的交流占了很大的比例。往往一句看似很平淡的话可能就会伤害到他人，使双方陷于尴尬局面。可见这种语言危机存在于各个角落，懂得这个道理的聪明人绝对不会把精力浪费在说废话上。

美国的艺术家安迪渥荷曾经说：“我学会闭上嘴巴后，获得了更多的威望和影响力。”事实也确实如此，言多必失，说得越多，越容易暴露自己的内心，让人了解。所以不管在任何场合，都要尽量少说话。如果非说不可，也要尽量注意所说的内容。比如，中国人见面打招呼一般会问：“吃了吗？”在我们看来很平常，也不会伤害到任何人。而外国人却会感到不可思议，认为这是自己的事，别人无权过问，他们打招呼则会在天气上做文章。看来语言的艺术不仅仅中国人适用，全世界的情形都是类似的。

孙柔上周日曾接到楼下美容院打来邀请的电话，说是可以体验一下指导美容老师的按摩手法。由于她的颈椎不好，所以便和同样颈椎不好的姐姐一起去了。原本是想尝试一下的，但是去了才知道原来是推销产品。

每次来美容院做脸，孙柔总是特别享受美容院舒适安静的环境给自己带来的彻底放松，但这回美容师好像被买通了一样，总是在按摩师按摩的时候说产品怎样怎样好，对颈椎的治疗如何如何管用，还明确保证一周便可以让颈椎变得舒服。她们经不住美容师的劝导，便买了一些产品回来使用。而结果却令孙柔大失所望，除了刺痛之外就是肌肉麻木，颈椎酸痛的感觉一点变化都没有，当然美容师的保证也就成空话了。

这周孙柔公司事务很多，周末想在家好好休息一下，但又接到美容院的电话，说之前购买的美容产品月底该结账了。她想到欠人家的钱始终是桩心事，所以还是拖着疲惫的身躯去了。来到楼下美容院，她的“御用”美容师休息，只能请另一位新来的美容师为她服务。本想躺在美容床上安静地享受一会儿，但从她进门开始，这位可爱的小美容师便一直跟她说话。虽然都是一些听着让人疲劳的客套话，但她也都一一回应着。

她们聊天时旁边美容床上来了一位特殊的客人，她怀着孕，想做做脸。因为怀孕很多项目都不能做，比如精油之类的项目，所以便选了一个对孕妇没有副作用的项目做起来。给这位孕妇做脸的美容师看到孙柔，便也客气地打了招呼，然后又问了上周日按摩指导老师给她按摩后的感觉。说到这事原本想自认倒霉的孙柔，又有了一肚子话说。

性格直爽的孙柔就像说书似的一口气把当时的感觉和自己的想法说了一大通。令她没想到的是反应最为激烈的竟然是那位孕妇，她直接跟那位美容师说：“那套产品我也不买了。”美容师听了赶紧跟她解释说：“每个产品都是因人而异的，个体不同效果也不一样。”但是不管她怎么解释，孕妇都不愿意再购买那套产品了，而她的理由也很简单：因为怀孕所以不适合用这个产品。美容师还是一再强调这个产品对孕妇没有副作用，而且还推荐她生完宝宝后再用。但是孕妇似乎更相信孙柔的话，坚持要退掉产品。美容师着急地说出了实情：钱是由她先垫出来的，如果孕妇不要的话，钱只能自己出，如果转手的话也只能等到下一个买家才能收回这笔上千元的钱。

孙柔立时感觉自己的话太多了，搅了人家的生意。她表面装作若无其事的样子，但是内心却很不是滋味。孙柔知道为孕妇做脸的美容师是外地来的打工妹，挣到这笔提成不容易，没想到竟然让自己的一句话给搞砸了。她整晚都很郁闷，就好像做了亏心事一样。她决定以后做脸都来照顾这位被她连累的美容师，以挽回这次“言多必失”给她带来的损失。

美容师和孙柔都成了祸从口出的典型，一个是给自己挖了个“坑”，另一个更是起到了“推波助澜”的作用，把一笔已经成功的生意搅黄了。可见少说话甚至不说话是大有益处的。

祸从口出，是因为言多必失。滔滔不绝地讲话，说多了，肯定会暴露很多问题，比如对事物的态度、对事态发展的看法、今后的打算等，会从谈话中流露出来，被对手所了解，从而制定出相应的策略来战胜你。而且，话说多了，自然会涉及其他人。

再者，由于所处的环境不同，人的心理感受不同，而同一句话由于地点不同、语气不同，所表达的情感也不尽相同，如果其他人加上个人的主观理解，口口相传的话，往往会和当初说出来的原话大相径庭，势必造成误解、隔阂，进而形成仇恨。

另外，人处在不同的状态下，讲话时心情不同，内容也会不同。心情愉快的时候，看事看人也会觉得很是顺心，赞誉之词可能就会由心而生；反之心情烦躁时，讲起话来不免会愤世嫉俗，讲出许多过头的话，妨碍一些人的利益，进而招来很多麻烦。

“喜时之言多失言，怒时之言多失礼。”古人很早就认识到“祸从口出”的道理，所以才指出，对于开口说话一定要持谨慎态度，避免“言多必失”。

鬼谷子教你诈

为人处世一定要管住自己的舌头，不要轻易说话，否则不仅容易伤人，而且容易惹祸。如果必须要说，则一定要慎言。慎言不是不说话，慎言是该说话时就说，不该说话时永远不要说。另外什么话可信什么话不可信，都要在脑子里多转几个圈，心里有个算盘。害人之心不可有，防人之心不可无。

6. 言拙意隐，语缜密不伤人

鬼谷子说：“故口者，机关也。”如此看来，“口”就成为了人的“政府机关”。看似简单的说话，却隐含着大文章。有时一句话能让人开怀大笑，而有时一句话也可让人陷入无比尴尬之地，但也有可能一句话就能让人拂袖而去。如何让“口”这个“政府机关”真正地为自己所用呢？鬼谷子教我们道：“圣人之道阴，愚人之道阳。智者事易，而不智者事难。”圣人能够左右逢源，不仅是他们的智慧，更得益于他们懂得见机行事，聪明地表达己见，在不露声色之中表达自己的见解。

如此看来说话也是一门艺术，尤其是中国的文字语言的博大精深，稍微换一个字，意思就可能有天壤之别。现代社会，竞争与合作充斥其中，有人在竞争中失败，而有人在合作中成功。究其奥妙，说话就占了很大的比重，成功之处就在于掌握了说话的分寸。社交场上的“逢人只说三分话”“点到为止”，政治上的“领导过问了”“研究研究”，生意场上的“一语值千金”，文化场上更有“点睛之笔”“破题而入”之说。可见，在语言交流中，什么话能说，如何说，就是考验人的时候了。

说话有分寸便可以用语言来巧妙地表达思想感情。能够把握好语言分寸的人，不会通过言语勉强别人遵从自己的观点，却能让他人服服帖帖地同意，能一起体会喜怒哀乐，反之则会让自己陷入被动境地。可见说话的最高境界便是，没有明确说出赞美言语，却能让人感到美滋滋的；已成功表达对其不满，却仍让其微笑面对自己。

另外，说话有分寸还体现在是否到位。如果说不到位，别人就不能明白，理解不透彻，没有办法琢磨出你的真实用意，自然提出的意见或想法就不被人重视。不但事情没有办法办成，还会被人忽视，自然也不会换来欣赏，更不会受到器重。反之便是说话过头了。如果要求过高，言语尖酸刻薄，那么就会让人感觉到不舒服，觉得不懂规矩，不知好歹，往往被人敬而远之。说话除了是否到位以外，还要巧妙，太憨实有时会招来嗤笑；太絮叨有时会招来反感；太直露有时会招来麻烦；太幼稚有时会令人瞧不起。

王陵骁勇善战，早年追随刘邦东征西讨，立下汗马功劳，他为人仗义，性格直爽，性格争强好胜，说话也是直言不讳。

雍齿和王陵一向交好，但刘邦却对雍齿厌恶至极，但碍于王陵的功劳，一直忍怒不发。一次刘邦将王陵特意招来，脸色阴沉地对他说："雍齿为人卑鄙，行为不检，很多人对他都嗤之以鼻，甚至痛恨于他，你和他并非一路人，为何要与他相处？"王陵非但没有畏惧，反而低声回道："主公不喜欢他，所以别人都不敢和他来往了。可是我看不出他有什么不好，再说了，这是我个人的私事，主公何必干涉呢？"刘邦见其并不听自己所言，心有怨气，却不便发泄，只好让其告退。

回去以后，王陵便和好友周勃聊起此事，怒气一直未消。周勃却叹口气说："你不该对主公直言。主公恨雍齿，尽人皆知。你不避嫌与他交往也就罢了，又何必将心里话说与主公听？此事可大可小，主公一定记挂在心了。"

"我忠于主公，从无二心，他会在意我几句实话？大丈夫光明磊落，畏首畏尾、口是心非之事不能去做。"王陵不服道。

天下平定之后，论功行赏时，多人被封赏，却只封王陵为安国侯（虚职）。许多人为他求情，刘邦却正色道："行军打仗，他确有功劳，但其他方面并无过人之处，打江山只靠勇猛还远远不够，封他为安国侯还委屈他了不成？"

王陵心有不服，欲找刘邦理论，家人却苦苦相劝说："你的毛病全在嘴上，如今还想惹是生非吗？如果你去理论，只怕我们和你一样都活不成了。"他考虑再三，只能作罢。

刘邦死后，惠帝继位，吕后掌权。惠帝却在王陵任右丞相两年后去世。吕后将王陵、陈平和周勃等大臣招来，向他们问道：“天下太平，我吕氏出力甚多，让吕氏子弟称王，各位意下如何？”

周勃和陈平相视一眼，却并不作声。王陵却说道：“先皇曾宰杀白马，歃血为盟：‘倘非刘氏而立为王，天下人共击之。’先皇遗训如此，不能改变。吕氏立王之说，并不可行。”吕后听后非常不悦，转头问陈平、周勃：“你二位意下如何？”他们二人却说：“时势有变，其道自不同了。先皇平定天下，分封刘氏子弟为王，天经地义。如今太后临朝执政，吕氏子弟有大功于国家，称王自无不可，合当施行。”吕后听后，笑逐颜开，对二人连连夸奖。

事后王陵指责其二人背弃先皇。陈平道：“谏阻无益，强辩自不可取。我们当面谏阻不如你，可日后保全国家，安定刘氏后人，你就不如我们了。”

不久王陵宰相被罢免，10年后郁郁而终。而周勃和陈平保全了下来，成为诛杀诸吕的主力，重兴了汉室江山。

王陵虽一心效忠朝廷，但最终却毁于“直言不讳”。可见言语是了解一个人的重要窗口，如果没有分寸节制，必被人洞察清楚内心，也就无秘密可言。只有措辞得当，有所保留，才能勋事有成，与人无咎。

《增广贤文》里说：“逢人只说三分话，未可全抛一片心。”说话本来有三种限制，一是人，二是时，三是地。非其人不必说；非其时，虽得其人，也不必说；得其人，得其时，而非其地，仍是不必说。非其人，你说三分真话，已是太多；得其人，而非其时，你说三分真话，正给他一个暗示，看看他的反应；得其时，而非其他，你说三分真话，正可以引起他的注意，如有必要，不妨择地长谈，这叫作通达世故。

曾经得一高僧处世良方，教人如何待人接物，内容很有意思，其中有：热心肠一副、温柔二片、说理三分，等等。有人可能会问：这说理为什么只是三分而不是十分呢？

“说理三分”是一种沟通技巧。话若有理，聪明人一点就通，不用十分，三分足够，无须画蛇添足；碰到蠢人，费再多口舌也无用，没有必要告知其十分，不妨让其慢慢领悟；至于蛮横之人，他本不讲理，你即使讲上二十分，也无异于对牛弹琴，有时是在对“虎”弹琴，生命都无保证可言。

“说理三分”可以说还是一种宽容。人无完人，总是或多或少存在不周全的地方，对方如果不明白，你巧妙地说上几句，点到为止，确是与人为善，让他心存感激。若是穷追猛打，非要弄得人家连面子都留不住，只能是两败俱伤。

鬼谷子教你诈

“含蓄不露，用意十分，下语三分。”言辞谨慎，应不露锋芒。含蓄是一种大气、一种风度，真正会做人的人，总是含蓄的，总是懂得明明占理十分只说三分，总是记得“得理也让人”。

7. 局势不定，莫多言多观望

古时候，大臣陪伴在君王左右，往往提心吊胆，乃至有“伴君如伴虎”的说法。为此，大家往往顺着君王的意思说，在情势还不明朗的时候隐藏自己的意图。对此，鬼谷子是这样描述的：“言往者，先顺辞也；说来者，以变言也。善变者，审知地势，乃通于天，以化四时，使鬼神，合于阴阳，而牧人民。”

在鬼谷子看来，跟君王谈论过去的历史，应该顺着对方的心思，进行合理的解释；与君王谈论未来的趋势，则要留有余地，采用变通的言辞，根据形势灵活应对。显然，只有善于变通的大臣才能审时度势，得到君王的认同。生活中，在探查人心的时候，也需要多看、多听，做到心中有数。

自古以来，成大事者都懂得伏藏之术，他们徘徊在出世与入世的两端，知道何时应藏身于山林，韬光养晦，仔细观察，何时又应造福社会，建功立业。正是因为他们善于隐藏，所以表面看来“和光同尘”、毫无棱角，看似庸才，却是深藏不露的能人志士，绝非普通人能比，实为“潜龙”。

孔子曾对《易经》中“潜龙勿用”一语有过精辟的论述。“潜龙”比喻像龙一样有德有才而隐居的人，不会追求功名利禄，世俗无法改变其节操；隐居于世间却不会感到闷闷不乐，即使不被人承认也不会感到苦闷。如若能实现抱负便入世行道，感到忧虑则会出世隐遁。而“勿用”，也并非毫无条件地勿用，只是条件不成熟，局势不定，不易盲动。他们行动上隐藏自己，言语上扑朔迷离，看似胸无大志，却对万事深思熟虑，了然于胸。之所以“勿用”是因为知道自己所处的境地、对手的意图，只因时机还未成熟，所以只能多看以便了解对方更多的信息，更是保存了自己。

东晋时，谢安才华出众，少年时就声名在外。朝廷屡次征聘他为官，都遭到了他的拒绝。喜欢游弋于山水的谢安，终日约一干人等游山玩水、钓鱼打猎，乐不思蜀。

谢安的弟弟谢万是朝廷重臣，在朝廷中任中郎将，监司、豫、并、冀四州的军事，并兼任豫州刺史，虽手握重权却不及身为平民的谢安名气大。当时东晋内忧外患，处境很是危险，王导死后，朝野上下都希望再有一位王导这样的贤相支撑摇摇欲坠的晋室小朝廷。谢安被公认为是宰相的最佳人选，但他却似乎对世事无所挂怀，打定主意要老死于名山胜水之中了。朝廷中的士大夫们都互相哭丧着脸说：“谢安始终不肯出来做官，百姓可怎么办呢？”盼他出来做官的呼声越来越高。

在一次作战中，身为指挥的谢万不战而逃，而被朝廷罢免官职，废为庶人，谢氏家族的地位和声望也一坠千丈。其后妻子和族人苦劝，谢安为挽救家族的命运，便应征出山做官，在征西大将军桓温府中任司马。

桓温因可以起用谢安为官，大喜过望，对他极为器重。到桓温府中任职，只是谢安的一个跳板，他不久就到了朝中任侍中，掌管吏部，与尚书令王坦之同辅朝政。当时桓温总揽兵权，威震内外，他总想废除晋朝，自立为帝，却又怕众人不服，不敢仓促行事，朝廷上下也都知道他有此野心，却也无法奈何于他。

本以为将死的简文帝会把皇位识趣地让给自己的桓温，正在暗自窃喜的同时传来令其辅政的消息，细细打听却是被王坦之拦住了。桓温大怒，从镇守地姑熟返回京城。自此京城谣言四起，都说桓温此番是要杀尽王谢二族，然后废帝自立。桓温也认为一切都是王坦之和谢安搞的鬼，便在府中两侧安排了刀斧手，用帷幕遮住，想趁二人来见时下手除掉。

王坦之和谢安明知是鸿门宴，却又不得不去，见到桓温后，王坦之浑身流汗，手上的手版都拿倒了。谢安却是面不改色，神情依旧，与桓温谈笑风生，畅叙往日情分，桓温倒一时硬不下心来杀掉二人了。谈话之中，一阵风吹过，把帷幕吹起，露出埋伏于后的士兵，谢安笑道："我听说诸侯有道是在四面设兵防守，明公却在两厢幕后埋伏人，其意何为啊？"

被谢安点破的桓温尴尬无比，敷衍道："这也是军府中的老规矩了，为防刺客而已。"桓温对帝位垂涎已久，见一计不成便又生一计，派人向朝廷要求给自己加九锡，也就是在仪仗中增加九种法器。从王莽以后，奸臣篡夺帝位，加九锡既是一种征兆，也是一道不可省略的步骤，加九锡之后便是强行请皇帝禅位于己了。谢安明知如此，却也无法不给，便叫袁宏起草给桓温加九锡的制文。

袁宏堪称当时最会写文章之人。他曾随桓温出征，需要赶写一篇檄文，他倚在马上，文不加点，顷刻间便写了万余言，极富文采，所以当时朝廷的诏旨制册大多出自他的手笔。他尽心竭力地写好后，谢安却在上面一通乱改，然后扔还给他，让他重写。反复几次，均遭同一命运。袁宏不解，又不敢问谢安，便私下里问王坦之。"以你的大手笔，哪里还用修改，桓温年老病重，活不了多少时间了，谢安这是在想办法拖延。"王坦之笑道。

果不其然，还没等到加九锡，桓温便一命呜呼，晋室朝廷总算逃过一劫。桓温死后，谢安才成为名副其实的宰相。内忧已解，外患难除。前秦苻坚灭掉燕国，已和东晋隔江相望，苻坚在王猛的辅佐下，不断吞并周围的小国，统一天下，势在必得。

为安军心，谢安安抚大将谢玄："少安毋躁，朝廷已有旨意。"说完又出门登山游玩，到夜里才回来，然后招集众将，指挥部署，派谢玄、谢石率精兵八万抵御入侵的秦军。两军对战淝水，谢玄派使者前去要求苻坚让秦军向后退一些，空出些地方，让晋军渡河，然后展开决战。苻坚想趁晋军渡河到一半时发起攻击，便答应了这个要求，下令全军后退。没想到军队向后退了不远，便有人大喊："秦军败了。"只这一声喊，前秦的百万大军竟然顷刻间土崩瓦解，纷纷逃起命来，谢玄率军渡过河后，从后追击，秦军狼奔豕突，自相践踏，死者遍地，大伤元气。谢安便又立大功于东晋。

谢安目标直接瞄向宰相一职，虽最初不想为官，是在观察局势，等待时机。他坚持忍耐二十余年，终解救东晋于水火之中。

《孟子》中有言："天将降大任于斯人也，必先苦其心志，劳其筋骨，饿其体肤，空乏其身，行拂乱其所为，所以动心忍性，曾益其所不能。"历史上如谢安一般的姜子牙、百里奚、张良、诸葛亮、王猛、刘伯温等大智慧者，均是被中国人公认的大英雄。他们都是生在乱世之中，但他们都能够保持清醒的头脑，绝不同流合污，而是隐居民间，静观时局变化，谋划扭转乾坤的大计，然后择明君而侍之，从而成就千秋伟业。

俗话说，"小不忍则乱大谋"。形势未定或没有看清形势便做出应对之策就会影响大局，使之身陷不复之地。鬼谷子说："世无可抵，则深隐而待时，时有可抵，则为之谋。"换而言之就是做事不但要看环境好坏，看问题的大小，还要懂得看准时机，在没有完全掌握或时机不成熟时切莫多动多言，以导致"小不忍"而"乱大谋"。

鬼谷子教你诈

不显现出的智慧为大智慧，不显现出的谋略才是真正的谋略。鸷鸟将要发动攻击时，一定收翼低飞；猛兽将要搏斗时，必先附耳贴地；圣人贤君将要行动时，必先隐起身，不动不言，不被人所关注。这正是“道在不可见，事在不可闻，胜在不可知”的韬晦之术。处逆境，当做潜龙，观察时机，以便高飞。

8. 抛砖引玉，不抢他人风头

这个世界上，掌控局面的人未必呈现出高高在上的样子，反而可能不易被察觉。鬼谷子主张做人低调、谦虚、谨慎，不要处处跟人抢风头。他说：“故圣人之道阴，愚人之道阳。智者事易，而不智者事难。”

在鬼谷子看来，圣智的人做事总是暗中用手脚，愚蠢的人才在明处咋咋呼呼。所以，圣智的人做起事来就容易，愚蠢的人做起事来就难。这提醒我们，做人还需低调。在不显山不露水中把事情办成，不给自己找麻烦，反而容易做成大事。

鲜花盛开无非两种结果，被人采摘或走向衰败。人生亦是如此，所以当志得意满时，切不可趾高气扬，目空一切，不可一世，否则将成为众矢之的。不管你是如何的才华横溢，都一定要谨记，不要将自己看得太重要，也不要高傲地认为只有自己才是救国济民的圣人君子，适当地收敛锋芒，掩饰才华，放低调些吧。

收敛锋芒、收起高傲、低调做人是一种品格，一种风度、一种修养、一种胸襟、一种智慧、一种谋略，是最佳的姿态。低调作为一种古老的智慧，谦虚谨慎的做人态度和宽容谦逊的处事风格，不喧闹、不造作、不沾染是非，不招人嫌、不招人忌，即使能力高于他人也要注意藏拙，与人为善。

古今中外，功成名就之人多是低调做人的典范，越是能低调做人，越是在关键时候能够成就一番事业。这种韬光养晦的策略被鬼谷子所认同，这种智慧也被世界上所有的哲人认可，不管何种民族、何种宗教无不认为“低调是最接近智慧的，在通往智慧的道路上，低调是必须经过的道路”。

要做到低调就要将锋芒收敛，切勿高傲。不管身居何处，位列几何，锋芒都不可毕露。有才华固然是好事，但是才华如何运用，何时运用才不被人忌，这才是真正的智慧。即使是锥子也只把秃的一面朝人，只有这种才华人和社会才乐于接纳。

如果不懂得什么时候收敛自己的锋芒，什么时候显示自己的实力，就会陷入“才高被人忌”的尴尬场面。不论古今这都是职场通病。只有低调处事，藏光隐辉的下属才能保全自己。因为一般情况下上司是不会重视毫无野心的人的，更不会与其计较。但如果下属超过自己，那将不被领导所容忍，下属成功就意味着自己的失败，那么等待下属的将是各种可能的嫉妒。所以能人俊杰皆是识时务者，总能采取圆滑低调的方式保全自己，以防暗箭来袭。

东汉末年，杨彪之子杨修才思敏捷、机智过人，是三国时期的大文学家。后来成为“一代奸雄”相国曹操的谋士，被任命为主簿，替曹操办理事务。

曹操命人为自己建造了一座花园，建成时邀他去观看，但是他并没有发表任何意见，只是在门上写了一个“活”字。工匠并不知道是何意，便请来杨修询问，杨修看后笑笑，并说出了其中的隐义：“门内添活字，乃阔字也。

丞相嫌门阔耳。”工匠听后才知道曹操原来是嫌门太阔了，于是又将围墙改造，缩小门围。改造好后，曹操再次前来查看，看到随其心意，很是高兴，便问是谁猜透了他的心意。侍从告诉他是杨修，曹操嘴上对杨修大加赞扬，但是心里却隐隐发忌。

后来曹操接到塞北送来的一盒酥饼，他心生一计，随手在盒子上写下“一盒酥”三个字，然后命人拿给大臣。众大臣看到皆不知何意，等传到杨修手里时，他便打开盒子分给众人。众人摆手称不敢食用相国的东西，杨修解释说是相国的意思，因为上面写着“一人一口酥”，众人了解后才开始食用。曹操知道后和大家嬉笑一场，却开始讨厌杨修了。

生性多疑的曹操总是担心别人会对他实行暗杀，所以吩咐侍卫说：“我睡觉时你们不要靠近我，因为我在梦里好杀人。”一日午睡时，曹操故意将被子蹬下床来，侍卫急忙跑来拾起给他盖上。而曹操却跳起来拔剑杀了前来为他拾被的侍从，然后上床装作继续睡觉。等起床后看到尸体躺在床前，他装作吃惊的样子大声追问是谁杀了侍卫。等知道事情的经过后，曹操大声痛哭，命人厚葬了他。此后，人人皆知曹操梦中杀人，杨修却一语道破：“并非丞相在梦中，梦中人为我们。”而后曹操对杨修怀恨在心。

曹操有两个儿子，一次他想试着考一下他们。由于曹植很欣赏杨修的才能，平时经常和他一起谈天论地，所以两人很谈得来。为了这次考试，杨修暗中将答案给予曹植，所以在与曹操的提问中曹植总是对答如流。生性多疑的曹操开始有所怀疑，直到曹丕买通弟弟身边的人将杨修给曹植的答案偷出给他看，曹操勃然大怒：“这个匹夫竟敢欺骗于我！”从此有了杀掉杨修之心。

机会好似给曹操准备好了。刘备亲自率领大军攻打汉中，许昌有所惊动，于是曹操也率领了40万人马迎战。曹刘两军在汉水一带对峙。曹军由于屯兵时日已久，便觉得进退两难。正在此时，一碗鸡汤端到了曹操面前，看到碗底有鸡肋,犹如正中下怀,沉吟间夏侯惇入帐禀请夜间号令,于是随口说道:“鸡肋！鸡肋！”于是这个口令便被传了下去。杨修知道后便安排随行军士收拾行装，准备归去。将士不解，问其缘故，他说：“鸡肋者，食之无肉，弃之可惜，丞相说的就是当下的形势，不日就会退兵。”于是夏侯惇和其他诸将也开始纷纷打点行李。曹操知道后便以造谣惑众、扰乱军心的罪名将杨修斩首示众了。

杨修一直被认为聪明绝顶，他是真聪明吗？如果真的聪明就应该知道“才不盖主”的道理。嫉贤妒能已成了一些人的通病,对于下属确实很是不公,通过努力辛苦得来的成绩，却不能得到上司的友好对待，带来的肯定是不甘和委屈。为了很好地发展，忍一时之气却是必要的，有事业心的人都想成功，而成功难免招致他人眼红和嫉妒。

在受到他人嫉妒，特别是上司嫉妒时，下属最好能够学会韬光养晦、大智若愚，千万不要与上司争功。不管上司们原来的气量有多好，当他们个人的光环被人为地扩大的时候，就意味着他伟大的形象不容侵犯。这个时候，他们害怕个人智慧受到质疑和挑战，如果你功高盖主，那就不可容忍，所以历史上功劳显赫的杨修、文种、韩信，都落得悲哀下场。

“木秀于林，风必摧之。”锥子也只有使用的时候才可以尖锐锋利，低调收敛并非意味着退缩，只是没到一定时机而已。

低调已成为一种修炼，也是一种体悟。老子认为“兵强则灭，木强则折”“强梁者不得其死”。老子这种否极泰来的哲理思想，深刻体现了事物的内在运动规律，已为无数事实所证明，现已成为广泛流传至哲理名言。待人处世多自我克制一些，当自己处在不利地位或者危难之时，不妨先退让一步，这样做不但能避其锋芒，脱离困境，还可以另辟蹊径，重新占据主动；当形势对你非常有利时，更要放低姿态，谨慎处事。避其锋芒，才能走好人生路。

鬼谷子教你诈

充满风险的人生航行中，要想把迷茫、失败和不幸的海浪远远地丢在身后，就不能锋芒毕露，要放下高傲，学会谦虚忍让，低调行事。这样才能自我保护，从而在人生的航途中如鱼得水，并慢慢抵达成功的彼岸。而一味地耍小聪明或炫耀自己，只能与成功失之交臂。

第六章

中经术
以心营外物，珍视道德助人是福

处世是人与人打交道，自然要用心经营，唯有处处用心、时时留心，才能精准地识别对方是什么样的人，才能根据其人，拟定与之适合的交往之道。不管何人，处世皆应有道德，珍视道德者才可能绝处逢生得转机。

1. 有德之人，可救其于困

鬼谷子常常谈及“修身”。“修身养性”指的是培养性格、涵养、性情，用现在的话来说，就是锻炼增强心理承受能力和心理调节能力。在鬼谷子理论中，修身养性要达到的境界主要表现在两个方面：一是遇事冷静沉着，头脑清醒；二是与人相处宽容大度，有礼有节。能达到这种境界的人历来都很受推崇。

一个人要想成就一番大事业，光靠自己单人单向的力量是远远不够的，必要时，还得借助他人或者是俗话所说的“贵人”的力量。可是，人们往往只有在力量不够大时，才想到去寻求别人的帮助，才后悔当初自己没能以德处世，以德交友，为自己铺垫好基础。

鬼谷子从来都是未雨绸缪，从来不让自己置身于困顿时才后悔莫及，所以，他懂得先做好人，再去与人交。

自古以来，心灵之道就是一个人的德行。“德”是自我的教育，是内心的梳理，表现在外的是行为的规矩。泱泱中华民族经历了上下五千年文明的洗礼，从远古的蛮荒到现代的文明，我们耳畔仍然清晰地回响着“仁者爱人”“上善若水”的文化训导。远古的智者用他们超凡的智慧指引着我们心灵的去向，荡涤着我们内心的丑恶、思想的尘埃。所以在“德”的思想引领下，我们的行为所表现出来的是善良、关爱、宽容、稳重等能给人美好感受的特征。

当历史的车轮碾过昔日的繁华，我们来到了这个经济飞速发展、物质高度发达的时代。熙熙攘攘的车流、急急匆匆的脚步似乎皆奔着利益而去。

一时间，欺诈、诋毁、攻击等丑剧在人间频频上演。在人们追求利益最大化的同时，道德的沦丧、亲情的缺失正在逐渐弥漫开来。

当衣食无忧、绚烂多彩的生活换不来孩子温情的目光时，当每一个步入社会的人都慢慢滑向道德的边缘时，我们才发现如今的人性与人际已复杂得让我们琢磨不透，招架不了了。尤其是人们急功近利的心态，奔忙不息的劳作已经让人疏忽了对未来的考虑。

以端正的心思来“正其心”，驾驭感情，进行调节，以保持中正平和的心态，集中精神修养品性。只有把心洗得一干二净，达到澄澈圆明后才是真正的修身。心不纯，光修身无望无用，这就是“德”的道理所在。鬼谷子说，德行好的人自会解救别人和自己于困境之中。

在韩国有这样一个小伙子，他虽然家境贫寒，却受到过良好的教育，有着自己的做人原则和道德信仰，为人处世都以德为准则。在他二十多岁的时候，他遇到了人生第一个至关重要的选择——去美国当外交官，或者去印度做官。毋庸置疑，去美国自然是风光无限，可是，考虑到美国的高消费水平，为了挣钱补贴家用，他还是选择了去印度。

虽然去印度不是他的梦想，但他到任后很快就以自己的才气引起了韩国驻印度总领事的注意，虽然他职位不高，却是个谈吐不俗、思路缜密、办事沉稳、有责任心的人。领事非常看好这个小伙子，对他印象极为深刻。

小伙子也看出了领事的青睐，所以更加谦虚地向其求教取经，也更加卖力地四处奔波，把领事馆的各项事务打理得井井有条。

后来，领事担任了韩国国务总理，他首先想到的是十几年前在印度一起共事过的那个小伙子，便立即把他推荐到总理府工作，后来凭借他独特的才能，果然被破格提拔为总理礼宾秘书、理事官。小伙子就像坐了直升机一样，一飞冲天。

虽然这个小伙子一生也经历了一些坎坷，但他最后还是登上了联合国秘书长的讲台，他就是——潘基文。

从表面上看，是那个善于发现人才的领事改变了潘基文的命运，但实际上，在这个过程中，潘基文并非只是凭借运气，还有他平日以德处世、认真做人的基础，以及他不畏苦难的奋斗精神。归根结底，是他自己给了自己机会。

“德”似乎是个很宽泛的概念，实际上在人际交往中，很多小的细节都可以体现一个人的“德”。

1. 笑容是最犀利的武器。当你有求于人时，说声“麻烦你”，再加一个笑容，对方就会被你的友善感染，并竭尽全力地帮你。这不但是礼貌，亦是个人修养的体现。

2. 如果你做错了事，且影响到了别人，必须马上道歉，勇于认错，没有人会怪罪和厌恶一个懂得反省的人。

3. 如果有人在你面前无事生非，你大可不必理会，很多事情不回应就会自生自灭，而且不容易与他人生起冲突，既保全了自己，也不至于在那些无谓的事情上浪费精力。

4. 如果在某一问题上与他人持不同意见，互不相让而导致了言语上有冲突，当你希望扭转坏情况时，你可以采用一种开玩笑的方式来缓解局面，并把观点一分为二，用平等的方式结束冲突。

5. 在交往中能够做到办事情、想问题首先想到别人。多站在对方的立场上思考问题，替对方打算，在受到别人的批判时，能听得进去，做到豁达大度，对方自然就会把你当成知心朋友。

6. 一个有道德的人还能做到“非理之财莫取，非理之事莫为”，即不取不义之财，也不做那些不讲道理的事情，也不随便背后谈论别人的缺点和过失。因为有道德的人能够做到“不为物累，不为欲伤”，即不为物质财富所左右，同时还能很好地把握自己的欲望，懂得“欲壑难填”的道理，因此，他不会让某些欲望伤害到自己的德行。

现实生活，有些人的人缘一直不好，又没有知心朋友，自己过于清高傲慢，无意中伤害别人不说，还常常把对某个人的厌恶写在脸上。主要原因就是在人际关系中没有学会以德处世，以德服人。

一个人若想成就一番大事，在人际交往中，就要把做人放在第一位，就要守住“德”的标准。把目光放得长远一些，切记，心地宽容人缘好，只要你拥有一颗容人之心、德义之心，人生之路就会越走越宽广，到处充满多彩的阳光。

鬼谷子教你诈

道德的力量是无限的，拥有高尚道德的人也是不可战胜的，爱人者人恒爱之。当我们面临金钱与美德、自私与博爱、关怀与冷漠、宽容与狭隘的选择时，请作出我们正确的选择，那么，当我们置身险境时，也自然可以化险为夷。

2. 声气不同，隐真情而去

鬼谷子在《捭阖》篇中说：“故捭者，或捭而出之，或捭而纳之；阖者，或阖而取之，或阖而去之。”在这里，他将“捭阖”之道与中国古代源远流长的阴阳学说融会贯通，并将之运用于纵横游说的说术言略中，使之成为战国策士们立身处世、说诸侯、干人主、掌机变、握形势的总原则，进而衍生出那个时代的纵横风云。

按理说，人际交往中应该坦诚相待，大家畅所欲言才能显示出彼此的诚意和真心。但是，现实世界的复杂多变，要求我们在诚恳之外要有所保留，在直白之外要懂得一点含蓄。正所谓“言为心声”，你说的每一句话都可能透露出内心的真实想法。构建人际关系网时，一个最基本的要求就是：不求刻意，但需留心。尤其是在发现双方道不相同时，必须与之保持恰当的距离，不能随意将心事和情感表露出来。这样一来，不仅可以在处理人际关系中得心应手，更重要的是当出现机遇时，你能够快速地抓住它，恰到好处地处理它。这需要我们善于察言观色。察言观色，不是谋划，也并非算计，这仅是更好处世的一种手段。

人们有不同的利益，有不同的追求，每个人都有自己的隐私。如果一个人想做什么就用嘴巴说出来，那就完了。做该做的事情，说该说的话，是一个成功人士最起码的素养。在复杂的社会环境中，许多时候，你要保护好自己的利益，别让人看透你的内心，否则你将失去容身之地。

在现实社会里，大到国家之间的争端，小到个人之间的利害关系，欺诈无处不在。《庄子》中写道："以利合者，迫究祸患害相弃也。"就是说，因利害关系相结合的人，在遭遇困难逆境时，很容易背弃对方。与此相反，"以天属者，迫究祸患害相收"。"以天属者"是指彼此结合的关系是建立在极为信赖的基础上，这种朋友关系即令在逆境中，也会经得起考验，彼此相互帮助，同舟共济，患难与共。

春秋战国时期，齐桓公对自己的服饰有特别的偏好，尤其喜欢穿紫色的衣服，无论上朝还是会客都着紫色衣衫。

大臣们发现齐桓公这一爱好以后，就纷纷穿上紫衣来讨好齐桓公。很快，穿紫色衣服的风气扩展到全国，各地的老百姓都开始身穿同一颜色的衣服。那些精明的商贩们也乘机抬高紫衣的价格，大量收入流进了商人的腰包里。

齐桓公意识到这件事的偏激性和严重性，就找管仲商讨对策。管仲对齐桓公说："大王，您只要明天朝见群臣的时候，故意对穿紫衣的人表现出讨厌的情绪就可以了。"齐桓公不太明白，但是第二天还是按照管仲的提议做了。

第二天，齐桓公在朝堂上看到几个穿紫衣朝服的大臣正扬扬自得，就皱起眉头说："天天穿紫衣，简直让人看烦了，离我远点儿吧！"经过这一次，朝中再也没人敢穿紫衣了，而民间穿紫衣的风气也迅速减少。那些投机取巧的商人也无利可图了。

齐桓公向大臣显露了自己的喜好，所以大家为了迎合他都穿紫色的衣服，结果齐桓公成了一个风向标。对我们普通人来说，如果你的一举一动都会受到大家的注目，成为关注的焦点，那么你的特点和喜恶就会轻易被人识破，甚至被人利用。所以，善于隐藏个人好恶，不透露自己的内心世界，才能避免不必要的麻烦。

现实生活中，人们为了求生存，必须要有慎重的生活方式和态度。与人打交道时要谨慎小心，防止吃大亏。对人不妨考虑一些防范对策，如果等事情发展到糟糕程度时就为时晚矣。这不代表我们要去欺骗别人，只因这个社会上鱼龙混杂，到处都是陷阱、圈套，必须小心提防。对于不是一路的人，必须保持距离，以免被其同化，或误入歧途。

对个人来说，在与人交往的过程中适当隐藏个人好恶，才能保持自己的独特性，而不是被对方彻底看穿。而在商业谈判、竞争关系中，隐藏个人好恶是我们战胜对手、赢得成功的必要手段。

事实上，中国人在与人交往的时候最讲究察言观色了，这就是在体察对方的个人好恶。我们需要意识到，在商业谈判的时候，隐藏个人好恶才能避免对方顺水推舟，从而有效维护组织利益；在辩论中，隐藏个人好恶才能避免对方抓住我们的心理破绽，从而把握主动权。

隐藏好自己内心世界的某些东西，是为了在交往中掌握更多主动权，有更多辗转腾挪的机会。为此，必须把握好下面几点：

人性本恶，不可不防。那我们该如何分辨与提防呢？对哪些人隐瞒自己的情绪呢？

1. 兵不厌诈，心也不厌诈，对他人的协作要有冷静客观的判断，凡异常的动作、异常的用意，要把这动作和自己所处的环境一并思考，发现其中玄机。

2. 巩固城池。即让人摸不清你的底细，不随便露出自己性格上的弱点，不轻易显露自己的欲望和企图，不得罪人，不露锋芒。

3. 利害关系比较紧密的朋友不宜太亲密。比如在商业关系中，许多朋友只是生意场上的朋友，因此，当你飞黄腾达时，这些人都会奉承你，一旦你失势，这些人便会抛弃你。这种事在生意场和官场上都很常见。

4. 交友要慎重。现实生活中，有些人交朋友是为了利用别人，而自己却很少为别人做些事情。这种朋友关系很难维持长久。对于这些人，交往时更要小心谨慎，保持距离。

5. 别把自己的喜好和盘托出。一些人总是喜欢表现自我，所以很容易把自己的喜好都告诉对方，结果使自己暴露无遗，根本没有安全藏身的地方，这种做法是不明智的。

6. 听取他人意见时要态度谨慎。在沟通中涉及一些重大的人、事时，要格外小心，不能轻易外露自己的好恶，否则对方可能会曲解真实情况，使自己失去正确决策的依据。

鬼谷子教你诈

人在江湖，要牢记一句话：人心难测。正所谓明枪易躲，暗箭难防。有人为了升迁，不惜设下圈套打击其他竞争者；有人为了生存，不惜在利害关头出卖朋友；有人走投无路，狗急跳墙。因此，多一点防人之心，多一份保守，才会让自己更安全。

3. 遵德守义，可转危为安

鬼谷子认为，修身养性并不只是代表急流勇退或养生之道，这种理解并不全面，它也代表一种进取，一种历练的精神和态度。德是一个人的修养和胸襟，义则是忠诚和厚道。德义之人方成大器。

广交朋友是获得更多发展和成功机会的法宝。古往今来，很多出色的政治家、商人无不在人际交往上表现出独特的才能，获得了好的人缘，除了一些客观的交际技巧外，更重要的还在于自身的修炼。正如鬼谷子的处世之道一样，他总是把做人的德与义放在交友的首位，唯有自己尊德守义了，才能在关键时刻获得帮助，转危为安。

如今人们想要在人才济济的社会上出人头地，单凭自己的高学历或专业技能、雄厚的资金，是万万行不通的。因为，除此之外，还有一样更重要的东西，那就是好人缘。这是一个团队合作的年代，你要想出人头地，有所成就，就得懂得培育你自己的人际关系网络，这样才能强化个人的核心竞争力。好人缘就是你在需要帮助的时候，可以毫不犹豫地向他们开口求助的那些人，就是那些无论你辉煌还是落魄都支持你的人。

人与人的相识与相知，本身就是缘分使然。珍惜聚首的机缘，用心待人，真心助人，自然会使你成为一个受人尊敬和欢迎的人。当你的口碑变得更好时，人际关系给你带来的帮助和益处将是不可估量的，甚至能挽救你的性命，所以说，有了好人缘、好关系，即意味着你将拥有好的前程、好的命运，这几乎成了当代人获得成功的方程式。

唐克潘，出身于20世纪50年代的农村家庭，身为大学生的他还被人们称为“天之骄子”，备受众人的关注。

唐克潘大学毕业后，被分配到成都光华机械厂工作。在工作中，早已习惯追捧和赞扬的他依然沿袭在学校中的态度，总是一副高高在上、好为人师的样子，时常恃才傲物，与同事争吵，与车间科室领导顶撞，从来没把他人放在眼里。因此，他虽然才华过人，在单位里的人缘却极差。

就这样，在短短一年的时间里，同事们纷纷对他提出了意见，并申请将他调走。实际上唐克潘自己也受不了同事们对他的冷漠，正想远离这个单位呢。

不久之后，他被调到了成都红星电子厂工作。在这家新的工厂，他还是和往常一样，在德高望重的师傅面前逞能，鄙夷老年人根本不懂新的技术，在上级面前不服从安排，分配的任务也不按照规定时间完成，总是随着自己的性子来。

一年后，他又被调走了。之后的几年里，他先后去了四家工厂。可是他依然没意识到自己的老“毛病”，他那种仗着自己学历高、能力强的优势，不尊重同事、瞧不起上级、我行我素的行为最终毁掉了他的前程。

故事中主人公的经历是悲剧性的，他没弄懂在社会上的个人发展是不能脱离大众的，是不能没有做人的“德”与“义”的，尤其是在单位里，“德”明显地表现为对上级和前辈的尊重、对工作的负责，“义”则明显表现为对同事的谦和、对下级的关照。这些他都没有。作为大学生的他，不仅不懂得如何搞好与同事、领导的人际关系，反而主动制造麻烦，让自己的人脉不断流失，使自己的人生之路越走越窄，最后到了穷途末路的地步。所以他失败了，埋没了自己一身的才华。

相反，凌航科技集团的董事长许仁旭先生，就是一个懂得做人，懂得依靠人缘竞争而驰骋商界的典范。

许仁旭没有显赫的家庭背景，也没有值得骄傲的高学历。但是，他从彰化县鹿港镇出发，只身到竹科去闯荡，在自己的钻研和探索中，找到了自己的经营方法，开始了创业之路。

短短几年，公司业绩就突飞猛进，经济状况陡然飙升。在循序渐进的发展中，许仁旭把自己的道路越走越宽，直到现在，50多岁的许仁旭，已经是身价不菲的富翁了。他的名下拥有十几家科技类公司，被家乡人称为创业者的典范。

说到许仁旭的为人，大家都异口同声地说，许先生为人和善，非常愿意跟别人交流他的成功心得，对待需要帮助的人从来都不吝啬……

尤其是当记者问他成功的秘密是什么时，他非常坦率地告诉记者：“靠朋友。身边的朋友越聚越多，机会就越来越多，千金难买的是朋友。”许先生还说，很多机会就连自己当初也未曾想到过，这些都是机缘，其实都是人缘，而这些人缘实际又都是他以德义处世交友所积淀下来的信任。

鬼谷子在德义上面的理论和儒家很相似。每个人都不断地提高自己的道德涵养，用礼仪和道德来教化民众，使每个人的内心都有一种无形的精神来约束自己的行为，并自动自发地去做，这是最好的社会状态，也是鬼谷子希望后人达到的高度。

那么怎样才能具备“德”与“义”，以赢得好人缘呢？

第一，不要在别人背后说三道四。

第二，为人正派，做事出于公心，不要凡事先替自己打算。

第三，待人热情，富有人情味。

第四，与人交往尤其要以诚相待，保持诚实的美德。

第五，始终守信用。跟人约好或答应的事，务必要守信。

第六，不说穿别人的秘密。

这几条看似简单，要完全做到又不那么容易。我们必须在不断修炼和完善自我的基础上，去更好地与他人相处，继而靠着你所打造的好人缘、好人脉，为自己开拓更广阔的天地。

鬼谷子教你诈

一个人要想获得成功，要想干出一番轰轰烈烈的事业，就要有好的人缘，这些人缘全都是由你在日常工作和生活中所表现出来的为人处世的原则和态度，以及你对他人的态度所决定的，要知道，你的品德与道义直接决定了别人对你的看法，直接关系到你在需要帮助的时候是否有人伸出双手，也直接影响着你未来的发展走向。

4. 救拘执穷者，能积恩德

鬼谷子在《中经》里说："谓振穷趋急，施之能言厚德之人。救物执穷者，不忘恩也。能言者，俦善博惠，施德者，依道；而救拘执者，养使小人。盖士，当世异时，或当因免……"这说的就是如何摆脱困境，救人于危难之中，能做到这些的一定都是具有很强的说服能力，并且道德深厚的人。救助那些被拘捕而身陷囹圄的人，那些被救的人是不会忘记救助者的恩德的。

现实生活中，帮助他人的最佳方法，可以归结为两种：一种是锦上添花，另一种是雪中送炭。有些人喜欢做锦上添花的事，比如，朋友乔迁时前往祝贺，朋友新婚时送去厚礼。可惜，这个时候的关怀和祝福总不容易发挥出光彩。雪中送炭与锦上添花的不同之处在于，它是在面临失意、遭遇坎坷、前途暗淡时，给他人送去的一份热心和一种支援。因为人们珍惜饥肠辘辘时所得到的一小块窝头，胜过酒足饭饱后端来的山珍海味。"危难中见真情"，在危难之中向别人伸出援手会获得他人更多的信任与感激。

同样，在人际交往时也是如此，帮助他人解决工作和生活上的难题，为他人分忧解愁，是每一个在社会上生存的人应有的积极态度。帮助是分时候的，也就是说，如果没有帮到点子上，往往会适得其反，令人生厌。因此，如果你想拥有良好的人际关系，就要选择他人最需要帮助的时候尽力相助，这样才能收到雪中送炭的良好效果。

对于处于困境之地的人来说，我们及时伸出的热情双手和真诚关怀，不仅能助他人一臂之力，而且能给他人以力量和信心，使他人有更大的勇气去战胜困难别人也定会有"涌泉相报"的感激。

说到雪中送炭，我们可以看看在希尔顿饭店的创始人希尔顿先生身上发生的事情。

有一段时间，希尔顿负债累累，债主都向他逼债，他正面临破产的威胁。在最困顿的时候，希尔顿对自己的朋友哈里说：“如今，我已经无路可走了。”

“路还是有的，给你，先把账还了吧！”哈里一边拿出支票簿，签了一张5万美元的支票，一边笑着说。

此情此景，希尔顿先生简直难以相信。他说：“你知道，我可没有什么东西抵押给你！”

“我向你提这个要求了吗？”哈里反问道。

“要是我真的破产了，你的钱就收不回来了。”希尔顿也坦率地说道。

“我相信你，我的朋友。”哈里拍了拍希尔顿的肩膀鼓励他。

就在这5万美元资金的帮助下，希尔顿精心经营，终于渡过了难关，把他的饭店做成了世界级品牌。

可见，人是需要关怀和帮助的，在困境中尤其需要。你如果为朋友排忧解难，在他困难时给予物质和金钱上的资助，那么将来，他也会同样奋不顾身地救助身处困境中的你。

俗话说：“积财不如积德。”在人际交往中，拥有人情味的人，拥有善意之举的人，才会获得他人的尊重。

刘备当年被曹操打得大败，但他不听众将的劝说，冒着被曹操追上的危险，扶老携幼带着全城的百姓出逃，看着百姓落难的痛苦情景时，惭愧得掉下了眼泪。刘备虽然吃了败仗，但是他不丢弃百姓，而是和大家荣辱与共，所以赢得了人心。

贞观末年，唐朝发动对外战争，大将李思摩在作战时被敌人的弩箭射中。李世民亲自为他吮伤口的血，身边的将士看到这种情形大为感动，一时间士气大振。

大臣李勣晚年得了暴病，医方上说需要用“胡须灰”做药引。李世民得知这种情况，就剪掉自己的胡须，然后入药。李勣被感动得“顿首见血，泣以恳谢”。

李世民曾说：“为君之道，必须先存百姓，若损百姓举其身，犹割股以啖腹，腹饱而身毙。”对待大臣、部下、百姓，李世民都注意和大家同呼吸、共命运，因此赢得了众人的拥戴，建立了强盛的帝国。

因此，平时要多关心人，富有同情心和理解心，要不断深思人情。因为想利用各种人际关系为自己铺路，无非是通过感情投资来拓展自己的关系网。而雪中送炭，救人于危难则是最易获得稳固人际关系的途径。

须知，良好的情感沟通，极具人情味的交往，可以产生良好的默契，成为你提升的动力。所以，要想搞好人际关系，就必须下足功夫培养感情。

1.宽容他人，关照他人。人难免有个三灾六祸，如果能在他人困难之时，想人之所想，急人之所急，伸出援助之手，帮人解决困难，必定会获得他人的尊崇。

2.要多与朋友待在一起。大家一起共事，能够互相帮助、互相关照，达到荣辱、贫富与共，这是最容易产生认同感的。特别是在困难环境中，更容易建立难以忘怀的交情。

3.生活中，有许多人抱着“有事有人，无事无人”的态度，把朋友当作受伤后的拐杖，康复后就扔掉。用别人时，即便再去施恩，也没人愿领情。这类人终会被朋友所抛弃。

中国有句古语：“得人心者得天下。”这句话在历史中、在现实中一直透出智慧的光芒。与人交往的过程中，对方遇到困难要伸出援助之手，而不能躲得远远的；处世中，如果出现意外情况要挺身而出，与朋友共同承担、走出困境，唯有如此才能赢得朋友信赖，为日后继续合作打下基础。

鬼谷子教你诈

享受富贵的时候，大家称兄道弟，不足以反映出人心的真假；只有在危难的关头同仇敌忾，才能真正实现天下归心的目标。患难时刻见真情，雪中送炭，是对危机时刻的他人所给予的最好报答；是对他人在悲伤时所给予的一种神奇的慰藉。这种奉献和给予，是对他人心灵深处的抚慰，是他人再次前进的动力。

5. 换位思考，体察人心

换位思考，顾名思义就是换个立场看问题，站在别人的角度想问题。换位思考的实质，就是设身处地想人所想，理解至上。鬼谷子认为，换位思考是我们对别人的一种心理体验过程，是达成理解不可缺少的心理机制。它客观上要求我们将自己的内心世界、情感体验、思维方式等与对方联系起来，站在对方的立场上体验和思考问题，从而与对方在情感上得到沟通，为增进理解奠定基础。

换位思考是一种理解，也是一种关爱。因为人们看待事物、处理问题，习惯于用主观的、单一的思路进行思考，很难跳出自我设定的圈子，再加上每个人的生活环境、生活阅历不同，工作能力和经验也不尽相同，观察事物的角度、分析问题的思路千差万别。

正因为人类的这一特点，马克思采用“一分为二”的观点来看世界万物，降低姿态、转换角度、调整视角、求同存异，在比较中反思，将换位思考的思维模式结合到实际的为人处世当中。

有一个老奶奶，她有两个女儿，老奶奶把两个女儿抚养长大以后分别把她们嫁给了一个卖伞的和一个卖鞋的。可是老奶奶却怎么也高兴不起来，她整天坐在路口哭，被人称为“哭婆婆”。

有一天有一位禅师来到这个小镇上,看到了坐在路边愁眉苦脸的老奶奶，就很好奇，问她为什么哭。老奶奶就说了自己的困惑。原来她每当天晴的时候，就想起了卖伞女儿的伞会卖不出去，因此伤心而哭；而每当天下雨的时候，又想起卖鞋女儿的鞋一定不好卖，因此也伤心落泪。

老禅师听完以后笑了，他说：“下雨的时候，你要想卖伞女儿的生意好；天晴的时候，你要想卖鞋的女儿鞋卖得好，这样你就不会哭了。”

老奶奶于是换了一个想法以后，真的再也不哭了，而是每天高高兴兴地生活了。

换个思路，整个世界都会有大的改观。现实生活中，学会换位思考会让我们重拾久违的幸福感。例如，行走在大街上时，很多行人不走斑马线乱穿马路、车辆不主动避让行人横冲直撞等现象的存在，除了交通意识不强之外，还与缺乏换位思考意识有关。如果行人懂得为司机着想，遵守交通规则，就可减少许多交通事故；如果司机为行人着想，懂得避让，也就会给行人带来很多便利。

可以说，换位思考无时无刻不伴随在我们左右。人与人之间相处需要换位思考。现实生活中，很多冲动的话语就像利剑，会刺痛人的心脏；冲动的话语，比真枪实弹还要可怕，有着我们无法想象的破坏力。每个人又都希望得到别人的尊重、支持和理解，人与人之间的交往需要坦诚相待，换位思考。只有不断地站在对方的立场上思考问题，才会理解对方、同情对方，从而尊重对方，而当你能够理解和尊重他人的时候，你自然会获得更多的理解和尊重。那么，如何学会换位思考，体谅人心呢？

第一步：如果我是他，我需要……

詹姆斯也说:“人类本质中最殷切的需求是渴望被肯定。”不管是什么人，也不管他嘴上怎么说，其实都非常在意自己在别人心里的价值和评价，我们从心底里期望得到他人的承认、尊重和赞赏。当这种心理需要得到满足时，我们就会感觉心情愉快，充满信心；但倘若这种需要总是遭到他人的否定甚至有意的剥夺，我们不仅会情绪低落，有时还会因缺乏理智而出现攻击性的言行。要知道，你的需求也许正是别人的需求，所以这时候就需要我们以己度人，换位思考了。

第二步：如果我是他，我不希望……

俗话说“己所不欲，勿施于人”，你不希望的正是别人所不希望的。虽然自私是人不可能完全抛下的劣根性，是人的天性，所以很多人考虑问题都不由自主地从自身利益出发，这都无可厚非。可是，当事情涉及的关系复杂化时，就不能纯粹地以自我为中心了，就必须从自我的感受出发去推敲别人。

第三步：如果我是对方，我的做法是……

如果你认为别人的行为不符合你的心意，或者伤害到了你的利益，那么，你先不要抱怨，不要愤懑，你可以试着变换下位置，假设自己在对方的位置上你会如何选择、如何行动。很多时候你会发现，当你真正站到对方的立场上时，你所做出的行为跟对方是一样的，只不过那个时候感觉受伤害的就成了别人。

鬼谷子认为，用别人对自己不好的方式去对待别人，是小肚鸡肠；用希望别人对你的方式来对待别人，是将心比心；用别人期望的方式来对待别人，是善解人意；为对方着想，实际上是最朴素也是最高超的技巧。

鬼谷子教你诈

关心他人、尊重他人、理解他人，是“己所不欲，勿施于人”的实质所在。我们在人际关系中，要对人持平等、尊重和友善的态度。采取方式之前，要先设身处地想一想，如果自己是对方，是否愿意受到这种对待。如果我们不愿意，那么我们就不能以此对待别人。如果我们时时处处都能够从别人的角度思考问题，体验他人的情感世界，我们就能融洽、友善地与人相处。

6. 克制欲望，不贪他人之利

当下社会，无论求人办事也好，合作共事也罢，都会涉及利益的分配和共享。有的人总希望自己多得一点儿，总是千方百计克扣他人应得的利益，甚至不惜与多年的好友撕破脸，也要一争高低。也有的人因为自己的贪婪和欲望，贪恋他人的利益，而被同伴群起攻之，最后成了孤家寡人，实在是愚蠢，也实在是悲哀。

鬼谷子胸怀宽广，他从不教导后人贪图他人之利。他认为，一个人最好的修养就是控制自己的欲望，以免人心不足蛇吞象。比如，事业的发展必须建立在与人合作的基础上，做好利益分配，是妥善处理关系的基础。每个人都有自己不可侵犯的一部分，只有保证了这部分的完整，大家才会心安，才有团结。否则，利益纷争，就意味着关系不稳，甚至破裂。所以，要想获得成功，关键是在利益上要达到共享共荣，如果联合只是一种表面形式，就容易让对手从内部攻破而导致失败。

在中国的传统文化里，道家主张顺应自然，提倡“不争”。其中，老子还最先提出了“夫唯不争，故天下莫能与之争”的观点。从字面上看来，似乎是在抹杀人们的进取心，实际上是在彰显“天下莫能与之争”的成功之道。

“不争”的实质就是“争”，所谓不争，不过是一种以退为进的策略——一种不易为人察觉、保守的进攻策略。处理关系的时候，如果只懂得进攻，必容易导致大动干戈。对于这其中的道理，我们可以从象棋对弈中看出一二。

象棋有两种颜色，一种是红色，一种是黑色。一般情况下，把象棋拿出来的时候，两个人都会主动去拿黑色的棋子，没有人去拿红色的。

针对这一现象，有外国人问中国人：“你们中国人下象棋都去抢黑的，为什么不拿红的呢？”有人回答说：“我没有抢黑的，我只是在让红的给他。”外国人听了恍然大悟。所以说，不争在中国人的观念里还是根深蒂固的，中国人更擅长欲擒故纵，用“让”来“争”。

在每一个群体中，分配利益的时候也要懂得谦让，出现失败的时候要承担责任，这才是运用关系成大事应该有的素质。一个人如果凡事都要与别人争夺利益，只能给自己四面树敌，难以赢得信任与支持。

古人说“吃亏是福”，是有其道理所在的。有时候，吃的亏是眼前的、表面的，得到的益处却是无形的、长远的。当代的培训大师曾仕强也认为：只有一个经得起吃亏的人，才是有福气的，一个生怕吃亏的人就没有未来。所以，一个人吃点亏无所谓，一个人多做点慈善的事情，多让点别人，照顾一些弱小的人，才显得了不起。处处占小便宜，处处和人家争，一切只顾自己，这种人也没什么价值可言。

张英是清代康熙年间一个礼部尚书。在一次扩建住宅的过程中家里与邻居在地基的问题上发生了矛盾，气愤的母亲写信给张英，让他利用自己的权力采取措施压制邻居的嚣张气焰。

为此，张英陷入了左右为难的境地，经过一番深思熟虑，他终于给母亲写了回信："千里修书只为墙，让他三尺又何妨。万里长城今犹在，不见当年秦始皇。"

母亲看到信后立刻明白了儿子心中所想，觉得儿子说的不无道理，于是不再与邻居为了一点点利益争斗了，主动把院墙向后移动了三尺。邻居看到这种情形，意识到自己的行为也很失礼，也主动把院墙向后让出了三尺。

就这样，两家院墙之间出现了一条六尺宽的巷道，周围的人每次谈起这件事，都赞颂两家人懂得谦让的良好道德修养，本来的冲突就这样变成了别人眼中的榜样。

张英没有凭借自己礼部尚书的权势欺压他人，而是采取了忍让的策略化解与邻居的矛盾，最后取得了超乎想象的效果。这也从另一个角度证实了：吃亏不一定是坏事。

因此，世上任何事都具有两面性，一面吃了亏，另一面必定会有补偿，关键看自己怎样取舍了，毕竟，鱼和熊掌兼得的情况是不存在的。因此，如果长期利益和短期利益相矛盾，就要牺牲短期利益，以赢得长远利益，这才是成功的关键。

吃亏是福，更是一种智慧。它显示的是一个人对得失的态度，是一个人的胸襟，以及对未来的预见性。能在关键时刻采取忍让策略，敢于吃亏的人，终将促成大事。

1.目光远大者才敢吃亏。有小便宜就占，有小亏就躲，这样的人是典型的鼠目寸光，只看重眼前的短暂利益。在人际交往中，没有人愿意和只贪便宜不吃亏的人打交道，反倒是那些甘愿吃点小亏的人能够吸引更多的合作者，能保持相对长久的合作关系。

2.有智慧的人肯吃亏，主动"吃亏"是一种善于抓住他人弱势心理的智慧。当你自愿显得有点"傻"时，别人反而更容易对你产生信赖感，更容易变相地获得你想要的利益。

3.有勇气的人才敢吃亏，这个世界是公平的，当你在某一方面有所付出时，就一定会在另一方面获得加倍的补偿，因此，不要担心你所吃的亏是一种损失，总有一天，它会换一种方式重新回归到你的身上。

鬼谷子教你诈

现实生活中，有些人好高骛远，处处斤斤计较，唯恐吃亏。虽然平日里在一些细端末节上能尝到甜头，但到头来处处树敌，最终将身陷四面楚歌的境地，所以，中国人把“不争”看成最高境界的“争”。只要自己与大家不争，大家就不会与自己争，同时自己尽量想办法让别人争得更多，这样的人必然关系通达，处世有方，无论做什么都能获得更多的信赖与合作。

7. 多讲善言，少说恶语

鬼谷子在《捭阖》里面有这样的理论：只要你有一颗坦荡之心，真诚地帮助别人，成其美事，阻止恶事，是能够得到理解和尊重的，这种君子之道也会给你带来意想不到的荣耀和感激。这远比总是觊觎别人、挖苦别人来得快乐高尚。

说好话是为人处世的基本准则。“善言”能给人愉悦，也能给己方便；恶语能给人添堵，最终也对己不利。正所谓“善有善报，恶有恶报”，善语善言，是和谐人际关系的灵丹妙药。

“少言己是，慎论人非”八个字是智者给我们的警诫。第一句是少说自己的好；第二句是要谨慎说别人的不好。尤其是在一个公司里，吃香的人往往有两种：一种是确有才干的，另一种是没才干但有口才的。口才好就能八面玲珑，左右逢源。可是那些即使有才干却不会说话，或言辞偏激的人，经常口出恶语的人，要想前进一步，恐怕也会是难上加难。

所以说，说话要有“口德”，要常说善语，要讲究方式方法，这是一个至关重要的问题。诬陷人的话、搬弄是非的话，是要坚决杜绝的；尤其是那些出于泄私愤的恶言恶语，更是不可原谅的。

要知道，话一出口，如同泼出去的水、射出去的箭，是收不回来的。一旦弄脏了别人、伤害了别人，那也是很难弥补和挽回的，必然遭人怨恨。假如你平时不注意，信口开河，恶语伤人，给自己的四周筑起了高墙，那么即使你是只猛虎又能如何？没错，真正伤害人心的话不是刀子，却比刀子的杀伤力更大。它在伤害别人的同时，一定也会以同样的力量伤害到自己。鬼谷子从不教导后人做这样尖酸刻薄的小人。

如果一句善言能开一条路，一句恶语也许就能设一道墙。要善言，首先要对人多些尊重与理解，少点轻蔑与猜忌；多些鼓励与帮助，少些排斥与反对；多些理解与宽容，少些挑剔与苛刻；多些坦诚与关怀，少些掩饰与冷漠。

人在头脑发热或者抓狂时，难免言语偏激；所以说话前要三思，要保持冷静的头脑，保持热情的心。伤害人的话不能说，尤其是对待较为亲近的人，更不能言过其实，伤及无辜。因此，尊长的话，要多听少说，急事要慢慢地说；小事要幽默地说；大事要婉转地说。对于你想给别人的一些善意的提醒，用句玩笑话讲出来更好。

有一头熊在与同伴夺食的搏斗中受了重伤，奄奄一息的它来到一位守林人的小木屋外乞求得到守林老人的援助。守林老人看到后，觉得它很可怜，便决定收留它。

晚上，守林老人耐心地、小心翼翼地为它擦去血迹、包扎好伤口，还为其准备了丰盛的晚餐享用。老人所做的一切都令这只受伤的熊无比感动。

准备睡觉时，老人发现木屋里只有一张床，于是邀请熊与他共住一张床。就在熊刚刚躺下后，它身上那难闻的气味钻进了守林老人的鼻子里。

谁知老人闻到后脱口而出：“天哪！我从来没闻过这么难闻的味道！”接着又嫌弃地躲了躲。

熊听后没有说任何话，可是它因此整夜都无法入眠，勉强挨到天亮后，它向守林人致谢，然后回到了山林里。

多年后，守林老人再次与那只熊偶遇：“你那次伤得好重，现在伤口愈合了吗？”

熊回答道：“皮肉的伤口早已愈合，可是心灵的伤口却永远难以痊愈！”

上面这个小故事说明，语言的伤害力是极其强大的。在为人处世中，学会与人为善，和睦交往，对任何人都有利。而处处与人为敌，到头来也会让自己寸步难行。

众所周知，人生中不可避免地要与各种各样的人沟通，人际关系的好坏往往会决定一个人的命运。在与别人相处的时候，善于运用一些语言技巧，可以轻松改善人际关系，让你如鱼得水。生活中改善人际关系的善语有许多，其中经典的办法有以下四种。

1.最能化解尴尬的一句话：“也许你是对的。”这句话可以让一个人在激战中放下武器，在争执中承认错误，既会避免很多伤害和损失，缓和了僵持的局面，又不会伤害到别人的面子和尊严，维护整体的团结和稳定。

2.最让人感觉宽慰的一句话：“我就来。”每个人都有最需要帮助的时候，一句“我就来”，会让对方顿感轻松和宽慰。

3.最让人增长信心的一句话：“我相信你行。”当一个人遇到困难、挫折或徘徊不前的时候，如果你能充满热情地对他说一句“我相信你”“我觉得你行”，那他一定很快就会鼓足勇气。

4.最能让人摆脱流言蜚语的一句话：“走自己的路，相信自己的选择！”每当有人听到外界嘈杂的声音时，要坚定自己的决心，就需要这句话来宽慰。

其实说好话并不难。对待自己的亲人朋友，多鼓励、多表扬、多感恩；

对待陌生人，多说声“你好”、多说声“谢谢”、多说声“对不起”。因为多善言，少恶语，确实能创造出一个和谐的环境和心境，确实有利于身心健康，有利于家庭和睦，有利于人际关系的和谐发展。

有句老话说得好：善言一句三冬暖，恶语伤人六月寒。所谓说善语，就是多说好话。听一句良言善语，即使历经几番寒冬，心间的暖流仍似泉涌。每一句亲切的问候都是温情的传递，是友好沟通的最佳渠道。

鬼谷子教你诈

我们处在这个社会大家庭中，总免不了和他人产生交流、联系，自然也会有小摩擦。我们只要多存善心、多做好事、多说善语，就能够更和谐、更友好地和他人相处，人与人之间的关系也会变得更加美好。

下篇

大开大合，鬼谷子惊天谋略好做事

第七章

智谋
晓阴阳知天地，成事有智有谋

没智谋，即使天时、地利、人和皆备又能怎样？没智谋，即使成功触手可及，也肯定会以失败告终。要想成事，成大事，就必须具有博大精深的智慧，拥有鞭策天下的权谋。智谋哪里来，唯知晓天地万物变化规律而已。

1. 刚柔相济，化危难于无形

刚柔之术是一个人生存和发展的必备武器，它能够帮助一个人转化危难，将不利的形势转化为对自己有利的形势。对此，鬼谷子说：“以阳求阴，苞以德也；以阴结阳，施以力也。阴阳相求，由捭阖也。”刚，表现在一个人性情的刚直不阿、坚守自我立场、处事能够把持自我原则，也称为“方”，但如果一味地保持“刚”性，则会变成脆，脆则易断，所以不可取；另外，柔，就是要在保持原则的情况下，在大前提下处理事情，尤其在细枝末节和一些技巧上要适度地让步、弯曲，这样才能更快达到双方满意，不失和气地实现双赢，即为“圆”。

事实上，刚柔之术讲求适时、适度，采用适当的方法方式，但并不要求一味的柔，因为这样就会容易变成软，软则弱，易受人欺，所以也是不可取的。在人生道路上，只有刚柔并济、外圆内方，才能顺利而快捷地达到目标，实现双赢，最终走向成功。

正所谓“文武之道，一张一弛”。无论做任何事，都要能灵活地安排自己的生活，真正做到张弛有度。一个懂生活、会生活的人，是能够适时严肃而不失活泼，该工作的时候工作，该休息的时候休息，游刃有余，潇洒自如。一味地处于紧张状态，就会让自己绷得太紧，始终处于“张”的状态，往往导致自己逐渐失去弹性和张力，丧失对工作和生活的乐趣；反过来，一味地松弛懈怠，会让自己变得懒散，进而失去进取心和斗志，停步不前。

因此，无论工作还是生活都要有个度，过犹不及。做任何事情都要保持一个平衡，成功的时候不要得意忘形、沾沾自喜，以免乐极生悲；失败的时候更不要灰心绝望、萎靡不振，相信只要坚持就能柳暗花明、峰回路转，只要坚持就有实现梦想的那一天。

春秋时期齐国著名的政治家、军事家管仲在齐国任相的二十多年间，使齐国的经济、军事地位得到进一步的巩固，百姓安居乐业，国家繁荣昌盛，更为日后齐桓公成就其霸主地位奠定了基础。

一次，鲍叔牙从幽地回到临淄，齐桓公设宴召集群臣为鲍叔牙洗尘。席间，桓公举起酒杯，对鲍叔牙说："我能有今天，必须要感谢亚相，这些年，亚相为齐国的长治久安殚精竭虑，付出了很多努力。近来，又奔波在各国诸侯之间，历览天下大事，亚相辛苦了，来，我敬你一杯。"鲍叔牙举杯道："臣周游各国，行迹遍布天下，每到一处，那里的人没有不对我们齐国拍手称赞的。大王您行仁义，亲近诸侯，扶贫积弱，匡扶王道，这些都是先哲先贤们的行为，天下的子民对您的德行无不称道。"

此时，齐桓公已经听得龙颜大悦，鲍叔牙又说："臣此次离开齐国还不到半年的时间，可回来一看，顿时觉得眼前景象与以前大为不同，只见车水马龙，摩肩接踵，各行各业日新月异，这些都是主公您的恩德。"这时，齐桓公高高举起手中的酒杯，满面笑容，群臣开怀畅饮。

等到群臣正喝得酣畅淋漓的时候，管仲对鲍叔牙说："亚相行程万里，造访过无数名山大川，见识了众生百相，不妨让亚相多谈些奇闻逸事。我和主公有美酒相伴，足不出户就可以游遍八方，这岂不是一件相当快乐的事？"齐桓公听了点头道："仲父说得对，那就请亚相跟我们讲讲吧。"

鲍叔牙放下手中的酒杯说："我鲍叔牙今天能坐在朝堂上，面对辉煌灿烂的宫殿，君臣笑逐颜开，祖国四方安定团结，在这种环境下可以说没有什么可以让我们忧虑的事。但我们都知道物极必反的道理，如今我们齐国百姓富裕、国家强盛，即便是这样，主公您也千万不能高枕无忧，不考虑国家未来的发展，众位大臣更不能沉湎于这种优越环境中忘乎所以。

“纵观齐国的四周，有东夷对大齐虎视眈眈，还有南方的蛮楚，依仗着有长江作为天然屏障而与大齐相匹敌。中原诸侯各国都是各怀鬼胎，并不是真心与我们齐国交好。用仁义去感化和盟的诸侯，并不是一朝一夕的事情。我们既然向各国布施仁义，却还接纳诸侯国的贡品，礼节上有来无往。这样久而久之，必然会导致诸侯反戈，还希望主公深思。

“虽然说我国现在风调雨顺、国富民强，可是万事无常，如果遇到年景不好，国家没有粮食储备，以往的储备用完了，齐国岂不是要穷途末路了？昨天我在街上看到平常百姓挥金如土，不知节俭。这样时间长了，必然养成骄奢淫逸的风气，不仅有损国风，而且伤及国力。

“老臣斗胆妄言，希望大家不要忘记水满则溢，月满则亏的道理。齐国骄傲，一国的霸业必定毁于一旦，老夫斗胆妄言，还希望主公谅解，众位大臣能够体恤。”

齐桓公有点尴尬地举了举手中的酒杯说：“大家一起喝，喝！”这时管仲不失时机地说：“主公，鲍叔牙的话是发自肺腑的，可见他的一片真诚之心。今天我们君臣同聚，一醉方休，为何不用韶乐虞舞，共享美好时光呢？”桓公的脸上这才浮现出了笑容。

在上面的故事中，管仲和鲍叔牙做到了刚柔相济的良好诠释，鲍叔牙代表“刚”性原则，刚指刚正不阿、不曲意逢迎、单刀直入、正面交锋、敢于当面提示对方言行的漏洞，逼对方放弃自己的不良行为。管仲代表“柔”性原则，当鲍叔牙积极向齐桓公提建议的时候，桓公明显心情已经很不好，如果再继续说下去，鲍叔牙很可能会惹祸上身，然而这时候管仲恰到好处地把话题引向了另一方，话题谈论的局势由“刚”转向“柔”，这才将鲍叔牙的危难化于无形之中。

从古至今，刚柔相济一直是人们所追求的一种至高境界。能屈能伸，能刚能柔，既可以有不断积极进取，遇到挫折永不言败的进取精神，也可以有保守、委婉的态度，暂时收敛锋芒，等到时机合适的时候再一鼓作气直抵成功。

鬼谷子提醒我们，在说服他人的时候，直谏为刚，委婉为柔，急为刚，缓为柔；逆向说服为刚，顺向说服为柔。只有根据不同的对象，可刚可柔，在游说的过程中，懂得适当地以力相逼、以情化之，刚柔并用、恩威并施，才能将危难化于无形之中。

鬼谷子教你诈

游说者在说服他人的过程中，应该根据具体的情况，决定是采取积极主动的方式还是消极被动的方式，无论采取哪一种方式都应该遵循刚柔相济的原则，一刚一柔相互作用，方能化危难于无形。

2. 阴阳转化之间找准时机

鬼谷子说："阳动而行，阴止而藏；阳动而出，阴随而入。"意思是说，阳气活动开始，阴气就会停止闭藏；阳气活动出去，阴气则随着进入。一阴一阳、一捭一阖是不断转换的，开到极点就归于合，反之，合到极点也就会归于开，阴阳二者循环始终。

阴阳转化之术，在战略上要求认清当前的形势，决策者要能够根据不同的形势采取不同的策略。当环境形势有利于自己发展的时候，就采取适当的策略。当形势处于对自己有利的情况时就采取"阳"的策略，积极进攻；反之，当形势不利于自己的时候就采取"阴"的策略，抓住时机休养生息，韬光养晦，暂时收敛自己的锋芒，等待时机。

春秋战国时期，吴越两国的战争就反映了鬼谷子"捭阖"的策略。"捭之者，开也、言也、阳也；阖之者，闭也、默也、阴也。阴阳其和，终始其义。”越国采取“阖”，忍气吞声，暗中积蓄力量，采取不同的措施逐渐将不利形势转化为有利的形势。当形势利于自己时，立即采取“捭”的策略，主动把握战争的主动权，一举吞并吴国，从而成为春秋时期的霸主之一。

春秋末期，吴越两国争霸之时，越国的上将军范蠡辅佐勾践，同时与文种一同拜为吴国的大夫。勾践三年，当时勾践没有听取范蠡的建议，一意孤行攻打吴国。结果吴王夫差大胜，越王只是聚拢了几千名残兵败将退守在会稽山，吴王乘胜追击包围了会稽山。

于是，越王向范蠡求教，范蠡说：“您对吴王要尊敬、谦卑，还要给吴王送去丰厚的礼物，如果他不答应，您就要亲自前往侍奉他，把自己抵押给他。”越王同意了范蠡的建议，并派大夫文种去向吴王求和，文种在吴王面前行跪拜礼，并且谦卑地说：“您的臣民勾践请您允许他做您的奴仆，允许他的妻子做您的侍妾。”没想到伍子胥劝阻了吴王。文种回到越国后，又建议越王用重金贿赂吴国的太宰嚭，勾践便让他给嚭送去了美女、珠宝以及大量的玉器。嚭收到了越国的贿赂，便劝说吴王，赦免越王对吴国有利。伍子胥则说：“勾践是个贤明的君主，大夫文种、范蠡也都是贤能的大臣，如果您把勾践放回去，他回到越国肯定会作乱。”最后吴王还是赦免了勾践。

勾践回国后，经过深思熟虑，休养生息，卧薪尝胆，内用文种，外用范蠡，国势日渐强盛，为日后向吴国复仇奠定了坚实的基础。大臣建议：“国家稍微富裕一点就整顿军队，一定会被吴国发现，并且吴国一定会攻打我们。凶猛的大鸟袭击目标时，一定先隐藏起来。现在，吴国的军队在齐国、晋国边境上，对楚国、越国有深仇大恨，在天下虽名声显赫，实际危害王室。吴国没有道德仁义而功劳不少，一定骄横狂妄。我们越国不如结交齐国、楚国、晋国，厚待吴国。吴国野心膨胀，志在中原称霸，一定不会重视他们之间的战争，这样我们就可以联络三国的势力，让三国攻打吴国，我们就可以乘机攻克吴国。”勾践很赞同这种策略。

两年后，吴国讨伐齐国，文种建议向吴国借粮草，以此借机揣度观察吴国对越国的态度，吴王果真把粮食借给了越国。伍子胥感慨道：“国王不听我的劝谏，再过三年吴国就会成为一片废墟！”太宰嚭却曲意逢迎，在吴王面前一再诽谤伍子胥。起初，吴王也不相信太宰嚭的谗言，于是就派伍子胥出使齐国，听说伍子胥把儿子托付给鲍氏，吴王大发雷霆说：“伍子胥果真欺骗我！”伍子胥出使齐国回国后，吴王就派人赐给伍子胥一把剑让他自杀，随即开始重用太宰嚭。

勾践十五年，吴王夫差率兵赴黄池会盟诸侯，留下太子和老弱残兵守城。勾践采用范蠡的建议讨伐吴国，迅速拿下了吴都。吴王派人厚礼请求与越国求和，越王考虑自己不能即刻灭掉吴国，就与吴国讲和了。

到了勾践二十四年，越国再次攻破吴都，范蠡说：“这是上天赐给越国的礼物，我们不能违背天命，我们谋划二十多年怎么能放弃呢？”最后吴王自杀。

阴阳转化之术在于能够准确分析清楚当前所面临的形势，然后不失时机地抓住任何一个有利于自己的机会，在不同的形势下采取不同的策略方能一举攻破对方的防御线。

越国能够战胜吴国最后称霸诸侯，主要的原因就是采取了正确的战略战术，在吴国打败越国的时候，第一，越王主动认输，并且不惜放下自己尊贵的身份去给吴王当马前卒，向太宰嚭行贿，保全了国家和人民的生命财产安全；第二，越国向吴国称臣进贡大量的财物，对内也发展壮大了自己的势力；第三，采用离间敌人的策略除掉了自己的障碍伍子胥；第四，借助齐国、楚国、晋国等大国的势力削弱吴国的势力，这些都是采取了“阴”的策略。另外，当形势转向对自己有利的时候，越王能够准确地把握时机，采取“阳”的策略，很快取得战争的主动权，进而取得最后的胜利。

阴阳学高度概括了矛盾论、认识论以及辩证唯物论，而且阴阳转化是宇宙运动的总原则，在生活和发展中始终要记住“变”字。阴阳转化之间潜藏了很多有利的时机，这就要求我们能够不失时机地在机会出现的第一时间抓住机会，把握机会。

古人讲“阴生阳，阳生阴，其变无穷”，古代的这种哲学观就是把宇宙万物看作由矛盾对立的双方不断变化和转化生成的。正如“此一时，彼一时”“三十年河东，三十年河西”的说法表明了事物的发展局势是不断变化的，强调抓住机遇，机遇就是在事物发展的某个阶段有利于自己发展的那段时间。时间的不可逆性也决定了机会的不可重现，所以才会有“时不再来”的说法。抓住机遇才能利用阴阳之学为自己赢得更加有利的地位，创造更多的财富。

鬼谷子教你诈

一阴一阳，一捭一阖，形势处于不断变换之中，阴阳捭阖的不断转换就要求我们能够准确地把握好形势，根据形势的不断转化采取准确有力的策略。失势的时候，要采取不同的方法保存自己的实力，打击削弱对方的实力，反之，在形势对自己有利的时候就要积极主动地采取有效的策略，取得最后的成功。

3. 先观阴阳，再做判断

有谋略的人，都有一套正确的决策之道。鬼谷子精于谋划，自然深谙其中的玄机。他说：“阳动而行，阴止而藏；阳动而出，阴随而入；阳还终阴，阴极反阳。”意思是说，阴阳不同，采取的策略不同，究竟该采取积极主动的策略还是应该蛰收锋芒等待时机，就要看当时所处的环境是“阳”还是“阴”。

正如磨刀不误砍柴工，观清当局形式再做判断，才能抓住时机采取准确的策略应对不同的局势。古代人善于利用天下的情势，处理天下的纠纷，进而掌握大的局势。观测阴阳之术，揣测他人的真实意图，当然更能针对对方的情势做出正确的判断。

简单来说，如果我们想要与别人沟通，进而成为好朋友，前期必要的细心观察是不可或缺的；如果要战胜敌人，那么前期对双方力量的大小、自己身处的情形也要做必要的观察以及判断，这样才是“知彼知己，百战不殆”。很多人在没有完全了解双方所处局势的情况下，就盲目地下论断，盲目地做出决策，这都是不科学的，更是不理智的表现，当然这种情况下所做出的决策几乎很少能达到预期的效果。观察是为了更好地了解，更好地摸清对方的意图，只有把握好了局势的利弊才能准确地把握好机会，也为自己赢得机会。

唐朝的时候，柳州这个地方是比较贫穷的一带，当地人不得不把很小的孩子送到地里去干活，要么就是卖给一些富人做奴仆。因此柳州一带的强盗特别盛行，专门抢孩子去卖钱。

童区寄是柳州一个贫苦人家的孩子，刚好十一岁，虽然身体瘦弱但依然每天去山上放羊砍柴。一天，他正在放羊，远远地看见山道上有两个骑马的人朝这边过来，骑马的两个男人一胖一瘦，见到童区寄就停了下来，并且招呼童区寄过来，让童区寄告诉他们要去的地方怎么走。童区寄并没有意识到两个强盗的真实意图，正要指路给他们的时候，两个强盗立刻把他的双臂扭到身后反捆起来，随后又拿布塞住了他的嘴，然后把他放在马上，他既动弹不得，也喊不出声来。

童区寄被他们带到了几十里以外的地方，也许是走累了，强盗就停下来，把马拴在路边的树上，并开始喝酒。童区寄故意装出很害怕的样子，一边哭泣一边颤抖，这样也就放松了强盗对他的警惕性，一会儿两个强盗就喝得醉醺醺的了。后来，一个强盗到集市上去买东西，另一个却睡着了。童区寄立刻明白机会来了，于是就用强盗插在地上的刀，背对着刀刃把捆绑自己的绳子割断了。他立马站起身，拔出地上的刀把睡在地上的强盗砍死，然后逃跑了。

童区寄毕竟还是个孩子，与强盗比起来跑得慢多了，所以没多久，从集市上回来的强盗就追上来了。强盗想立刻杀掉这个孩子，童区寄急忙说："你杀掉我对你并没有什么好处，相反如果你不杀我还能得到一些好处。"强盗厉声质问："为什么，快说。"童区寄诚恳地说："你去集市上后，他一直虐待我，我不得已才把他杀了。如果你能好好待我，我也会听从你的安排。再说了，我跟着你们两个人，究竟算是谁的奴仆呢？现在他死了，我从此以后专心听你的安排不更好吗？"强盗稍一思考，心想：也对，如果他不死，卖了这孩子的钱还得分给他一份，如今卖的钱就都是我的了。于是，强盗对童区寄说："我还得把你捆起来。"童区寄说："只要不杀我怎么都行。"强盗又把童区寄捆了起来，然后带到了集市上，这时候天色已经暗下来了，强盗见一时半会儿也卖不掉这孩子，索性就把他带到旅社先住了下来。

晚上，强盗很警惕，自己睡在床上，让童区寄蜷缩在墙角，又把刀压在枕头下，屋里的灯一直亮着。睡到半夜，童区寄悄悄睁开眼睛，见强盗睡得正香，就小声说要去厕所，强盗一点动静也没有，童区寄就悄悄地走到灯前，用灯火把捆着自己手的绳子烧断了，手上也烧了一个泡。随后，童区寄悄悄地走到强盗的窗前，猛地抽出放在枕头下的刀把强盗杀了，并大喊把四处的邻居都惊醒了。大家闻声过来，童区寄说："我是邻村的孩子，被这个强盗抓来要卖掉，幸亏我把他杀了，请大家一定要为我作证，并把这件事告诉官府。"

童区寄在被强盗抓住时，没有盲目地哭喊，而是仔细地观察两个强盗的一举一动，等到时机成熟的时候，果断地采取自救的措施。可见，小小的童区寄虽然只是一个孩子，就已经懂得了在做出任何决定之前，首先要观察好自己所处的状况，这样才是最理智的，也是最正确的做法。

"先观阴阳，再做判断"，在战争中同样得到广泛的应用。既保证了自己不会因为盲目决策而陷入敌人的阴谋，也不会因为自己的判断失误而损失自己的作战力量。

揣测对方的真实想法，掌握对方的特点，这样才能分辨清楚自己身处的局势，更好地决定自己是采取“阴”的策略，还是“阳”的策略。其实，具体的情况又会有很多不同，人们的内心世界是复杂多变的，深层思想更加隐秘，所以要想了解清楚对方的变化动向，不是轻而易举的，任何事情的成功也不是一蹴而就的。

观察阴阳之变，揣测对方的思想、情势就需要一定的方法。首先，要从故事的外围去了解。根据不同的情况变换不同的方法，如果无法直接从外围把握对方的内情，就要改变方式，从周围的人和其他事中去揣测，用间接法代替直接法。其次，按照事情发展去观察，有意识地顺着对方的心理，根据对方的好恶将其这种感情推向极致，使其真情充分地暴露出来，进而乘机了解对方的内情。最后，以小见大，从细微的迹象中去观察对方内在的思想趋向，也就是要学会见微知著，通过以小见大的方式把握事情发展的脉络，为自己下一步的决策找出事实依据。

鬼谷子教你诈

鬼谷子说“观阴阳之开阖以命物”，就是通过观察分析阴阳的生克制化来决定事物具体应当处的位置，并调整事物向有利的方向发展。只有进一步了解事情存在和灭亡的关键所在，预测万事万物的发展过程，才能为下一步的决策提供更好的依据。先观阴阳再做判断，就是要求在充分了解局势，对天下大势的利弊进行充分地权衡之后再做决策。只有在全面理解对方的意图，了解双方的实力对比后，才能说服对方接受自己的主张。

4. 知对方智谋，方能有谋

在说服他人的时候，大部分情况下，起初不了解对方的真实意图，那么，我们就可以采取鬼谷子的“以静观动”的韬略。“动”就是让对方先发言，让对方先行动；“静”就是指自己保持沉默。在自己保持“静”的过程中，让对方首先显现出他的真实想法，这也是一种手段，大多数情况下是通过对方的言语来了解他内心的所思所想，这样在明确了对方的意图后，自己就可以确定应该如何应对对方。

鬼谷子说过：“反以观往，覆以验今；反以知古，覆以知今；反以知彼，覆以知己。”也就是说，想要知道将来的情况，就要先观察过去的情况；想要知道现在的情况，就要先考察古时候的情况；想要知道他人是个什么样的人，就要首先衡量一下自己。别人说话是动态的，自己缄默则是静态的。这样就可以根据别人说的话判断出对方的真实内涵。那么在游说的过程中，我们想要找出迅速说服他人的捷径，就必须首先了解对方，明确对方的真实意图，然后才可以根据对方的情况确定一种方法去找出双方的共同诉求点。

为了解对方的真实想法，“投石问路”也是游说者常用的一种方法，是指游说者首先向对方道出一点试探性的言辞，制定出说服对方的具体方案。

出差的时候经常会在火车站附近看见一些穿着破旧而又脏乱的孩子，有七八岁的，也有五六岁的，大多因为家里穷上不起学而跑出来，在车站这些地方捡些塑料瓶什么的换点零用钱。

可能是因为我经常出差的缘故，在火车站经常会见到一个约莫 7 岁的男孩，穿着一件蓝色的运动衫，一条枣红色的裤子，还有一双破旧的球鞋。从极度不相配的装扮可以看出这衣服很有可能是别人送的，或是穿的是姐姐的衣服。我之所以注意到他不是因为他的穿着，而是他有一双大而有神的眼睛，好像会放光，即便生活艰辛也丝毫没有在他的眼神中看到一丝忧伤。

一次在候车室等车的时候，我和旁边的一位大姐聊天时得知，男孩以前经常捡到小偷丢下的空包，然后主动交给派出所的警察。有一次竟然被失主误以为是小偷，还被警察带到了公安局进行审讯，从此以后，男孩就很少再捡包主动交给警察了。

有一次，我一大早去坐火车，正准备去检票，却突然发现身边的提包不见了，当时吓得我冷汗都出来了。其实里面并没有多少钱，主要是有好几份客户的合同，一旦丢失就会给公司带来巨大的经济损失。随后我就把这件事反映给了车站的民警，我就像热锅上的蚂蚁一样穿梭在人群中寻找着我的包，暗暗地祈祷不要弄丢了合同。

突如其来的一个意外立刻改变了我的所有计划，本来是带着合同去见客户的，现在合同丢了，也不能见客户了，只能落魄地准备回家。直到晚上9点多还是没有找到我的包，我的心已经绝望了，大脑里一遍又一遍浮现出经理劈头盖脸骂我的情景。

等到我已经彻底绝望的时候，那个男孩走到我面前将空包交给了我，然后默默地站在旁边不说话。我接过包就像抓住救命稻草一样急忙打开，包里什么也没有，我的心再次坠入无底深渊。但是，我还是很有礼貌地蹲下去对男孩说："谢谢你小弟弟，虽然只是个空包，我也要谢谢你。"我拿出200元钱塞到男孩的手里，但是，他随即又把钱塞到我手里，转身就跑了。

当我走出车站，经过一条小巷子的时候，不知道男孩是从哪里冒出来的，突然就站在了我面前，然后把一个纸袋子塞到我手里又跑了。我打开一看，竟然是丢失的合同文件，还有一张小字条，上面写着："谢谢你能信任我，我请你也相信我，在我捡到包之前，里面就只剩些文件了，我没有拿一分钱。"

男孩在捡到包后没有连同文件一同还给失主，第一次只是把空包还给了失主，可以看出男孩是一个很聪明的孩子。他也许是因为以前被误认为小偷的经历，让他产生想通过这次只还空包来推测失主是否也会怀疑他是小偷的想法，最后失主不仅信任他，而且还要给他 200 元钱作为酬谢，男孩没有再次被误认为小偷，心里肯定是开心的、快乐的，得到了失主的信任后他才放心地把文件还给失主。

可以看出男孩在推测失主是否信任自己的时候采用了投石问路的方法。用一个空包就可以测试出失主的心理，实在是很巧妙的方法。在不了解对方的时候采取巧妙的方法，推测出对方的真实意图，这样才能使自己后面的每一个决策有据可依，这样才能使自己的谋略胜算的概率大大提高。

鬼谷子认为，从彼、己两方面来看，首先，己方应该保持缄默，尽可能地让对方先发言，然后，“因其言，听其辞”，己方再采取相应的游说对策。有时候，在尚不清楚对方是什么主张的情况下，不要直接说出自己的真实想法，而是静待对方的反应。然后，可以试着晓之以理、动之以情，乃至激怒对方，使其显现真实想法。这样一来，就可以为自己下一步的做法找到应对之策了。

鬼谷子特别强调了“知彼知己”在游说过程中的重要性。他认为：“知之始己，自知而后知人。”那么，人们在社会交往过程中，肯定会与他人产生各种关系，要想处理好“己”和“彼”的关系，就必须要做到既要知己，又要知彼。只有知彼，才能说是真正的知己。因此，鬼谷子有言：“其相知也，若比目之鱼；见形也，若光之与影也。”

因此，一个成功的游说者，他很清楚绝对不能在一点也不了解自己的游说对象的情况下，单凭自己的一番论说，就如王婆卖瓜似的夸夸其谈、自吹自擂，肯定是在了解对方的前提下，找出合适的计策去应对，这样才能做到“知己知彼，百战不殆”。

鬼谷子教你诈

游说者在进行游说的过程中，如果不是很清楚对方的真实意图，就可以采取“投石问路”的方法，观察对方的反应，摸清对方的底细，从细微的地方入手，探究对方的真实思想和意图，然后根据具体了解到的情况，采取适当的策略，最后去说服他。

5. 危机预测也从谋中求

人们往往习惯于在危险的处境中保持危机意识，却很少在安逸的环境中仍然保持危机意识。然而，危机往往会存在于安定的环境中，也许只是一个小小的麻烦，就会导致整个运作系统的崩溃。因此，学会危机预测是提前化危机于无形的重要条件。

鬼谷子中的“抵巇术”讲道：“巇者，罅也。罅者，涧也。涧者，成大隙也。巇始有朕，可抵而塞，可抵而却，可抵而息，可抵而匿，可抵而得，此谓抵巇之理也。”这句话的意思就是说，“罅”就是“罅隙”，而“罅”就是容器的裂痕，裂痕会由小变大。在刚开始出现裂痕的时候，我们可以通过“抵”将裂痕堵住，可以通过“抵”使裂痕停止，以免继续扩大，可以通过“抵”使裂痕变小，可以通过“抵”使裂痕逐渐消失，可以通过“抵”而夺取器物，这就是“抵巇”的原理。

大千世界的万事万物都具有不断离合的发展过程，都会产生裂痕、矛盾、危机，那么解决这种裂痕、危机的有效方法就是审时度势，学会危机预测，进而在矛盾的萌芽期就将其解决掉。

当事物出现危机之初，只有懂得危机预测的人才能知道，才能看出危机发展的趋势，而且能够针对这种危机找出具体有效的方法去化解它。

在中国历史上，夏朝的末代皇帝夏桀是一个有名的暴君。他在位时荒淫无道，滥杀无辜的忠臣良将，一度沉迷于酒色，不理朝政，随时都有可能面临敌军入侵的危险，政权岌岌可危。

与此同时，在夏朝的统治下有一个属国叫商，国王成汤在相国伊尹的帮助下，内行仁政，积极发展军事力量，注重农耕发展，百姓日渐富裕，国家也渐渐强大起来。

起初，伊尹本来是成汤推荐给夏桀的有用人才，但是夏桀仅仅在面见伊尹的时候同他谈了一次话，从此以后再也没有理过他，更不用说让伊尹辅佐他共同治理国家了。后来成汤发现夏桀对伊尹不予重用，索性就把伊尹请到商国并拜他为相，让他协助治理商，并授予国政，对伊尹赋予了极高的信任。当然伊尹也不负众望，积极帮助成汤发展农耕，铸造兵器，训练军队，最终灭掉了夏朝，统一了中原一带的地区。成汤死后，又把大权交给了相国伊尹，并嘱咐他一定要尽心辅助自己的三个子孙，把商治理好。

成汤有三个子孙，外丙、中壬、太甲。但太甲在继位的前三年，并没有把精力放到治理国家上，而是整日沉湎于酒色之中，不思进取，置国家的长足发展于不顾。起初，伊尹只是以长者的身份劝告他，让太甲集中精力治理国家，但是伊尹的劝谏并没有奏效。随后伊尹又以相国的权力威胁他，但太甲在治国为民上仍毫无心思，弃朝政于左右，一味地享受自己的酒色生活。伊尹用尽各种方法，使尽浑身解数也没有令太甲改过自新，太甲对继承成汤的基业、创造商朝鼎盛这个艰巨的责任很不以为然，真可以说是冥顽不化。

这时候有个大臣向伊尹劝道："当年先主在位时，你帮他灭掉夏国，如今先主仙逝，国家强盛，百姓安居乐业，你又辅佐两位人主，你做的这些已经完全报答了先主的知遇之恩了呀。现在你既然对太甲无能为力，何必强求自己呢？你还不如回老家，安享晚年！这岂不是一件美事？"

伊尹听后立刻大怒，并训斥那位大臣道："作为臣子，就应当在国家危难时挺身而出，在君主犯错的时候进行劝诫，这才是良臣。如果都像你所说的那样，在君主英明、太平盛世的时候，大臣们都在朝堂上拿俸禄，只懂得享受；而一旦国家有变、国君不明事理时，就立刻隐蔽起来，逃避责任，要我们大臣又有什么用处呢？"那位大臣听完，顿时哑口无言，无以言对，便急忙向伊尹请罪。尽管如此，伊尹还是免了他的职，并当众公布那位大臣的罪责，要求众人要以此为戒，众人听了都感到害怕。

后来太甲知道了这件事，伊尹乘机又劝太甲，没想到太甲还是听不进去。无奈，无计可施的伊尹便将太甲关进南桐宫，责令他反省，朝中事务让伊尹主持了整整三年。

值得庆幸的是三年后，太甲终于悔悟了，他认识到自己应该励精图治，把精力放到治国为民上。伊尹则亲自把太甲从南桐宫中接了出来，并将政权交还给他，自己还是辅佐太甲共同协理朝中大事。

太甲重新登上王位，开始励精图治，很快就使商朝达到了鼎盛。

事物和矛盾都是从细微发展到巨大的。古人有语："千里之堤溃于蚁穴"，如果不能做到审时度势，防微杜渐，小的错误也会酿成大祸。一个小小的漏洞如果没有得到很好的控制，而是任其发展，也会伤及最根本的东西，只有把漏洞和矛盾消灭在萌芽状态，才不会出现大错。

太甲身处国君的位置依旧沉迷酒色，不思朝政，这是小"巇"，如果不加以制止肯定会成为大"巇"，直至发展到不可挽回的地步，给国家和百姓带来难以弥补的伤害。幸好，相国伊尹具有审时度势的眼光和本领，能够预测到太甲的行为发展下去肯定会酿成大祸。伊尹对太甲的劝诫不断加深，不断强化，这种由软到硬的做法运用得恰到好处，最终成功地使太甲回心转意。伊尹能够成功"抵"住太甲的"巇"，这与他由小见大、见微知著的眼光是分不开的，正所谓："圣人见萌芽巇罅，则抵之以法，世可以治则抵而塞之。"

伊尹的这种危机预测的本领使得商国得以继续繁荣、昌盛，使得百姓免受贫穷、流离之苦。鬼谷子说："经起秋毫之末，挥之于太山之本。"面对处理事情过程中的各种危机和不利局面，鬼谷子主张要预知灾在先，准备在后，这就是所谓"抵戏之隙"。有了"抵"的意识，就能时时掌握主动权。只要把准备工作做到位，把握了事情发展的主动权，就能够使自己一步步走向成功。

鬼谷子教你诈

万事万物都存在着必然的不足、矛盾，开始的时候就像秋毫之末一样微小，很多情况下不仔细观察是不容易发现它的漏洞的。因此对"巇"用"抵"的方法是很重要的，掌握了鬼谷子的抵巇术，也就很好地做到了危机预测，从而使得漏洞和矛盾在萌芽状态就可以被消除。

6. 深谋远虑，前路好走

深谋远虑，是选择最佳时机进行游说的重要前提条件。鬼谷子有言："言必时其谋虑，故观蜎飞蠕动，无不有利害，可以生事美。生事者，几之势也。此揣情饰言，成文章而后论之。"就是说无论什么事情在刚刚产生之初都是以微小的姿态呈现出来的。鬼谷子强调了在游说的过程中"谋虑"的重要性，在适当的时机进谏，展开自己的游说活动是保证游说活动成功的关键条件。

谋略的特点在于用迂回曲折、轻松快捷的方式就可以达到目的。但是要想准确地采取正确的谋略达到预期的目的，就要做到深谋远虑，然而"深谋”就需要深度揣测对方的意图，只有做到“深谋”才可能实现“远虑”，就是说深度揣测是实现深谋远虑的重要方法。假如不能对双方所处的整体环境有一个周密、细致的衡量，就不可能深度了解双方的力量对比，究竟谁强谁弱、谁重谁轻；假如不能对对方的真实意图有一个深度的揣测，那么就不能知道对方的内心想法，更不能从中判断出对方下一步有可能采取的策略，失去了这些有效信息，就很难在双方的较量中取得胜利。

在谋划的时候，首先应该分析清楚双方的条件，也就是要明确对方的现状以及现在所实施的计谋对我方会产生哪些影响，这就需要从道、天、地、将、法五个角度去揣度，并且对敌我双方条件的优劣进行计算估量，这样才能够及时、准确地做到获取对方的意图，为自已下一步的工作做好谋划工作。

谋划和胜算是相辅相成的关系，只有前期谋划得当，后期的实施才能有胜算的把握。因此，具有前瞻性眼光，能够深谋远虑的人往往能够把握事情发展的主动性，同时，后期的把握也更得心应手。

南宋时，宋高宗昏庸无能，任用奸相秦桧，北方的金人不断入侵我国北方的边境地区，抢夺百姓的财产。宋高宗害怕强悍凶猛的金民族而偏安江南，无心与金人交战，并准备向金人割地称臣，签订和约，以求得一时之安。

一天，宋高宗召集群臣商议应对金人的策略，他对众位大臣说：“金人已经答应，如果我们不再对金国出兵，就可以和他们商议订立和约，并将皇太后和先帝的棺木送回来，永久保持睦邻友好。”其实，当时抗金形势很好，宋军连续获胜，马上就可以看到胜利的曙光，众大臣正期待着收复中原的喜讯，听到宋高宗要停战议和，群情激愤。

张俊先后五次上书，反对议和，韩世忠、岳飞等将领也拒绝签订合约，很多主张抵抗金人的大臣纷纷上奏说：“金人不可信，和好不可恃。”还有的大臣上书说：“现在群议汹汹，都是因为关心究竟是‘和’还是‘战’，陛下应该吸取前车之鉴，不要因为一时的糊涂而耽误了良好的战机，多听取中外懂得军事的大臣的意见，才能共谋长久保邦之计。”宋高宗见大臣们都反对议和，大多数人的意见都是与自己的意图相反的，非常生气，便想下旨惩治他们。

这时候，左相赵鼎发现事情发展的局势不是很好，很有可能会在没有解决外忧的情况下又会出现内乱，这样就更不利于国家的长治久安了。赵鼎虽也主战，但见宋高宗主意已定，一心议和已经不可逆转，考虑到为了保存朝廷中的主战派实力，他果断地采取疏通的办法。于是，赵鼎对宋高宗说：“我们知道陛下您与金人有不共戴天之仇，现在是为了对亲人尽孝道，迫不得已才答应讲和的，虽然大家说了些激愤的话，但绝对不是不尊敬陛下，反而是因为爱护陛下以及大宋，希望陛下您不要见怪。陛下可以暂且采取这样的方法，和金人议和不是我大宋的本意，我只是出于亲人的缘故不得不这样做。等到先帝和皇太后的棺木自金国运回以后，如果金国撕毁和约，不守信用，那么现在即便签了合约也无所谓了；如果金人遵守和约，那正是我们希望的，更不用担心后悔了。”

宋高宗听了赵鼎的建议后也觉得不错，随即采纳了赵鼎的意见。这样一来，就不会因为议和而排斥那些主战的大臣了。另外那些以抬出先帝和皇太后棺木作为幌子，主张议和反对战争的大臣也就不会有什么异议了。不论是主战派还是主和派都只能缄口不言了。如此一来，君臣间的这场矛盾暂时缓和下来，使国家避免了内忧外患的困扰。

身为宰相的赵鼎，面对即将发生的君臣冲突，为了避免主和派把持朝政，只好暂时采取委曲求全的策略，力排众议，使皇上找不到借口治罪于主战派的大臣，也让大臣们提不出更充分的理由责怪皇上，可见其用心良苦。

赵鼎看到君臣之间的矛盾如果发展下去，肯定会削弱主战派的力量，一旦主和派占了上风，对国家、对百姓都有很大的影响。正是他的这种深谋远虑的行为使得主战派的力量得以保存下来，虽然当时主和派对自己小小的胜利尚且会有一点沾沾自喜，但是从长远来看，赵鼎的这种前瞻性为以后宋金之间的战争保存了有生力量。

因此，对于想成大事，想有一番作为的人来说，不论做什么都要有谋略，眼光要具有前瞻性，不要计较眼前的利益、一时的得失，要时刻牢记只有深谋远虑者才能占尽优势。所以，无论是做人还是做事，我们都需要把自己的眼光放长远一点，高瞻远瞩者才能获得长远的利益，成功永远属于那些为长远利益而不计较眼前得失的人。

对于为人处世来说，深谋远虑也是十分有必要的，它实际上就相当于个人的人生规划。首先基于一个落脚点，把自己的未来人生设计成一个大概的蓝图。一个人一生中会有很多各种各样的目标，为了实现未来的每一个目标，目前所需要采取的每一步行动都要具有前瞻性，每一步行动都要在深谋远虑的基础上完成。每个人都应该有自己的目标，没有目标的人生是一个不完整的人生，更不要说把握契机取得属于自己的成就了。所以，首先要做的就是对人生进行规划，设计出适合自己未来发展的最佳方案，然后付诸行动。这就需要首先了解本身的优势与劣势，排除一切障碍最终做出最完善的人生规划，以达到“运筹于帷幄之中，决胜于千里之外”的境界。

不论是对个人而言，还是一个组织、一个团体，乃至一个国家，能深谋远虑者方能为自己的人生掌舵，为自己的国家指引方向。

鬼谷子教你诈

谋深者，虑远者，才能保证前路的平坦，一个懂得谋划的人才是一个有可能成功的人。懂得对自己的人生谋划的人，懂得对一件事思考到极限的时候，这个人才是真正做到了深谋远虑。谋得深、虑得远，才能拥有成功的人生。

7. 大智善谋者断臂求生

鬼谷子反复强调谋划、谋略的重要性。他说，“谋”就是计划，世间万物都有一定的规律。为了完成一定的目标，需要运用谋略。在生活、工作中，在各种各样的事情里，需要解决不同的矛盾，要解决矛盾就必然需要“谋略”，因此可以说是因事生谋。

因为事情不断变化会在不同的阶段产生不同的矛盾，解决这些矛盾就需要善于谋划、懂得谋划的人。只有通过谋划才会产生计策，研究计策才能产生相应的策略，有了方法才能游说。因此，事物不断变化的时候，也在不断产生问题，正因为要解决问题才需谋划、谋略，也就是说善于谋划的人都能够解决掉生活、工作中出现的很多矛盾，也就更容易把自己从矛盾中解救出来。

一般情况下，具有大智慧，善于谋划的人不看重财物，他们不会因为物质的诱惑而放弃原则性的东西，但可以因为维护自己的原则底线而拿物质去交换。善于谋划的人不会因为惧怕而放弃自己的目标，但可以因为要达成目标、解除危难而用尽力气去谋划。善于谋划的人是拥有智慧的人，千万不要用假装诚信去欺骗他们，因为他们会用他们的智慧和谋略拆穿欺骗和蒙蔽，进而获取自己的价值，求得生存。

亚伦·拉斯顿是一个二十多岁的小伙子，平时特别喜欢野外攀岩。2003年4月的一天，他只身来到位于犹他州东南部的布鲁庄峡谷攀岩。

中午的时候，亚伦·拉斯顿几乎快爬到顶峰了，就在他攀上一块大岩石时，沉重的岩石突然松动了，拉斯顿的手顿时失去了抓攀点，惯性把他甩到了岩壁上。而与此同时，大岩石迅速向他滚来，突然压在了他的右臂上，然后戛然而止。那一刻，他除了深感剧痛，还有就是无名的恐惧。拉斯顿拼命用自己的身体使尽全身力气去顶撞压在右臂上的大岩石，希望能挪动一点点，但是经过一番挣扎，除了把自己搞得精疲力竭外，没有丝毫作用，大岩石可以说是丝毫未动。

就这样，在空旷的大峡谷里，拉斯顿被困在那里整整5天，仅靠身上所带的少许食物和水维持着生命，希望能坚持到有人来营救自己。直到被困的第六天，少许的食物与水都已经耗完了，还是没有等到营救自己的人。拉斯顿看着那块压着自己右臂的巨石，心里产生了一个可怕的念头：用刀子割断自己被巨石压着的胳膊。对，只有切断自己的胳膊，才是生还的唯一机会。

随即亚伦·拉斯顿立即开始自己的自救方式，首先用自己的身体作为杠杆，使劲往下拧胳膊，越拧越低。不知过了多久，他的耳边突然响起了“啪”的一声，拉斯顿知道是骨头断了。那一刻，他真正体会到了什么叫钻心的痛。紧接着，拉斯顿开始小心翼翼地切臂肉。

在切断手臂前，他先拽下了水囊软管子上的绳子当止血绷带，牢牢扎住胳膊，然后迅速把血管切断，再切断大动脉。那一瞬间，拉斯顿觉得自己就像被人把整条胳膊活生生地放进了炽热的岩浆中。但是，伴随着剧痛的，还有一种感觉，那就是发自内心的痛快，是获得自由的美好感觉，就在那一瞬间，拉斯顿深刻感到获得自由的美好。

虽然说拉斯顿切断了自己的右臂，摆脱了那块沉重的石头，但是他并没有脱离危险，因为要走出峡谷，还有将近4小时的山路，这4小时他能坚持得下来吗?

一路上，血一直不停地顺着他的腿往下流，几乎湿透了他的鞋子。拉斯顿靠着超强的意志力一步一步地往外走。终于，半路上他碰上了一个徒步旅行的家庭。正好，这家人在上山时曾碰到了正在峡谷入口搜救拉斯顿的搜救队，看到拉斯顿，他们马上帮他联系搜救队。不一会儿前来搜救的直升机就迅速赶到了，搜救队长查看了拉斯顿的伤势后，马上对驾驶员说：“他把自己的手臂切断了，我们必须赶快把他送往医院进行救治。”

伤愈出院后，拉斯顿把这次痛苦的经历写成了一本书，取名为《生死两难》。书中详细地描写了他在面对巨石时选择了断臂自救，这需要多大的勇气才能做出这么艰难的选择！

拉斯顿能够在面临困难和绝境的时候做出断臂自救的选择，可见他是一个拥有大智慧的人，更是一个善于谋略的人。如果他没有断臂自救，很有可能就被活活饿死在岩石旁了，这绝不是他所希望的结果。虽然他割断了自己的右臂，从此便成为只有一只胳膊的人，但是他依旧能够活下去，依旧可以完成更多没有完成的心愿。求生的愿望战胜了断臂自救给他带来的那份恐惧感，最终拉斯顿成功获救。

当恐惧与求生发生冲突的时候，拉斯顿毅然决然选择了后者，这说明他是一个有勇有谋的人，只有懂得谋划，拥有大智慧的人才能够在那种困境下做出断臂自救的伟大抉择。

当人们面对两难的选择，必须要做出决断的时候，一般人总是希望遇到好的事情，不是坏的事情，即使面临巨大的灾难也会抱着侥幸的心理，想着事情会朝着自己所希望的方向发展。但是，在很多情况下并不是所有的事情都能如人所愿，这就需要自己的智慧与谋略发挥作用，善于谋划的人才能在两难的抉择下做出断臂求生的决定。

圣人之所以能够成为圣人，就是因为他们能够成就大事业，他们能够用谋略降低灾祸给自己带来的危害，能够在面对不利条件的时候运用智慧，将不利的条件转化为对自己有利的或是无害的条件，即便从中有坏人作恶，也不会让他们得逞。那么，如何才能像圣人一样成为善于谋划的大智慧者呢？

首先，在决断事物时，有可遵循的规律。古人有语：“度以往事，验之来事，参之平素。”意思是借鉴往事、研究现状、预测未来，此三者缺一不可。

其次，决策者必须慎重才能正确决断，在做出任何决策之前都要有前瞻性的眼光，谨慎、小心地做出决策，以免因为粗心大意而做出错误的决定。

最后，决断不能当断不断，必须当机立断。时间是事物成败的重要因素，抓住时间就是抓住有利条件，不能因为优柔寡断而错失时机。鬼谷子说，“在一定条件下，可则决之”，也就是说能够决策的事物就要迅速决断。

鬼谷子教你诈

拥有大智慧的决策者善于把握时机，运用自己的谋略不失时机地抓住机会为自己创造有利条件，即使在面临两难选择的情况下也能够权衡利弊迅速决断，甚至不惜采用断臂求生的方式为自己赢得更广阔的道路，为日后的长远发展奠定基础。

8. 韬光养晦才能防患于未然

鬼谷子说：“捭阖之道，以阴阳试之，故与阳言者依崇高，与阴言者依卑小。以下求小，以高求大。”这句话的意思就是说，捭阖的手段必须从阴阳两方面来理解和实践，以下求小，以高求大。“捭阖”的本意就是开闭的意思，鬼谷子就是从“开合”的观念来阐释世间万物发展变化的规律。

“开”，指敞开心扉发表自己的意见，采取积极的行动；“合”，则是以沉默的态度来应变。灵活运用“开”与“合”的法则，才可以有效地掌握对方的动态，进一步实施自己的计谋，获取胜利。

一个社会或者一个国家，乃至一个人，在发展以及成长的过程中肯定会出现一些小小的“裂缝”，因为社会上各阶层的人们受自己本身利害关系的支配，自然而然会产生一些矛盾、不和。这些矛盾、不和肯定都是不利于自己发展的一些因素。那么，如果想要有所成就，想要弥补那些“裂痕”，就要首先修炼自己的内心，培养自己的意志，掩蔽自己的意向，把自己的真实意图暂时隐藏起来以便观察对方的漏洞。

当世间没有可以让人利用的“缝隙”，无法及时施展自己的才能的时候，就要把自己隐藏起来，面对混乱的局面也要处之泰然，静观其变，随时准备着“缝隙”的出现。等到事情的发展有利于自己，发展的时机一旦到来，就可以运用权术去好好谋划，大干一场。

中国一个大型的国际公司，经常和日本人有业务上的往来。一次在上海著名的国际大厦，因为进口农业加工机械设备而进行了一场斗智斗勇的谈判，最终因为中方谈判代表灵活运用了韬光养晦的策略而迫使日方退步，最后达成协议。

这家日本企业所生产的农业加工机械是我国多家企业急需的重要设备，谈判的这家中方公司也是因为急需这种设备而要求与日方进行购销谈判。谈判开始后，由日方首先报价1 000万日元，这个报价其实要高出实际卖价很多。的确，日方以前也曾经卖过这个高价，假如当时中方的谈判代表不了解实情，日方就很有可能从中获取暴利，即便中方不接受日方提出的价格，日方也能进退自如。

日方尚不知当时中方代表已经了解到机械的国际行情，日方肯定是在摸底，于是大胆地说不会接受他们提出的价格。随后，日方代表又开始介绍机械的产品特点以及相对于同行的性价比优势，以此说明自己报价的合理性。但是，中方一眼就看穿了他们的意图，于是明知故问：“不知贵国生产此种产品的公司有几家？贵公司产品优于其他国家产品的依据是什么？”

简单两句话就说明了中方代表已经很了解这一类产品的大概情况，并且生产这种机械的公司并非一家。这样就轻而易举地揭示出对方想从中赢得厚利的企图，日方代表顿时陷入尴尬的境地，主谈判员借故离席。

不久，主谈判员回到座位上问助手，这个报价是在什么时候定的？助手很明白他的意思，便说道：“一个月前定的。”这时候，主谈判员如释重负般地长出了一口气说：“啊，时间有点长了，我们回去请示一下领导看看价格能不能再降点。”中方的谈判代表知道这一轮谈判不会有什么进展了，只能期待下一轮的谈判，因此我方的谈判代表主动提出暂时休会的请求。

第二轮谈判开始后，日方主动报价后说，这次降价是请示了总经理后才同意在原来价格的基础上减少 100 万日元的。中方的代表认为这个报价比预期的价格还要高很多，同时立即核实国际市场上的最新价格，经过分析报价，中方代表认为这个价格并不是请示总经理后的降价，因此，立即提出自己分析后的价格是 750 万日元，但日方代表立即回绝了这个报价，并表示绝对不可能成交。

等到谈判双方僵持不下的时候，中方代表开始发挥自己的谈判实力，说：“此次我们选中贵公司，说明我们拥有达成此次贸易的诚意。贵公司的报价虽然比出口到其他国家的价格低，但是运往我国的运费比销往其他国家的要低很多，所以你们并没有将价格降到最低。同时，我们审批下来的外汇也只有这些，如果超出了还需要再审批，这肯定会拖延成交的时间。”随后，中方的代表又抛出最后的谈判王牌，说：“还有其他国家也在等着和我们谈判这次交易。”最后，日方代表经过再三考虑，最终以 750 万日元的价格签订了成交合同。

中方代表采用欲进先退的方法，在日方第一次报价的时候并没有急于要求日方降价，而是采用迂回曲折的方法提出中方不可能接受他们的报价。后来，在日方提出降价后，中方经过仔细分析提出可以成交的价格，日方立即予以回绝后，这次中方代表采取积极应对的策略，提出对方还应该继续降价的理由。最后，又再次拿出竞争品牌、可使用外汇两张王牌与日方交涉，日方不得不接受我们的报价，直至成交。

“阴阳其和，始终其义”，就是说阴阳二气必须中和、协调。这样“捭”和“阖”才能有节制，阴阳才能各得其宜。不论做任何事都要善于分析所处的形势，及时进退，善于把握机会，灵活运用积极进取和消极防御两种基本策略是行为处事的有力法宝。

古人讲：“世无可抵，则深隐而待时；时有可抵，则为之谋。可以上合，可以桧下。能因能循，为天地守身。”意思就是说当世道不需要“抵”的时候，就把自己隐藏起来，等待更好的时机；当世道产生可以“抵”的弊端时，对上层可以合作，对下属可以起到督查的作用，有所依据，有可以遵循的东西，这样就可以成为天地的守护神了。

由此看来，在处世的过程中如果不具备可以“抵”的条件，那么就要采取韬光养晦的策略，隐藏自己的锋芒，等待更好的时机再展露自己的锋芒。暂时隐藏自己的锋芒并不是说要消极回避，而是有智慧的人应对敌人的一种策略、一种谋略，等待时机成熟时，集中自己所有精力一举攻破对方。

鬼谷子教你诈

在错综复杂的社会中，不要刻意去炫耀自己的才能，要找准时机，把握好什么时候应该展现自己的才能，什么时候应该收敛自己的锋芒，避免不必要的麻烦。如果只是一味地炫耀自己的才能，不仅会招来别人的嫉妒，还容易被人误以为轻浮。一个有远大抱负的人，当时机不成熟的时候，往往会采用韬光养晦的策略，韬光养晦是一门学问，更是为人处世的一种策略、手段。

9. 遇事别死扛，学金蝉脱壳

生活中，我们经常会遇到一些麻烦，有些事可以化解，有些则不可能轻而易举地的化解，这就需要当事人运用智慧，巧妙地脱身。在军事上就是要保存阵地的原形，造成还在原地防守的气势，使友军不怀疑，敌人也不敢贸然进犯。在敌人迷惑不解时，隐蔽地转移主力。

金蝉脱壳就是能摆脱敌人，转移或者撤退的一种智谋方法，不是惊慌失措地消极逃跑，而是存其形式，抽去内容，走而示之不走，瞒过敌人，脱离险境。

鬼谷子认为，如果想要与别人合作，就要把力量用在内部，展现自己的才华；要想离开现职，就要把力量用在外面，对外展示自己的理想与抱负。不论处理什么事情都要预测未来的发展对自己是否有利，这就需要善于在各种情景中果断做出决策，在运用策略时不失算。如果君王昏庸，不理国政，下层纷乱，不明为臣之礼，事事相抵触，还自鸣得意，在这种情况下，君王的诏令要听从，也要懂得何时该婉言谢绝，表面上看来是乐意接受的，但是本意是拒绝。在自己的理想与能力不能达到实施的情况下，自己的能力既然已经不能左右事态的发展，金蝉脱壳就是最好的选择。

袁世凯在准备登基当皇帝之前，为了让自己的密谋得以顺利进行，大肆进行勾结，拉拢同党，排除异己，尽可能地使自己的利益最大化。针对一些军阀采取软硬兼施的方法，不跟自己配合的就想尽办法消灭掉，跟自己配合的就先拉拢过来。

蔡锷是民国时期的杰出军事领袖，当时驻守云南。1913年蔡锷被袁世凯调至北京，加以笼络和监视。当时，袁世凯以封蔡锷云南督军为名，将其诱到北京，这个官职其实是徒有虚名而已，并没有实权，只是让蔡锷安稳地做个傀儡将军。

当时，袁世凯还派一大群密探时刻轮流跟踪蔡锷。蔡锷很快知道了袁世凯的不轨意图，并清楚了自己的处境。为了迷惑袁世凯，不让他起疑心，他想办法在各种公开场合积极地赞成帝制，并把老母妻子接来同住，开始购置新房子，大加装饰，给袁世凯的感觉是好像要做长期居住的打算。

袁世凯即将称帝时，蔡锷和妻子在袁世凯的亲信面前演了一场戏，两人因为一件小事而争吵起来，两人唇枪舌剑，争吵不休，谁也不让谁，最后蔡锷还抡起手掌打了妻子。蔡锷的母亲知道后假装很生气，一怒之下，老母连夜带着媳妇跑回湖南老家，这样，老母和妻子安全地撤回了老家。蔡锷没有了后顾之忧，就开始琢磨如何让自己尽快脱身。

这时，蔡锷终日花天酒地，从不过问政治，还与名妓小凤仙卿卿我我，显出一副不务正业的样子。

不久，蔡锷得了喉病，于是向袁世凯请假去天津日本医院治疗。袁世凯为防止蔡锷逃跑，随时派人监视。一天，蔡锷乘监视不备，突然从医院后门溜走，化装成日本人乘日本商船到日本，再由日本转道回云南。回到云南后，蔡锷立即开始组织护国运动，举起讨袁的义旗，发动护国战争，最后，竟把袁世凯活活气死了。

蔡锷在被软禁的情况下，巧妙地布下迷阵，使袁世凯逐渐放松了警惕，为自己脱身做好掩护，最终巧妙脱身，达到了目的。

金蝉脱壳术是一种在被动中求主动，化不利条件为有利条件的方法。“你可能被迫退却，你可能被击败，但是只要你能够左右敌人的行动，而不是听任敌人的摆布，你就仍然在某种程度上占有优势。”当我们处于危险境地的时候，如果一味消极地逃跑，必然会被对方乘胜追击，容易被逼进死胡同，很有可能就会丧失自己的有生力量。而此时，如果能虚设假象，牵制住对手，就能化险为夷，逃离被动挨打的局面，等待时机到来的时候再转败为胜。

鬼谷子在《内揵》篇中说，向君王进说言辞、呈现计策的时候，要让对方接受，最重要的就是了解清楚对方的心理状况，以便创造出能够让对方接受的条件。这样才能保证局势不利于自己游说的时候，可以采取策略，给对方制造假象或者采用偷梁换柱的策略，让自己安全脱身，不至于因为游说失败，祸患殃及自身。这其实就需要一种金蝉脱壳的技能。

“金蝉脱壳”中的“脱壳”是此术的中心内容。其主要的“脱壳”方法有三种：存形脱身式、掉包脱身式和假戏脱身式。存形脱身式就是在与对手形成相持局面而形势对我十分不利之时，制造维持这种局面的假象，而实际自己已悄悄地撤出了这种被动的局面。这种方式可以在一定的时间内麻痹对手，从而争取时间，安全地转移。著名的毕再遇的“吊羊撤兵”就是采取了这种方式。

掉包脱身式，就是在被动的情况下，通过偷梁换柱，制造假象，让对手出现思维判断上的错误，从而避开敌人的锐气，自己则乘机安全脱身。

假戏脱身式，就是设法给对方制造一个假象，以扰乱对方的推理判断，从而使自己摆脱不利的局面。

聪明的人懂得如何及时脱身。历史经验告诉我们，英雄一旦找到了用武之地，就应当积极进取，建功立业。然而事多变迁，在局势发生变化，需要及时抽身的时候，就应该果断放手，千万不能死扛一件事。遇到棘手的问题时最聪明的的做法就是金蝉脱壳，这样才能避免不必要的灾祸。

鬼谷子教你诈

事情的发展不可能会一直处于对我们有利的形势，当有利于自身发展的时候要积极进取，当不利于我们发展的时候，如果自身的努力不能扭转事情的发展，就可以考虑及时脱身。积极的应对可以改变事情发展的局势，但是并不是所有的情况下都适合坚持到底，适时、适当地脱身既可以保存有生力量，还可以避免不必要的损失，因此，在一定的条件下就不需要死扛到底，学会金蝉脱壳很重要。

第八章

阴谋
揣情与量权，洞悉隐匿事好成

凡事都是阴中有阳，阳中有阴，倘若都将事情摆到明面上来，反倒不利于事情的成功。所以，有些谋略就要求阴为阳，比如，揣测别人的心意，刺探别人的虚实，就要在暗中进行，只有这样才能在暗中发现表面上发现不了的变化。

1. 谋于阴，出奇制胜

鬼谷子在《谋篇》里面说："凡谋有道，必得其所因，以求其情。审得其情，乃立三仪。"也就是说，在游说的过程中，谋士最大的困难在于，还没有开口就被对方拒绝。遇到这种情况，就必须要出奇制胜，利用最富有诱惑力的惊人之语制造悬念，用他人的好奇心驱使他们聆听自己的建议。游说君王的时候，更应该用奇，因此有"说人主者，必与之言奇"。

出奇制胜就是要采用非常规的思维模式以实现最终的目的，通常指不采用常规的策略去攻打敌人，而是避其锋芒，扰乱对方的思维。历史上经常会用"明修栈道"作为掩护，最终顺利战胜对方，以巧妙的方式，利用出奇制胜的策略战胜对方。

"明修栈道，暗度陈仓"这个成语，在军事上的含义是：从正面迷惑敌人，用来掩盖自己的攻击路线，在敌人对自己放松警惕的时候，出其不意地从侧翼进行突然袭击。这是声东击西、出奇制胜的谋略，也即是指用明显的行动迷惑对方，使人不备的策略，也比喻暗中进行活动，利用敌人的麻痹心理，巧妙地抓住时机以突袭的方式攻破敌人的最后防御线。

鬼谷子认为，"谋之于阴，成之于阳"是运用"摩意术"的具体方法。为了顺利实现"摩"的目标，就必须做到在事情没有成功之前，绝对不能暴露自己的蛛丝马迹。那么，"明修栈道，暗度陈仓""瞒天过海"等方法就是"摩意术"的运用技巧。

学习"谋之于阴，成之于阳"的策略，要针对这个策略，学会透过事物的层层表象，不要被种种假象迷惑，要把握事物的本质，分析事物的发展趋势，再采取相应的策略，这样就可以瞒天过海出奇制胜。

在计谋的运用上，常规的一般的计谋，不如出奇的计谋。鬼谷子认为奇正是为人处世的基本原则之一，奇正两者是相对的关系，正是正面迎击，奇是侧面偷袭；正是先发制人，奇是后发制人；正是明战，奇是暗攻；正是力战，奇是智取。在对别人使用谋略的时候可以用奇，当然也可以用正，但是用正的效果不如用奇，因此要因奇制变，以奇制胜。

在风光旖旎的菲律宾首都马尼拉市，因为它独特的气候特点，吸引着来自世界各地的游客，餐饮业也比较繁荣。这里餐馆林立，酒店如云，已经是个普遍现象，所以各家竞争十分激烈，有个叫吉姆·特纳的美国人也在那里开了一家餐馆。

起初经营时，他也是按常规招了一批年轻漂亮的女孩子当服务员。当时马尼拉的其他各家餐馆也都是采用这种方法吸引顾客，大多数人认为，漂亮的女孩子会是餐馆里一道独特的风景，会吸引很多顾客。但是，吉姆经营了一段时间发现，餐馆生意清淡，根本不赚钱，残酷的竞争打破了他最初美好的设想，年轻漂亮的女孩子并没有让餐馆的生意更红火。渐渐地，吉姆发现，现有的收入已经很难维持餐馆的正常经营，他决心改变现状。他日夜苦思冥想，力争使局面有所改观，希望在经营方式上找出自己的特色，在众多竞争者中脱颖而出。

有一天，他走在街上，忽然碰到一个矮人，看上去十分有趣。他当时脑子里就闪现出一个念头：用矮人当餐馆服务员。想法有了就立即采取行动，不久吉姆就办起了矮人餐馆。整个餐馆，上至经理，下至厨师，都一律使用矮人，最高不超过130公分，最矮为70公分左右。这样，当顾客走进餐馆时，马上就会受到一位大头小身子的矮人服务员的热烈欢迎，他笑容满面地向顾客递上擦脸毛巾。当顾客在合适的座位上坐下时，又有一位矮人服务员捧着一个几乎与自己身高相等的精致的大菜谱请顾客点菜，完全改变了大多数餐馆的经营模式，凸显了自己的特色。

这样一来，正由于他们动作滑稽可笑，顾客们看到他们似乎瞬间就把烦恼抛在脑后了。从此，吉姆的这家餐馆便以这种世界上独一无二的方式而名闻遐迩，以至于各国旅游者纷至沓来。

吉姆采用出奇制胜的方法赢得了顾客，也在众多竞争者中取胜。当大多数人都在用同一种思维模式的时候，吉姆能够反其道而行之，吸引住顾客，这就做到了思维模式的胜利，进而再选取一定的策略赢得对手，不失为一种明智的选择。

鬼谷子认为，所谓出奇制胜就是采用这种非常规的智谋行为来实现的。商业界同样可以采用出奇制胜的方法。一种商品或服务，有了独具的特色，有了与众不同的方式，才能吸引顾客。出奇制胜的方法就是要求我们必须学会创造性的思维，在遇到问题时能够拓开思路，寻找独特、新颖而又有效的解决办法。

出奇制胜以“奇”作为“制胜”手段。因此，构思和策划“奇”的方式，是此术成功的关键。然而，在现实生活中，人的思维总是难以摆脱习惯性的思维模式，那么，如何才能找出与众不同的方法呢？

首先要有侧向思维，即从其他领域获得启示的思维方式。辽宁省的冯振龙，就是借助侧向思维方式走上了发家之路。他种植苹果，一直希望自己的苹果能够具有独特性，他从书中得到启示，秋天是苹果的着色期，他挑选了长得比较大的国光苹果，在向阳面粘上用牛皮纸刻成的“福”字，经过精心培育，收获了七百多个带字的苹果。这些苹果由于迎合了广大消费者祈求平安的心理，所以售价比普通苹果高三四倍，收入也比以前翻了好几倍。

其次要培养逆向思维，就是逆着人们常规思路的思维方式。第二次世界大战的时候，苏军利用逆向思维采用夜间开灯作战的方式一举攻破了德军的阵地。

最后，还要有合并思维，也就是将思考对象的有关部分，从思想上将它们合并起来的思维方式。

出奇制胜，在不同的领域起到不同的作用，在军事上，“出奇”之所以能制胜，是因为它能达到“攻其不备，出其不意”的效果。而在商业和服务行业，“出奇”之所以有效，是因为它往往迎合了人们的好奇心理。但是这种“奇”必须根据具体的环境、谋略的目的等而定，一味地追求“奇”未必都有效。

鬼谷子教你诈

在工作和生活中，大部分情况下都是按常规思维办事，然而，出奇制胜则可以利用不同的思维方式，利用它的“奇”达到出其不意的效果。同时，也是在某种程度上去迎合人们的好奇心理，规避人们惯用的思维模式，可以很好地吊足人们的胃口，在游说中也是推陈出新，找出更好的方法说服对方。

2. 懂藏拙，才干宜藏不宜露

鬼谷子在纵横术中讲到如何不张扬，学会隐藏自己的才干。他说：“揣情者，必以其甚喜之时，往而极其欲也；其有欲也，不能隐其情。必以其甚惧之时，往而极其恶也；其有恶也，不能隐其情。”这提醒我们，隐藏自己不是埋没自己，而是一种谋略。所谓“木秀于林风必摧之”就是这个道理。

人们常常会因为身处逆境，或是自己的处境不如其他人的时候就谨言慎行，做事低调。也常因为一时得意而忘乎所以，太过于张扬自己的才能，这就会忽略周围可能存在的危险。很多人被一时的胜利、优越感冲昏了头脑，得意忘形，导致周围的人不满，从而为自己将来的生活和工作埋下祸患。所以，时刻谨慎行事，懂得隐藏自己的锋芒，才能保证拥有足够的力量生存下去。

隐而不露是一种谋略，是为了达到某种特定的目的，故意将自己的内心掩盖起来，以此麻痹敌人的一种策略，一旦时机成熟，机会到来的时候，就会付出全部精力，刀剑出鞘，置对手于死地。不露声色就是装糊涂，越是大事，越要糊涂得彻底，这样一来还可以保护自己的有生力量。另外，当时机到来的时候，还可以立刻抓住时机，打败对方，也就是趁敌人不予防备的时候予以攻击，反败为胜。

鬼谷子说：“圣人之道阴，愚人之道阳。”就是说圣人运用谋略的原则是隐而不露，而愚人运用谋略的原则是大肆张扬。鬼谷子的捭阖之道，就是要向对手灌输一些卑微的目标，充分把自己的不足和弱点展现给对方，迷惑对方，使对方放松警惕心，最后再把最强硬的一面露出来一举攻克对方。为了保全自己，也是为了使自己的目的达成，这样采取先隐后露的方法也不失为一种谋略。

明朝，张武任县令的时候，有两个江洋大盗来到县城，并且冒充朝廷的锦衣卫要见张武，还悄声对张武说朝廷下命令了，要公开处理耿随朝的事情。当时有个叫耿随朝的人，担任户部的科员，主管草场，因为发生火灾，朝廷就把耿随朝送进了监狱大牢。张武一听此事，觉得两个人的身份应该没什么问题了。

两个人一边拉着张武的手，一边嘘寒问暖假装殷勤。一个强盗说：“张公，我是灞上来的朋友，要借您点公库里的金子用用。”于是，二人取出匕首架在了张武的脖子上。张武立刻知道这两个人不是锦衣卫，就是两个强盗。于是，他克制住内心的紧张，镇定地说：“你们既然不是为了报仇，我更不会因为一点钱而放弃自己的生命。反而是你们因为一点钱而暴露了自己的身份，那可就对你们没什么好处了。”两个强盗想了想觉得有道理。

张武接着说：“库里的钱有人看管，很容易就会被发现，这样对你们来说就不利了。所以我觉得还是我向县里的有钱人借点，这样你们就不会有什么危险了，也不会对我有什么影响，这样不是挺好的嘛！”强盗听了觉得在理，也就同意了。

张武暂时稳住了两个强盗，这时，他想到了一条妙计，立刻要属下刘相前来，对刘相说：“我遇到一件很麻烦的事，是这两位锦衣卫的兄弟大力相助才安然无事，所以我想拿五千两黄金作为酬谢，以表示我的一点心意。”刘相一听是五千两，大吃一惊地说：“哪里有那么多钱啊？”张武说：“我发现咱们县里的人都很仗义，你就先找有钱的人家给我借借吧。”

张武立刻拿出纸笔，迅速在纸上写了几个人的名字，并且分配好钱数。刘相一看，这才恍然大悟，因为张武写的几个人都是县里有名的武士。

很快，名单上的那几个人就出现在了张武面前，一共有9个人，个个都穿得光鲜亮丽，一看就是有钱人家的子弟。他们9个人手里都拿着用纸包起来的铁器，还很惭愧地对张武说：“张公，实在是不好意思啊，钱没有凑够，不过也不差大事。”两个强盗看到几个人觉得应该不会有错，很高兴地对张武说：“张公果然是个很仗义的人。”两个强盗看到大大小小的包裹忍不住去打开看。就在两个强盗查看包裹的时候，张武迅速摆脱强盗的控制，大喊：“抓贼！”9个武士蜂拥而上，两个强盗被活捉了。

张武遇到危机能够从容应对，不动声色地做到了诱敌深入，装糊涂装得很彻底，最后既保全了自己，也保全了国家财产的安全，并且将强盗捉拿归案。

懂藏拙，宜隐而不宜露。明明知道事情故意装作不知道，虽然自己明白一切，但是为了暂时保全自己的实力就必须要暂时避其锋芒，故意装作看不见、不知道，这也是一种策略。当自己身处险境的时候，明知故昧就是一种明哲保身，为达到最终的目的而采取的重要手段。

当面临强大的对手而无力对抗的时候，取得胜算的机会很渺茫的时候，就要采取隐而不露的策略，千万不能一味地勇往直前，不然，一旦陷入被动就会很难抽身，很有可能还会牺牲掉自己的有生力量。鬼谷子生于乱世，所以深知隐藏自己的重要性。显然，遇到险境时要采取措施适时地避其锋芒，用假象迷惑对方，暂时养精蓄锐，等到时机成熟，再一举集中所有力量歼灭对方，这样的适时反击常常能够以弱胜强，反败为胜。

当然，在为人处世的过程中，把隐而不露的策略引申过来，就是要把自己的才干隐藏起来，等到合适的时候再显露。一个有才华的人，就要学会适时地隐匿自己，能够审时度势地分析所处的形势。“大成若缺，其用不解，大盈若亏，其用不穷，大辩若讷，大方无隅，大器晚成，大音希声，大象无形”，其中要告诉我们的道理就是要学会藏拙，隐而不露，等待时机。

人的一生就像是漫长的旅途，不会一帆风顺。一路上既有风平浪静，当然更多的是波涛大浪对自己的拍打。所以我们必须懂得什么时候扬帆，更要懂得何时收帆，避免不必要的损失，这样才能够保证自己顺利到达目的地。

鬼谷子教你诈

审时度势地分析自己所处的形势，面对一切都要学会捭阖有度，顺应阴阳调和的自然规律，学会适时适度地把握自己才华的“隐”与“露”，真正做到对自己才能展现的收放自如。隐而不露地策划事件，并不是说要学得城府深不可测，而是作为一位谋划者所展现出来的智慧与谋略。

3. 虚张声势，暗中量权知深浅

很多时候，我们没有足够的力量和把握去赢得某些信任，或者某些人才，所以，要假装自己很强大，才能找来盟友。对此，鬼谷子是这样论述的：

“古之大化者，乃与无形俱生。反以观往，覆以验今；反以知古，覆以知今；反以知彼，覆以知己。动静虚实之理，不合来今，反古而求之。事有反而得覆者，圣人之意也，不可不察。”

虚张声势经常用在军事上，指的是当自己的力量比较弱的时候，为了应付敌人,可以借友军势力或借某种因素制造假象,使自己的阵营显得强大，也就是说，在战争中要善于借助各种因素来为自己壮大声势，在心理战术上取得优势地位。

在双方作战的过程中，因为战场上情况复杂，可以说是瞬息万变，指挥官很容易被假象所惑。根据战场上指挥官容易被对方迷惑的特点，我们要善于布置假情况，巧布迷魂阵，虚张声势，可以慑服甚至最后一举击败敌人。比如说树上开花，是指树上本来没有开花，但可以用彩色的绸子剪成花朵粘在树上，做得和真花一样，用假花冒充真花，取得乱真的效果，不仔细看，真假难辨，这也是一个虚张声势的实例。

鬼谷子认为，无论任何人都有自己的弱点，要攻破对方的弱点，才能实施我方的计划。比如“位高者轻权，财大者轻利”是正常的事情。不论人之愚、智，皆有自我优劣，所谓“智者千虑必有一失，而愚者千虑必有一得”，人的得失皆在辩证之中。因此，攻破对方弱点首先就需要明确对方的实力，在不显露自己实力的前提下，暗中观察对方的一举一动，揣测对方的真实意图，这样才能明确自己采用什么样的计策攻破对方，以最小的代价换取最大胜利。

三国时期，诸葛亮因错用马谡而失掉战略要地——街亭，魏将司马懿乘势率大军 15 万人向诸葛亮所在的西城蜂拥而来，意图一举歼灭刘备的主力部队。

当时，恰巧诸葛亮身边没有大将，只有几个文官，所带领的 5000 军队，也有一半运粮草去了，只剩 2500 名士兵驻守在城里。众人听到司马懿带兵前来的消息都大惊失色。诸葛亮登城楼观望后，对众人说：“大家不要惊慌，我略用计策，便可让司马懿退兵。”

于是，诸葛亮传令下去，要求把所有的旌旗都藏起来，士兵原地不动，如果有私自外出以及大声喧哗的，立即斩首。又叫士兵把四个城门统统打开，每个城门上面派20名士兵扮成百姓模样，洒水扫街。诸葛亮自己则披上鹤氅，戴上高高的纶巾，领着两个小书童，带上一张琴，到城上望敌楼前凭栏坐下，燃起香，然后慢慢弹起琴来。

司马懿的先头部队到达城下后，见了这种气势，都不敢轻易入城，便急忙返回报告司马懿。司马懿听后心里也觉得奇怪，笑着说：“这怎么可能呢？”于是便令三军停下，自己飞马前去观看。在离城不远处，他果然看见诸葛亮端坐在城楼上，笑容可掬，正在焚香弹琴。左面一个书童，手捧宝剑；右面也有一个书童，手里拿着拂尘。城门里外，约莫有二十多个百姓模样的人在低头洒扫，旁若无人。

看到这里，司马懿疑惑不已，便来到中军，令后军充作前军，前军充作后军撤退。他的次子司马昭说：“莫非是诸葛亮家中无兵，所以故意弄出这个样子来？父亲您为什么要退兵呢？”司马懿说：“诸葛亮一生谨慎，不曾冒险。现在城门大开，里面必有埋伏，我军如果进去，肯定正好中了他们的计，还是快快撤退吧！”于是各路兵马都退了回去。

面对司马懿的突然袭击，诸葛亮没有惊慌失措，而是镇定自若地使用空城计，弹指间将敌人吓得退兵了。这说明诸葛亮对司马懿的行事作风很了解，对方是一个生性多疑的人，在四个城门都打开的情况下，他肯定不会冲进城去，反而会怀疑城中有埋伏。正是基于这种认识，诸葛亮敢于把城门大开，采用虚张声势的计谋吓退来兵。

在鬼谷子的游说论中反复提及一些假借的手法，不过无论是在游说的过程中还是在战场上，都需要前期的深度揣测，了解对方的作风、品行、特点、实力等，这样才能为后期的双方角逐提供基础条件。暗中揣测也即是对双方力量的权衡，权即权衡、斟酌，经过既“揣”又“摩”，真正了解和把握对方以后，就要根据客体的不同情况，仔细权衡酌定说人处事的策略和技巧，这就是“权”，即量宜发言。

游说，是劝说别人听从自己的主张，希望对方能按照我们的主张办事。劝说别人，就要凭借利用其思想情绪，投其所好。那么，这就需要巧妙地运用语言的力量，就要假借例证充实言辞的力量。借助言辞，就要增减言辞以迎合对方心理。

第一，与人交谈，还要考虑心理因素、感情因素和事理本身的因素。

通常，可根据具体情况适当调整言谈内容，有意识地提高自己的可信度，增强可接受性，这样当对方对我们的言辞不存有戒备之心的时候，也就是我们即将成功说服他人的时候了。

有时宜于顺着对方的心理，强调共同点，迎合对方，以显示双方思维上的共向性、感情上的相容性和利益上的一致性。这样，易于取得信任，对方也乐于接受自己的观点。

有时要言谈平实公正，不论是非取舍，都不迟疑不含糊，善于决断，敢于负责，以示非闲聊之语、非笑谑之谈、非两可之说。说话有一定分量，可增强讲话的严肃性与约束力。

有时需要有意识地探试对方的情况，摸清对方的底细，或攻或守，或虚或实，并善于进谋，善于权衡得失，为自己谋略的实施做好铺垫。

第二，游说的过程中还要考虑要说服的对象。

了解对象属于哪一类时，要注意的是不要被游说对象的某些假象所欺骗。因为有的人骨子里是追求重利的，但表面上却表现出一副淡泊名利、追求高尚德行的样子。如果你跟他讲清高、廉洁，他表面上会迎合你，而实际上则会疏远你；而如果你用利益去游说他，他表面上会斥责你，而暗地里则会采用你的主张。遇到这样的人，就需要格外小心，要游说成功就需要你为他设定出一种既能满足他好虚名的心理，又能使他获得重利的法子，否则很难满足他。

了解游说对象的意图，按照他的心意进行游说，一般来说比较容易取得成功。但是，还要懂得保守或隐藏别人的心意，否则，游说虽然成功了，可自己的小命却可能不保。这就是我们通常说的“一个人不了解别人，不容易找到朋友；一个人太了解别人，也不容易找到朋友”。

总之，游说需要了解自己，当然更重要的是了解游说的对象。然而这种探测对方的方法也需要很多努力，只有配合以适当的技巧才能获得最大的成功。

鬼谷子教你诈

游说是将自己的思想卖给对方的过程，要想让对方接受自己的主张就需要了解对方，根据对方的喜好选择自己游说的方式、技巧。当然这种暗中揣度权衡必须在暗中进行，只有让对方不知不觉地发现双方共通性以及存在的利益共同点，才能顺利实施自己的计谋，进而实现游说的成功。

4. 揣测人意，答非所问装糊涂

鬼谷子在《揣篇第七》注里面说：“古之善用天下者，必量天下之权，而揣诸侯之情。量权不审，不知强弱轻重之称；揣情不审，不知隐匿变化之动静。”意思是，古代那些善于处理天下纠纷进而操纵天下局势的人，必定能够准确把握天下形势的变化，善于揣测诸侯国君主的心。有时候揣测是一种高明的手法，如果再适时装装糊涂，那么就是如鬼谷子一样的大智慧认了。

在工作和生活中，当遇到对方提出的问题比较尖锐或是难以直接回答的时候，我们就会采取答非所问的方法，从侧面表明自己的真实想法。这样既不会因为直接回答对方导致双方陷入尴尬的境地，也不会因为直接拒绝回答导致双方产生矛盾和误会，因此，答非所问的回答方式很好地解决了这个难题。当然，在我们准备回答对方的时候必须以了解对方的真实意图作为前提条件，只有摸清了对方的真实想法，才能选取合适的方式方法去表达自己的想法。

鬼谷子认为，说人主者，必当审揣情。善于治理天下的人，必然会审慎地把握国家发展的趋势，揣度各诸侯国的具体情形。谋臣策士纵使有古代贤王之道，当代圣智之谋，倘若不能揣情，也就不能成功地游说人主。如果不能周密切实地审时度势、权衡利害，就不会知道诸侯国的强弱情况。如果不能周密地揣度形势，便不知道个中隐蔽情况的发展变化。因此，“揣情”之术为“谋之大本也，而说之法也”。可见“揣情”之术实质上是教谋臣策士在进言献策之前要察言观色，做到有的放矢，对症下药。

善于运用“揣情”的人，经常策划谋略，在事情发生之前，就能大概推测出来。揣测就是要权衡对方实力的大小，预测双方未来局势的发展，分析实施每一个计谋的利弊得失，哪一个是长策，哪一个是权宜之计。揣情最难的就是窥探出对方的心理变化，而游说时的进言献策又必须是顺应时势的，还要合乎对方的心思。如果说客能够准确地判断局势，趋利避害，就可以更好地推动自己的事业，那么其中最关键的还是要求谋臣策士们能够审视事物发展的微妙变化。所以，在进行详尽的揣情之后还要反复地加以推敲、修饰，让自己的游说之辞以更好的形势呈现给君王，这样才能够使自己的游说成功。

汉光武帝刘秀的姐姐湖阳公主的丈夫死去后，她想梅开二度，光武帝就说："姐姐你想嫁谁，我可为你保媒。"光武帝跟她谈论满朝的文武大臣，暗中猜测她的心思，看她相中了哪一位。其实湖阳公主早就看中了朝中品貌兼优的宋弘，于是对光武帝说："宋弘先生的仪表相貌和品德才干非常出众，满朝文武没有谁能赶得上。"光武帝说："让我想想办法。"

一次，刘秀先以谈工作为名召来宋弘，另叫湖阳公主坐在屏风后面听着。这样，湖阳公主既可以隔帘听到拟选夫婿的谈吐，又可以挑帘看未来老公的相貌。光武帝也不单刀直入，先是东拉西扯谈工作，然后再拐弯抹角，探宋弘的口气："俗话说，人地位高了，就改换自己结交的朋友；人富贵了，就改换自己的妻子，这是人之常情吗？"其实，这是光武帝在做宋弘的思想工作，诱导宋弘：富贵后理所当然应该换老婆了。估计宋弘来之前，就已猜到光武帝要跟他谈的是什么，所以，宋弘从容地回答说："我听说'患难之交不可忘，糟糠之妻不下堂'，也就是说，人在生活贫困、地位低下时结交的朋友不能忘记，最初的结发妻子不能让她离开身边。"两人好像在谈论人生哲理，其实都是在向对方试探火力。

光武帝的脑子比谁都好用，见话不投机，马上转移话题，东拉西扯一番后，就把宋弘送走了。光武帝等宋弘走后，就回头与屏风后面的姐姐说："这个媒难做啊，宋弘你是嫁不成了。"湖阳公主只好作罢。

当光武帝跟宋弘谈论"贵易交，富易妻，人情乎"的时候，宋弘已经明白刘秀问话之意。但他进退两难，应允吧，有悖自己的人品，也对不起贫贱相扶的妻子；含糊其辞吧，还会招来麻烦；直言相告吧，既不得体，又有冒犯龙颜之患。所以他也引用古语来"表态"，委婉而又直截了当地表明了自己的态度。

宋弘没有直接拒绝光武帝的说媒，而是采用巧妙的答非所问的方式回答了光武帝自己的决定，这样既不会伤及龙颜，乃至引来杀身之祸，也不会因为难拒圣意而违背自己的心意进而抛弃自己的结发妻子。

鬼谷子认为，答非所问也是谋士在游说的过程中所采用的一种方法。

当遇到不好直接表明自己心意的情况时就可以采取答非所问的方法，巧妙地从侧面表明自己的真实意图，这样既不会造成尴尬的场面，也不会因为不好直接回绝而勉强自己，违背自己的心意。当然，在谋士游说的过程中对方也有可能会采用答非所问装糊涂的做法，这时候就需要谋士能够准确地判断出对方的真实意图，以便找出更好的计谋去说服对方。

揣情的方法有很多。第一，顺着揣，有意识地顺着对方的心理，把对方喜欢或者厌恶的感情推向极致，并且把这种感情充分暴露出来，从而了解对方的真实意图。第二，要善于从侧面去了解、揣摩，如果无法从正面把握对方的内情时，要改变方式，从周围人或者其他事情中去揣情，放弃直接的方法，采用间接的方法去了解对方、揣摩对方。第三，以小见大，善于从微小迹象中去揣测对方内在的思想趋向。

揣情的对象是十分丰富的，因事而异。需要出奇方能制胜，只要善于揣度人的智谋，分析人的特点，就能摸清对方的真实意图，了解内外局势的真实情况，确认信息的准确性，分析利弊，使之为我所用。还可以引诱对方说出真情，然后通过恭维来钳住对手。钩钳之语是一种游说辞令，其特点是忽同忽异。对于那些没法控制的对手，或者先对他们威胁利诱，然后再对其进行反复试探；或者在反复考验中毁灭对方，或者把摧毁对方作为反复考验；或者先对他们反复试探，然后再摧毁他们。

当想要重用某些人时，可采取先赏赐财物的方法，对他们进行试探；或者通过衡量其才能创造气氛,来吸引人才；或者通过寻找机会来控制对方，在这个过程中要运用抵之术。不论采用什么方法去揣测对方，都要确保信息的准确性以及可靠性，这样才能保证揣情的成功，进而促使游说的活动得以顺利完成。

揣情之术可以使人受益，也可以使人受害；可以使人富贵，也可以使人贫贱；可以使人地位显赫，也可以使人微不足道；可以使人成功，当然也可以使人失败，这些都是揣情之术有可能产生的后果。所以，即使是贤明的君王，有着过人的智慧，如果没有揣度他人心理的能力，面对复杂多变的局势也不能够识破它。所以说，揣情之术是策划事物的基本条件，是谋臣策士游说的基本法则。

鬼谷子教你诈

揣情术是说客常用的一种方法，通过“揣情”可以探明对方的真实意图，摸清自己所处的真实情景，掌握对方的重要信息，以便从中找出更合适的计谋去游说。揣情，贵在事先能准确判断对方的心理，通过由表及里的方法，挖掘其隐藏在内心的东西，所谓“谋事在先，成事在后”就足以说明“谋”的重要性，巧妙地把握事物内相，使事物通过谋而后成是游说过程中很重要的一环。

5. 巧施苦肉计，反击也温柔

在《忤合》篇中，鬼谷子着重论述了“以反求合”之术。他说：“成于事而合于计谋，与之为主。合于彼而离于此，计谋不两忠，必有反忤。反于是，忤于彼；忤于此，反于彼。”事物总是有正有反，有利有弊，有直有曲，具有谋略的人总是能够化不利为有利，总能根据自己的需要，适时改变斗争的形势，变被动为主动，从而化险为夷，转危为安。在谈笑中，要达到某一目的、实现某一意愿，常常需要曲折、灵活地应变，以求成功，这正是“忤合”之术。

事物总是处于不断的变化中，正如鬼谷子所说的“世无常贵，事无常师”。因此，“成于事而合于计谋，与之为主”或“合于彼，而离于此，计谋不两忠，必有反忤”。可见，“忤合”是事物发展变化中的应变常规。任何事物都有正反逆顺的发展形式，使用“忤合”之术的前提是必须对具体事物进行全方位的分析与研究，从而确定采取具体的应变方法。如果没有具体分析到特定对象，那么缺乏针对性的以反求合，不仅不能实现原先意图，而且可能适得其反。

比如“苦肉计”，利用的是人们的常规思维。通常没有人愿意伤害自己，如果说被别人伤害，就会被认为这肯定是真的。己方如果利用这种常规心理，以假当真，敌方肯定信而不疑，接着再实施自己的计谋，这样才能使苦肉计得以成功。苦肉计也可以说是一种特殊做法的离间计，运用此计，“自害”是真，“他害”是假，以真乱假。己方在敌方面前要造成内部矛盾激化的假象，再派人装作受到迫害，以假投降为突破口，借机钻到敌人心脏中去进行间谍活动。“逆反心理”是一种常见的心理现象，在军事方面运用很普遍，苦肉计就是兵家常用的计谋。

三国时期，孙刘联军和曹操在赤壁的一场战争给人们留下了深刻的印象。当时，曹操的80万大军准备进攻刘备和周瑜的联军，刘备和周瑜很清楚，自己的军队仅仅有5万兵力，而曹操的军队足足有80万人马，自己远不是曹军的对手。双方军事实力的悬殊是一个无法解决的难题，怎么办呢？正当刘备和周瑜两人无计可施的时候，黄盖来到帐中对周瑜说：“都督，我可以假装投奔曹操，让曹操放松警惕，之后再找机会把曹操的大军一举攻破！”周瑜听后被黄盖的忠心所感动，便同意了黄盖的方案，希望此计能缓解双方军事力量悬殊的危机。

周瑜和黄盖事先约好要演一场戏，在一次军事会议上，周瑜和黄盖故意因一件小事大吵了起来，黄盖甚至出言不逊，让周瑜下不来台。周瑜大怒，下令要把黄盖赶出军营。在众多将领的苦苦哀求之下，周瑜才没有把黄盖逐出军营，但还是把黄盖打了50军棍。这件事被曹军派来的探子知道了，便把这件事迅速报告给了曹操。后来曹军的探子又听说黄盖对周瑜怀恨在心，想投奔曹操。曹操大喜，可他并不知道，他正在一步一步地落入周瑜精心设计的圈套之中。

在赤壁之战中，黄盖带着几名士兵驾着一艘小木船驶向曹操庞大的舰队。黄盖的船上蒙着一层油布，里面装的是满船的干草。曹操看到黄盖，自以为这仗赢定了。没想到，等黄盖的小船距离曹操的舰队只有几里远的时候，黄盖竟然点燃了船上的干草，随后和士兵一齐跳入水中游走了。无人驾驶的木船在海风的推动下冲向曹军的船队，顿时火光冲天，哭喊声、爆炸声响成一片。在赤壁之战中，曹军几乎全军覆没，曹操也险些死于关羽的刀下。

今天，人们常用“周瑜打黄盖——一个愿打，一个愿挨”这句歇后语来形容两厢情愿的事，以表示后人对黄盖的尊敬。

在军事上，诈降之术、诈败之法均为“忤合”之计。此计是用自我伤害的办法取信于敌，以便进行间谍活动。“人不自害”是人们习惯的思维定式。苦肉计就是利用这一心理定式，在敌人面前故意做出受迫害的假象，以迷惑和欺骗敌人，或打入敌人内部，对敌人进行分化瓦解或给予致命一击。

苦肉计一定是由某种自己无法抗争的力量导致的，利用好这样的常理，自己伤害自己，以蒙骗他人，从而达到预先设计好的目标。苦肉计不仅用于军事战争之中，还广泛地用于社会生活的各个领域。在现代经商活动中，经营者利用“苦肉计”对自己的不合格产品进行集中销毁，用以引起广大群众的注意，树立自己企业的良好形象，为下一步赚回更多的钱埋下伏笔，是非常可取的。

施行苦肉计，要进行自我伤害，有时这种伤害是非常痛苦的。苦肉计不仅是一个苦计，而且还是一个险计。如果敌人多谋善断，不但自我伤害之苦要白忍受，而且连性命也难保。因此，使用此计需要格外谨慎。

鬼谷子认为，无论在任何时候，都要能够进行周密的计划、分析，计算准确以后，还要在确保对自己有利的情况下，再实现“忤合”之术，否则将会无功而返，达不到预期的目的。如果时机不对，就急于求成，耐不住性子，这样就很难顺利化不利条件为有利条件。因此，在实施自己的谋略之前一定要把握好当时双方的局势，了解清楚对方的意图。

在环境不利于我们发展的时候，要充分发挥自己的主观能动性，相信依靠自己的力量，可以化不利为有利，可以将局势转危为安。不论遇到什么情况都要积极发挥自己的想象力，积极采取措施转化危机，打破常规思维，谋划出更有效的策略去破解难题。当然，在我们身处顺境的时候也不能沾沾自喜，而是要时刻有居安思危的意识，这样才能在激烈的竞争中永远立于不败之地。

鬼谷子教你诈

无论在任何时候，也不论在什么地方，面对复杂局势时，都要进行周密的谋划、分析，在确定双方的力量悬殊、具体情形之后再实行“忤合”之术，这样才能够无往而不胜。苦肉计打破了人们的定向思维模式，一反常规，采用假“他害”、真“自害”的以假乱真的方法，蒙蔽对方，然后乘机夺取胜利。

6. 兵不厌诈，因人设局

兵不厌诈，就是根据敌人的特点而给敌人设计出一个新的圈套，等敌人上套之后巧妙地实施自己的计谋。鬼谷子说：“摩者，揣之术也。内符者，揣之主也。用之有道，其道必隐。微摩之，以其索欲，测而探之，内符必应。其所应也，必有为之。故微而去之，是谓塞窌匿端，隐貌逃情，而人不知，故能成其事而无患。”在游说的过程中，也经常会用到此计，如果说客真正做到了“用其意”，那么就没有劝不动的对手了。通过自己的计谋让对方不知不觉就被控制，如果说客都能真正做到“用其意、得其情、制其术”，那么也就能够像鬼谷子文中所说的“独来独往，莫能止之”了。

鬼谷子讲“用其意”，指谋臣为揣摩君王的意图、嗜好而和君王往来，以此获取信任。只有了解了君王的真正想法，知道他想要得到什么，谋臣才可以根据君王的需要投其所好，得宠于君王。

想从对方那里得到什么，或者是要为对方设下圈套，也或者是想取悦于对方，消除对方的戒备心理，都是对“投其所好”的良好应用。如果有人无缘无故投你所好突然送你喜欢的东西给你，那么你就应该细心地判断一下，揣摩对方的心理，他送你东西的真正意图是什么，进而掌握主动权，对其加强防范，以免在不自觉中进入别人设好的局。任何事物的反常现象，都肯定隐藏着阴谋。

对于突然对我们百般讨好的人，要加倍当心；反之，当我们需要利用他人，要采取对策对付别人的时候，首先就要了解清楚具体情况，仍然要记住投其所好，因人因事制宜。具有谋略的人，其感情的联系往往来源于平时的接触。臣子结交君王，有的用高尚的道德情操来结交，有的就以交朋友的方式来结交，有的则以送给对方财物来结交，有的则用美貌来结交，方法不一，但是都有一个共同的目的就是投其所好，当对方除去戒备心的时候就可以根据自己的谋略采取适当的方法，最终达到目的。

现代的商业经营中也经常需要考虑所面对的人群，根据具体人群的不同特点来采取不同的方法去应对。不同的消费者群体有不同的特点，通过分析一类消费者群体的特点，然后针对具体的特点制定不同的应对策略，才能做到有的放矢，达到事半功倍的效果。

在商业经营中动之以情，撼动人心，常是赢得顾客的绝招，也就是利用心理战术赢得消费者。

杰克是美国著名商人，他有一双特别能发现商机的眼睛，经常能打破常规，在他人看来无利可图的事情中发现商机，进而获取厚利。

2008 年世界经济都不景气，当时美国经济也正处于萧条时期，很多小企业都倒闭了，大批商品积压在库房，遭遇滞销。杰克是一个善于动脑筋的人，当他看到萧条的市场，满大街都是促销商品的时候，就想出了一个办法。

他在波士顿市中心最繁华的地段处开了一家商店，并在电视上做了几期广告，大力宣传自己的商品，声称该店有一套与众不同的经营方法：商品标出价格的头10天按全价出售；从第11天起到第17天降价20%；第18天到第23天，降价40%；第24天至30天，降价65%；第31天至第36天，最后如果仍然没人要，商品就免费送给慈善机构。

杰克这一商店的开办很快成了人们议论的话题，很多人都因为杰克的经营模式、促销方法而感到惊诧，几乎每一个人都想去这个商店看一看，都想知道这样会不会让杰克破产。当然，大部分人预言并且相信："这个笨蛋将倾家荡产。"因为，如果顾客等到商品价格降到最低时才买，商店岂不吃大亏？不用说赚钱了，恐怕连本钱都要赔进去了。

最后令大家不能相信的事实却是，杰克商店的商品十分畅销，店里每天的顾客量都要高出其他商店的很多倍。一家制衣厂的产品积压很多年，因求助于杰克，结果不久便销售一空。从此杰克商店的名气也就越来越大，还有很多慕名而来的远方顾客，杰克的生意一天比一天好。

杰克的高明之处在于他揣测出了顾客的心理：我今天不买，明天就会被他人买走，还是先买为强。更何况还有些同情者呢。

大多数消费者都有一种逆反心理，杰克正是因为摸清了消费者的心理才使自己的营销策略一举得胜。根据消费者的心理特点而有针对性地采取特定的方法去影响他们的消费行为是需要决策者具有敏锐的洞察力和判断力的，能够准确发现并且有效地利用消费者的心理特点，才能找出更有效的方法去施展自己的策略与计谋。

在不同的环境中见到不同的人应该用不同的方式讲不同的话，还要采取不同的应对策略。不过要以平常心对待，否则会得不偿失。"见什么样的人说什么样的话"，正是重中之重。凡事要因人制宜，做人处世要会"方"，也要会“圆”，要有心眼，要学会变通，这才是根本目的。

善于随机应变的说客，能够详细了解体察当时当地的形势，用容易变通的语言预言，并且给自己留有余地，以随机应变。正所谓，“事有不合者，有所未知也，合而不结者，阳亲而阴疏。事有不合者，圣人不为谋也”。

鬼谷子认为：“故口者，几关也，所以闭情意也。耳目者，心之佐助也，所以窥间见奸邪。”由此可知语言表达的重要，耳目观察的重要。语言是游说的手段，事实则是游说、机辩的基础，而只有言之成理才能成功。因为通过对方的言辞可以推测出他的内心世界、品性、愿望，只有了解到这些基本的特点才可以有目的地投其所好，因人因事而采取不同的谋略。鬼谷子认为，无论何人都有自己的弱点，要攻破对方弱点，才能实施我方的计划。比如，“位高者轻权，财大者轻利”是正常的事情。不论人之愚、智，皆有自我优劣，所谓“智者千虑必有一失，而愚者千虑必有一得”。

鬼谷子教你诈

游说的过程中会遇见不同的人、不同的事，当面对纷繁复杂的局势时，只要我们能够了解对方的真实意图，就可以具体问题采取具体的方法，既要因人而异，还要因时而异、因事而宜，这样才能做到因人设局，最终方能取胜。

7. 浑水好摸鱼，乱中求利

任何计谋的实施，都是以达到自己获胜为目的。在谋略的运用中，除了掌握谋略的实施技巧之外，还要懂得如何为技巧的实施创造有利条件，以及什么时候实施自己的计谋才能保证更高的成功率。因为在双方力量的角逐中，双方都保持着高度的警惕心理、清晰的逻辑思维，自己的计谋很可能会被对方识破。谋略实施的最高明手法就是当对手还处于自我混沌的状态中时，不知不觉进入我方预期设好的圈套，使对方在出乎意料、不知不觉中便败在我们面前。

鬼谷子说：“钩箝之语，其说辞也，乍同乍异。其不可善者：或先征之，而后重累；或先重以累，而后毁之；或以重累为毁；或以毁为重累。其用或积财货、琦玮、珠玉、碧玉、璧白、采色以事之，或量能立势以钩之，或伺候见涧而钳之，其事用抵巇。”意思是，钩箝之术就是利用忽同忽异的语言对对方进行反复试探，诱导对方顺着自己的思路说话，在诱导时就要忽同忽异，给对手以假象，让他摸不着头脑，不知道你的真实意图，然后不知不觉陷入你的算计之中。

“混水摸鱼”的运用首先要懂得适时把局势搞复杂，有了这个前提条件才能从中得利。它比“趁火打劫”一计具有更深的谋略性，需要前期具有缜密的思维布局，在实施的过程中，要求指挥员发挥最大的主动性。也就是说在社会动荡不安或军队人心不稳之时，各种力量就会互相冲撞，而弱小的一方屈从或反对还没有确定，此时应将弱小的一方争取过来，以扩充力量，夺取胜利，或者乘乱取利。

在错综复杂的市场竞争中，道理也是一样。慧眼独具、手腕灵活的经营者常趁着竞争对手内部或市场混乱之际，乘机兼并那些力量弱小而又动摇不定的势力，以扩充自己的力量甚至形成自己的企业集团，使自己的经营更加便利，更加有效，有的甚至还会制造混乱，从中渔利。

当局势并不具备自己所需的条件时，还经常会出现一方故意为另一方制造混乱的局面，自己可以趁乱利用这种混乱的形势，乱中取胜，坐收渔翁之利。

20世纪80年代，北国粮油贸易公司刚刚成立，规模不大，交易额也不多，主要业务是经销东北生产的玉米。

因为省内外经销的单位很多，所以销路并不是很畅通，效益也不是很好。为此，张经理十分着急，四处找关系，想扩大公司的市场。一段时间跑下来，张经理总算看到了希望，省委的一个朋友给他介绍了一个日本客户。这个日本人叫中岛，是日本一家化工厂的业务经理，这次来中国就是要找一家合作单位订购公司生产所用的原材料——玉米，这正好是张经理急需找销路的商品。张经理向中岛表达了合作的诚意，并简单介绍了商品的优点。

交谈几次后，中岛又详细看了样品，在张经理报价每吨32美元的价格后，中岛立刻表现出一副惊讶的样子说："张经理，这么高的价格让我感觉你并没有想与我们合作的诚意。"说完就拂袖而去，一点也不容张经理解释。其实张经理的报价并不高，和当时的市场价完全一致。

接下来的几天，中岛以各种理由推托与张经理见面，张经理表示价格还可以再商量，但是中岛还是避而不谈。张经理也不知道是怎么回事，弄得手足无措。这时候，张经理接到一个东北粮油公司的电话，对方问："你们是不是在和日本的中岛先生谈出口玉米的事？"对方还询问了张经理的报价。

张经理放下电话心想，中岛可能在找别的粮油公司了。急于促成这笔交易的心理使得张经理立刻去找中岛，并表示愿意以每吨31美元的价格成交。但是，中岛还是不满意。随后张经理又接到了另外两家单位的电话询问与中岛成交的价格。越是这样，张经理越觉得不能错失机会，一定要促成这笔交易，不然前期的努力就会白费了。

后来，张经理又去找中岛谈判，还把价格压到了30美元，这个价格使得利润空间已经微乎其微了。中岛笑道："张经理，说实话我与其他公司联系过，他们的最低报价是29.5美元。"张经理听到这个价格心里猛地一惊，这个价格正是盈亏分界点，也就是这笔生意不赔不赚。他暗自琢磨着，自己现在的库存并不多，如果再压低价格购进一部分，可能还有一部分盈利。想到这里，张经理说："好吧，就以29.5美元一吨成交。"

中岛的脸上立刻露出了一丝笑容，说："张经理是个很有诚意的人，我决定和你们合作。我马上与公司联系，请示后，后天一早签协议。"张经理这才松了一口气，虽然这笔生意没什么盈利，但总算赢了其他对手。

第三天早上，中岛并没有如约来公司签协议，张经理来到中岛的住处，宾馆的服务员说，中岛已经在昨天下午就退房了。张经理一下就蒙了。

事后不久，张经理在一次贸易洽谈会上见到了东北那家粮油公司的经理，两人谈及此事，方才明白，中岛在和张经理谈价格的时候，他的助手正和东北那家公司谈价格。他们知道东北那家有现货，所以就故意联系多家公司，借助公司之间的相互压价，最后坐收渔翁之利。

张经理恍然大悟，自己当时起到了给日本人压价的作用。日本人利用同行之间信息不通来制造假象，最终实现浑水摸鱼。

当面对的对手比较棘手的时候，很难顺利实施自己的计谋，因此，需要为计谋的实施创造有利条件。那么，事先制造混乱的局面，干扰对方的思维，当对方头脑混乱，完全摸不清思路的时候，抓住有利时机，实施自己的计谋，这样既可以避免对手的锋芒，让对方不知道我们下一步究竟会采取什么行动，当他们混乱的时候再实施计谋，即可收获意外之财。

由此可见，浑水摸鱼是一种诈中取胜的计谋。“浑水”是运用此计的必要条件，一般情况下水浑有两种情况：其一是水本来是浑的，我方能够抓住有利时机“乱而取之”；其二是水本来是清的，我方事先利用计谋把水搅混，然后再有所图，实现自己的最终目的。后者的难度较大，但实际应用得很广泛，因为施行此计可以轻易达到目的，代价也较小。

我们可以从已经浑浊的水中捉鱼，利用在自己没有参与的情况下而存在的情景，如出现的模糊不清、乱哄哄、混乱无序的局势来为自己、为他人捞取好处。

把水弄浑，就是人为地制造一种模糊、混乱的形势，或者使局势复杂化，为自己或为他人神不知鬼不觉地，不为人注意地，不费很大气力地，不冒很大风险地捞取好处。比如说除掉一个不谙世事的对手，谋得一个官职，利用模糊、不安、无序、混乱而取得好处。

鬼谷子教你诈

在敌我双方所处的局势比较复杂的情况下，尤其是涉及多方利益的混战局面出现时，就不能盲目开展行动，而应该分析清楚当前形势，适时适当地把握机会，乱中求利。如果局势并不复杂，就可以采用计谋为对方制造混乱局面，以便自己乘机浑水摸鱼，从中捞取好处。浑水摸鱼是一种代价小、风险小、收益丰厚的计谋，也是我们必修的一门课程。

8. 不动声色，揣情贵在“微”

“揣情者，必以其甚喜之时，往而极其欲也；其有欲也，不能隐其情。必以其甚惧之时，往而极其恶也；其有恶也，不能隐其情。情欲必失其变。”这是鬼谷子所讲的《揣篇第七》之术。意思是要学会在别人的不同情绪之下揣测其心思，从细小的地方观察情况，为下一步工作打好基础。这是不仅需要揣摩也需要细心的事情。

善于把握天下局势，处理矛盾纠纷，利用天下情势的人一定要衡量天下的权势，揣测对方的真实意图，把握形势的发展。如果不能周密细致地衡量天下局势的变化，就不能知道各国强弱虚实的实力比较，如果对其真实想法揣测得不够详细，就不能了解细微变化的状况和瞬息万变的世情，就不能从对方细微的变化中了解到其真实的想法，当然就更不能见微知类，以小见大，摸清大的局势的发展。

鬼谷子讲，揣情之术，可以使人富贵，也可以使人贫贱；可以使人手握重权，权倾天下，也可以使人如一介草民，微不足道；既可以使人受益，也可以使人受害；可以使人成功，也可以使人失败；这些都是揣情之术有可能会产生的后果。所以，即使有贤明君王的仁厚德行，有上等智者的聪慧，如果没有无忖度时势、探人心理的揣情之术，面对隐藏了真实情况的现状，也不能了解它、识破它。由此看来，揣情之术是谋划策略、了解对方的基本条件，更是游说人，知彼知己，百战不殆的基本法则。

能够从对方的细微表现中判断出对方的真实意图，是成功说服对方的重要本领，一旦抓住对方的内心动向，再实施正确的方法加以说服，成功的概率就大大提高了。在谈话的过程中对方肯定会在表情、动作、姿势等方面表现出某些不同，就是要通过这些细微的表现判断出对方的心理，了解对方是一个什么心理的人。

约翰是一位著名的谈判专家。一次，他家的房屋因为受到了台风的袭击而遭到一定的损害，这栋房子是在保险公司投过保的，所以他决定向保险公司索赔。

约翰给保险公司打过电话后，保险公司的理赔调查员很快就来了。一见面，理赔员主动向约翰问好："你好，先生，很高兴见到你。"约翰也同样热情并礼貌地向理赔员问好。紧接着，理赔员坐下后就严肃地说："先生，我知道您的房子在这次台风袭击中受到了损伤，我感到很抱歉，在今天的赔偿上，恐怕我们不能赔付您太多，如果我只想赔给您100美元，您觉得怎样?会不会太少了？"

说完这句话，约翰发现理赔员严肃的脸上表现出了绝不让步的神情，但还是有一丝紧张。凭借多年的谈判经验，约翰知道这个金额肯定不是对方的心理底价，肯定还可以在这个价格上往上涨。理赔员一开口就说只能赔100美元，显然他自己也觉得这个数目太少，有点不好意思。于是，约翰没有说话，选择了沉默。

约翰的沉默使得理赔员感到很意外，将近一分钟的沉默后，理赔员果然沉不住气了，脸上浮现出了歉意，主动说："很抱歉，我再加一点，200美元如何？”这时候，约翰发现理赔员的表情更加严肃了。但是约翰还是坚定地说：“不行，我不会接受这样的条件，这个数目太少了，甚至让我难以置信。”这时，理赔员的表情松懈下来了，表现出很无奈的表情说：“那好吧，300 美元怎样？”约翰还是说不行。

“那就 400 美元吧，这个金额已经很高了，真的不可能再增加了。”约翰没有理会理赔员的话，而是说：“麻烦你再看一下房子的受损情况吧。”就这样，谈判几个回合下来，赔偿的金额一点点增加，最后以 950 美元的赔偿数额结束谈判。

约翰凭借多年的谈判经验,在与理赔员谈判的过程中,通过对方的表情、语言等细微的表现揣摩出对方的真实想法，最终才得以赢得这次谈判。

从故事中可见，约翰是一个善于观察细节的人，能够以小见大、见微知著。他仅仅通过理赔员的细微表情就可以了解他的真实心理，最终准确地把握谈判的主动权，赢得谈判的胜利。

可见，揣情术是了解对方真实心理的重要方法。一个善于揣测的人，能够对事情进行细微的观察和判断，也说明头脑清醒并不是单凭说话来判断事情，揣测人心还要善于从他的表情、举止等细微的形态去判断对方的真实意图。

那么，从大处着眼来看，要掌握天下大势，必须善于“量天下之权，而揣诸侯之情”。只有全面衡量一个国家的国情后，才能施大政于天下。这里所谓的国情是一个很广泛的代表,它可以涉及国家君臣关系、百姓福祉、官吏素质、天时祸福、地理险易，乃至于物产、资源的具体情况。通过“国情”的具体情况而推理出国家发展的方向，以及在发展的过程中遇到了哪些具体问题，只有了解到这些，才能够有针对性地采取实质性的谋略。

掌握“揣情术”是准确了解对方的真实意图，有效实施计谋的根本前提条件，没有“揣情术”就无法知道隐藏在表面现象背后的是什么。人们一般不会轻易显露出自己的想法，尤其在不熟悉的人面前，往往会把自己的真实心理隐藏起来，刻意隐瞒自己的真实意图，不让其他人看出自己的心理变化。但是，故意的伪装并不是真实的，总会有漏洞，任何事物都是有破绽的，即便自认为隐藏得多么巧妙高明，仍然会在自己的语言、表情、动作姿势等细微的行为上引起他人的怀疑。

揣情之术，重点是在细微的地方发现不同，进而一点点推理出对方的真实心理。在揣情的时候，应当学会见微知著，以小见大，揣度人情、事理以便推测出事物发展的方向。人的思想感情总会表现出他真实的内心想法，揣情就是要由表及里发掘那些隐藏在内心的东西，通过微小的表象得出其真实意图，巧妙地把握事物内相，使得事物先谋而后成 。这需要一个长期的磨炼过程，正所谓“谋事在先，成事在后”，即为同理 。

鬼谷子教你诈

揣情术的根本就是要察言观色，重点就是“微”。也就是说要善于从对方外在的表现，通过探测分析，掌握对方隐藏在内心深处的真实的思想感情。懂得察言观色的人通过一句话，甚至一个眼神就能读懂对方，从而随机应变，见机行事，在策划谋略的时候也会更加得心应手。

9. 将计就计，不言不语事可成

在“将计就计”这一谋略中，“计”对于敌人而言就是他们的如意算盘了，在这个计策里要求我们明明知道对方的计谋而装作不知道，对方把它当作最佳妙计，对我们来说却是给他们设的一个圈套，而敌方对此全然不知。其实就是利用敌人的麻痹心理，当他自以为我们已经上当的时候 ，再给他设一个圈套，让他不知不觉地中计。

鬼谷子也认为在军事战略上，往往采取“以无形探求有声的言辞”这种策略，如果对方把自己的言行透露出来，我们只需张开网，静静等待对方谋略的实施，这就像张开网捕野兽一样。用巧妙的方法引诱对方把自己的真实意图透露出来，然后才能有所防备，不至于走进对方所设的圈套。

“欲闻其声反默，欲张反敛，欲高反下，欲取反与。”就是说想要讲话，反而先沉默；想要敞开，反而先收敛。想要了解对方的实情，就要善于运用模仿和类比的方法，以便把握对方的言辞。能否运用好“欲取反与术”，关键在于能否把握好对方计策的应用，然后巧妙地再为对方设计一个计策，让对方不知不觉地进入我们设的圈套，由此巧妙取胜。

《三国演义》第七十七回和第七十八回中讲，孙权把关羽杀了以后，正沾沾自喜，一副志得意满的模样。这时候谋士张昭求见，孙权问是什么事，张昭严肃地说：“主公，咱们的大祸要来了！”孙权一脸不解地说：“你这是从何说来？”张昭说：“您杀了关羽父子，而关羽可是刘备的结义兄弟啊，曾誓同生死。现在，刘备已经有了两川的兵力，再加上诸葛亮的谋略，张飞、赵云、马超、黄忠等将领的英勇善战，一旦刘备知道关羽父子遇害，能善罢甘休吗？他们一定会起倾国之兵，奋力报仇。我恐怕东吴难于抵御了！”

这时，孙权才如梦初醒般恍然大悟，立刻大惊失色地连连跺脚：“哎呀，我是大大失策了！可事已至此，应该怎么办？”张昭说：“您不必忧虑，我有一计，可转危为安。”

接着张昭就对孙权说：“现在，曹操坐拥百万大军，对华夏一带虎视眈眈。刘备如果要兴兵报仇，一定会与曹操联手。如果两处联兵一起攻打我们，我们就危险了。所以，我们可以先派人把关羽的头送给曹操，就表明我们之所以擒杀关羽是受曹操的指使。这样，刘备必恨死曹操，西蜀之兵也就不会攻打我们，转而攻打曹操，我们就可以坐山观虎斗，然后从中获利。”

孙权听后觉得张昭的计策不错，于是马上派使者把关羽之头盛入木匣中，送到曹操那里。这时候的曹操正因为前段时间关羽水淹七军而坐立不安，如今看到孙吴的使者把关羽的头颅送到跟前，顿时觉得解除了心中大患，喜不自胜："云长已死，我终于能睡个安稳觉啦！""这是东吴嫁祸于我们的奸计！"曹操的话音刚落，主簿司马懿就大声说道。曹操忙问怎么看待这件事。司马懿说："当年刘、关、张桃园结义时，誓同生死。现在东吴杀了关羽，肯定是因为怕刘备兴兵报仇，所以才把关羽首级献给您，这样就可以使刘备转而迁怒于我们，不再攻打东吴，而跟我们算账。东吴正好在我们和刘备两败俱伤时，坐收渔翁之利！"曹操顿时明白了："你说得有道理，我们该怎么办？"

司马懿道："这不难办。曹公您可以把关羽的首级配上香木刻成的身躯，然后以大臣的礼仪隆重安葬。这样一来，刘备肯定就不会恨我们了，只会恨东吴而尽全力东征了。我们却可以坐山观虎斗，如果刘备胜我们也攻东吴，如果东吴胜我们就同东吴一起消灭掉刘备。这样只要有一方被我们消灭，剩下的那一方也就不会长久存在了。"曹操闻之大喜。于是立刻召见东吴使臣，命令收下关羽的头颅，又命工匠迅速刻一香木躯体，与关羽头颅配在一起。一切准备好后，曹操率领文武百官，大供祭祀用品，并以王侯之礼隆重为关羽送葬。曹操亲自在灵前拜祭，并追赠关羽为荆王，还派专门官员长期守护关羽之墓。

这种葬礼，在魏国可以说绝无仅有。以曹操的身份和人格，对关羽的尊重有礼，也可以说没有什么可以与此相比了。刘备听说曹操厚葬了关羽后，果然只恨东吴，发誓要倾国出动，与东吴不共戴天，誓死为关羽报仇。

孙权本想嫁祸于曹操，但没想到计谋被司马懿识破。曹操将计就计，用高规格厚葬了关羽，使孙权计划破产，刘备没有如他所愿将怨恨转向曹操，还是要兴兵东吴，誓死为关羽报仇。

一般来说，将计就计是一种在被动的形式中包含有主动内容的智谋。从表面来看只能成为一种自我麻痹的形式，对方常因正中下怀而沾沾自喜，丧失警惕，因此将计就计能用最小的代价去换取最大的利益，而且成功的概率比较大。难怪军事谋略研究专家李炳彦说："将计就计是破百计之大法，应万变之总术。"

使用将计就计没有固定的模式，需要当事人在实践中去体悟。通常要根据对方所施的计谋灵活改变。具体来说，首先必须以料敌准确为前提，即看穿对方的阴谋。古人说，"用兵必须视敌之虚实而趁其危"。孙子也十分强调"先知"，他说，"明君贤将，所以动而胜人，成功出于众者，先知也"。不知对方伎俩，根本就谈不上将计就计。因此，面对对方真真假假、虚虚实实的欺骗手段，要辨别清楚敌人计谋的真假虚实。其次，自己所用的将计就计从表面上看要顺应对方之计，并且伪装自己中计时要不露破绽，不然也很难获得成功。

鬼谷子教你诈

将计就计的关键是识破敌人的计谋和他们所想达到的目的，只有这样，才能反其道而行之，使对手吃苦头，而且往往苦头还是对手自己找的。其实质在于顺应敌方的意图，因势利导，利用对方设的圈套再设一个圈套，在敌人给我们挖的陷阱之外再挖一个陷阱，最终让对方自食其果。

第九章

决谋
卜以决疑，巧妙决断利益最大

做事离不开一个决断，所谓快刀斩乱麻，倘若时机未到，断之则损，若是过度拖延，则机不再来。唯有站在高处，以高瞻远瞩的眼光和精准的预测，再辅以鬼谷子的决断技巧，方可在行事中趋利避害，永保安康。

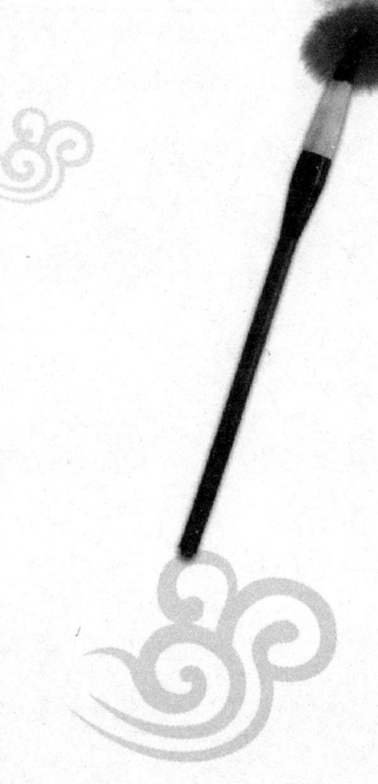

1. 当断不断，反受其乱

鬼谷子的《决》篇说，“决”，即决断，决策。决疑断难，是游说策士们的重要任务之一，也是他们所应具备的主要技能之一。鬼谷子认为：“当断不断，反受其乱。”善于判定情况做出决断是万事成功的关键。

决断在现实生活中起着相当重要的作用，决策必须当机立断。鬼谷子提出了“决情定疑，万事之机”的观点。然而，万事万物的决策都离不开事物存在的各种背景以及事物之间错综复杂的关系。所以，研究事物之间相互依存的关系背景，以及诸多事物之间的错综复杂关系的前提就是要防止认识的迷惑与偏见性，以便准确无误地决断。

鬼谷子讲，“决疑”主要说明了游说者在什么情况下做出决断和如何去解决别人的疑难问题。游说者的目的就是解除别人的疑惑，并为其免除灾难，但是事实上，要使一个身陷迷局、危难重重的人采取果断的措施，并不是一件很容易的事。

人的本性都具有趋利避害的特点，当事情的结果还不明朗的时候，往往会出现当局者迷的情况，经常会因为暂时的利益诱惑而左右为难，有的时候即便是灾难缠身也不能清醒地看到这一点。因此游说者就必须能够使当局者看到前途，一旦决策失误就会给别人带来很大的灾难。因此，游说者在做出决疑之前必须分析清楚当前局势，考虑好事后的结果，为将来的结果做出最坏的打算。因为决断任何一件事都有可能有得有失，当弊大于利的时候，就应该毫不犹豫地选择后者，反之，则选择前者。这就是鬼谷子的“决情定疑，万事之机”。

在商业世界里，果断的决策力可以使人及时抓住有利时机为自己创造更多的财富。40年前在日本大阪有一家小公司，面临着严重的生存危机，员工向公司领导提议要求公司放弃“小而全”的方针，也就是放弃大路商品，将自己的生产面缩小，专门生产尿布，但是领导没有同意。这个消息被传到另一个同样面临倒闭的小公司后，该公司立即将公司的主营业务做了调整，很快公司就扭亏为盈。而没有接受建议的那家公司没过多久就倒闭了。

大阪的这家名叫尼西公司的小企业，在创办之初被寄予很高期望。然而，经营者过于理想化，总是想象着怎样使企业办得有“气派”，企业越来越成功后会怎样，却几乎不考虑经营目标和服务对象等问题，也从不考虑公司未来的发展方向。

公司的规模并不大，人员也紧缺，主营业务却是生产门类齐全的橡胶制品，推行“小而全”的经营方针。刚开始市场竞争不是很激烈的时候，公司的危机并不是很明显，但是几年后，同类行业竞争越来越激烈，尼西公司越来越不具备竞争优势，直至公司因缺乏竞争力，面临着破产的危机。

公司里有一个业务经理很能干，当他看到公司日渐衰退的时候感到很揪心，于是想为公司找出一条新的路子，扭转这种危机。一天，他从日本政府发表的人口普查资料中受到启发：日本每年大约出生200多万个婴儿。他想假如每个婴儿用2条尿垫，全国一年就需400多万条。像尿布这样的小商品，大企业根本不屑一顾，而小企业不一样，虽然人力、物力和技术有限，但小有小的优势，只要存在一定的市场需求，满足消费者的需要，即使是小商品也能做成大生意。于是他把这个想法告诉了领导层，但是这个建议经过多次考虑后并没有被采纳。

后来，这个建议被传到另一家叫中岛村的小公司，这个小公司也同样面临着生存危机。中岛村公司的总经理仔细考虑过这个建议后觉得很不错，于是很快就将公司的主营业务转向尿布生产。经过几年的努力，中岛村公司对产品更新换代，精益求精，满足了消费者不断革新的需求，公司的营业额蒸蒸日上，销售量与日俱增，不仅没有在危机中倒下反而因为及时转型而越做越大。而尼西公司因为没有采纳转型的建议，两年后就倒闭了。

由此可见，在市场剧烈竞争的情况下，如何根据企业自身的实力选择经营方向，关系到企业的兴衰存亡。尼西公司在企业面临困难之际，没有果断放弃生产市场上的大路商品，一意孤行，最终倒闭是历史的必然。而中岛村公司却独辟蹊径，在该决断的时候迅速做出决断，放弃原有的不具备竞争力的业务，转向生产尿布，终于获得了极大的成功。

在应该做决定的时候就一定要快刀斩乱麻，不然一拖再拖只会损害自己的利益。在做决断的时候需要考虑过去的经验，验证未来事情的发展，再参照现在事情发展的状况和条件进一步采取行动。通过综合分析自身所处的形势果断做出决策，才不至于使自己的利益受损。

聪明的人都会遇事绝不迟疑，明知事情应该怎样做，但决定了又不敢去执行，这是一切失败的祸根。古语有言，猛虎因迟疑不决而被人擒捉，反倒不如小小的黄蜂，蝎子敢于及时放毒刺蜇伤人，千里马停滞不前，反倒不如劣马能够稳步前进；虽然有孟贲那样的勇敢，但是如果犹豫不决，反倒不如平庸者欲达目的而埋头苦干；虽然有舜、禹那样的智慧，但是如果闭口不言，反倒不如聋哑人用手势比画。这些话都说明了付诸行动的重要性。功业是难于成功而容易失败的，时机是难以得到却容易丧失的，时机一旦失去就不会再来了。

在我国古代决策史上，鬼谷子的这套决断理论具有重要地位，其解决问题的原则与方法即使在当今也仍具有很强的现实指导意义。决疑是决策的先导，正确的决策来源于准确的决疑。毛泽东曾经说过："指挥员正确的部署来源于正确的决心，正确的决心来源于正确的判断，正确的判断来源于周到的和必要的侦察，和对于各种侦察材料的连贯起来的思索。"决断的目的是解决疑惑，然而解疑又是为了趋利避害。因此说，"决"关系到一个人、一个国家，乃至一个民族的成败得失。决断得正确就会带来好处，反之，决断失误就会引来灾难。

鬼谷子教你诈

当断不断，就会使自己的利益受到损失，通过分析以往的经验以及对未来形势的预估，如果可行就做出决断，这样不会导致自己处于被动地位。如果在应该做出决断的时候反而因为诸多原因而没有做出决断，到最后只会给自己带来一系列的麻烦和损失。

2. 好机不可失，决断贵在快

事物总是千变万化，机会也稍纵即逝。因此，鬼谷子提醒人们："度以往事，验之来事，参之平素。"意思是借鉴往事，研究现状，预测未来，此三者缺一不可。决策者必须慎重，才能正确决断。在历史的长河中，"一言兴邦"、"一言丧国"的决断成败经验数不胜数。

决断力也是一个人果断力的反映，就是面对抉择能够快速做出判断，不优柔寡断。决断不能当断不断，必须当机立断。时间是事情成败的重要因素。《鬼谷子》中多次提到在一定条件下"可则决之"，意思是能够决策的事情就要迅速决断。

鬼谷子还说"故夫决情定疑，万事之机，以正乱治，决成败，难为者"。澄清动乱，预知成败，这是一件很难做到的事。快速的决断力往往能够使一个人抓住千载难逢的好机会，对于个人来说，抓住机会可以促使他事业上的成功，工作上的顺利；对于国家来说，就可以推动一个时代的发展，或稳定政局，或富国强兵，或造福子孙；而失误的决策就会丧权辱国，或使自己身败名裂。因此说，决断贵在快。

公元前206年，刘邦的军队驻扎在灞上。刘邦的左司马曹无伤悄悄派人去告诉项羽说："刘邦想占领关中称王，让子婴做他的国相，珍珠宝器都归自己所有。"项羽听了非常生气地说："明天用酒肉犒劳士兵，打败刘邦。"

此时，项羽的军队有40万人，驻扎在新丰县鸿门；刘邦的军队有10万人，驻扎在灞上。范增劝告项羽说："刘邦在山东时，贪图财物，喜爱美女。现在进入关中，财物一点不要，妇女一个也不亲近，这表明他的志向不小。我派人去看过他那里的云气，都是龙虎形状，这是天子的云气啊。必须赶快攻打他，不要失掉机会！"

楚国的项伯是张良的故交，项伯连夜骑马赶到刘邦军中，私下会见了张良，详细地把事情告诉张良，想叫张良和他一起离开刘邦，说："不跟我走将会一起被项羽所杀。"张良说："我替韩王护送沛公入关，沛公现在有急难，我逃跑离开是不讲道义的，我不能不告诉他。"

张良把项羽的计划告诉了刘邦，刘邦大吃一惊，说："这该怎么办呢？"张良说："大王的军队能够抵挡住项王的军队吗？"刘邦沉默了一会儿说："本来不如人家，将怎么办呢？"张良说："我去告诉项伯，说沛公不敢背叛项王。"刘邦说："你替我把项伯请进来，我得用对待兄长的礼节待他。"项伯进来见刘邦，刘邦立刻奉上一杯酒为项伯祝福，约定为亲家，说："我进入关中，极小的财物都不敢沾染，登记官吏、人民，封闭了府库，以等将军的到来。所以派遣官兵去把守函谷关的原因，是为了防备其他盗贼的进出和意外变故。我日日夜夜盼望着将军的到来，怎么敢反叛呢？希望你对项王说明，我是不敢忘恩负义的。"项伯答应了并对刘邦说："明天你早些来亲自向项王谢罪。"刘邦说："好。"

刘邦第二天带领一百多人马来见项羽，到达鸿门，谢罪说："我和将军合力攻打秦国，将军在黄河以北作战，我在黄河以南作战，然而自己没有料想到能够先入关攻破秦国，能够在这里再看到将军您。现在有小人的流言，使将军和我有了隔阂……”项羽说：“这是你的左司马曹无伤说的，不然的话，我怎么会这样呢？”

项羽当天就留刘邦同他饮酒。席间，项庄就拔出剑舞起来。项伯也拔出剑舞起来，并常常用自己的身体掩护刘邦，项庄始终没有得到机会刺杀刘邦。后来，刘邦手下的张良和樊哙感到形势的发展不利于刘邦，就设法让刘邦逃走了。

刘邦临行前嘱咐张良向项羽告辞，就带领五六个随从抄小路回到了军营。张良等到估计刘邦已经回到军营中的时候才去对项羽说，刘邦因为喝醉了不能亲自道别，后来又向项羽送上刘邦带去的礼物，范增拔出剑砍碎了，说：“这小子不值得和他共谋大业，夺走项王天下的一定是沛公，我们这些人就要被他俘虏了。”

刘邦回到军营，立即杀掉了曹无伤。

项羽在鸿门宴上错失杀掉刘邦的机会，就是犯了当断未断的错误，以至于让刘邦逃走。好机会往往都只有一次，错过了就再也不会遇到了。项羽最后遭遇四面楚歌，拔剑自刎。然而，刘邦回到军中的第一件事就是把曹无伤杀掉了，两个人的决断力形成了鲜明的对比。细观鸿门宴的全过程，项羽有许多杀掉刘邦的机会，但是一个也没有抓住，难怪范增最后会发出那样的感叹。

那么，在瞬息万变的复杂环境中，如何快速做出决断呢？鬼谷子为我们提供了如下忠告。

首先，善于把握决断的技巧。大多数情况下，人们都希望遇到对自己有利无害的事，不希望遇见任何困难，即使遇见困惑也希望能够尽快解决。当自己处于两难的境地，就要善于做出对自己有利的选择。善于决断的人首先就会了解事情的具体情况，然后通过对综合情况的分析，做出只会让自己受益的决断。

其次，全面考虑，权衡利弊。任何决断都应该是有利于决断者的，但是如果其中隐藏着不利因素，决断者肯定不会接受。在做出决断之前权衡利弊，这样就可以避免因为考虑不周全而带来一些麻烦。

再次，当机立断，绝不拖延。决情定疑，对于个人和组织都具有重要的作用。当机会来临的时候，就要当机立断，要在第一时间抓住机会，避免因为拖延而耽误时机，造成不必要的损失。

第四，灵活变通，谨慎决断。“决情定疑万事之机”，在对情况进行判断、估计的时候，还要学会灵活变通，不能一根筋。重大的决定要求决断者必须能够心思缜密、胆大心细，善于抓住对方的心理，做到有的放矢。

鬼谷子教你诈

当断则断，就是要把握决策的速度，“决”是谋，“断”是略。决断力就是一种快速判断事物的发展趋势并给出一个长远决策的能力。好的决断力就是要善于把握机会，在机会出现的时候快速地抓住它，并且利用机会创造更有利于自己发展的条件。

3. 预见形势，先下手为强

鬼谷子的兵法不仅适用于作战，也适用于为人处世。我们常说“先下手为强，后下手遭殃”，话糙理不糙，讲的就是鬼谷子这套预见形势的道理。

在军事上作战的双方，谁先占领战场上的高处地形，往往就能取得优势，居高临下，以一当十，而另一方要攻克，则要付出较大的代价。比如说在乒乓球赛上，谁先发起进攻，谁就能占据主动地位，而对方只会穷于招架，很难有进攻的机会。

鬼谷子说："事贵制人而不贵制于人。"意思就是说，处理任何事情，都贵在能控制别人而不被别人所控制。控制了别人就掌握了事情的主动权，如果被人控制就失去了立身处世之道，失去了自由，就无法施展自己立身处世的本领。因此，在一定的条件下，采用先发制人的方法就是以最小的代价换取最大的效益。

在对方的谋略行为适时之前抢先一步，掌握事情发展的主动权，从而击败对方，就是先下手为强。先有夺人之心，也是先发制人的意思，一般是在我方各种因素的综合实力足以击败对方的前提下，其主要目的是为了掌握事态发展的主动权。

其实，在面临重大选择的关口，任何人都不可避免会出现焦虑或紧张情绪，这就要看是否能够自我调节、自我克制了。淝水之战时，谢安和谢玄下棋时神闲气定，其心中未必不忐忑或激动。这一点在客人告辞后他的反应中便可以看出：当时的谢安抑制不住心头的喜悦，舞跃入室，把木屐底上的屐齿都碰断了。由此来看，危急时刻自我调节，使自己保持果敢、沉着、镇定的态度，才能最终走出危机，尽显英雄本色。

唐高祖即位以后，封李建成为太子，李世民为秦王，李元吉为齐王。三个人当中，李世民功劳最大。李建成的战功不如李世民，只是因为他是高祖的大儿子，才取得了太子的地位。

太子建成自己知道威信比不上李世民，心里妒忌，就和弟弟齐王元吉联合，一起排挤李世民。李世民多次立功，建成和元吉更加忌恨，千方百计想除掉李世民。唐高祖因为听信小人谗言，跟李世民也渐渐疏远起来。

建成、元吉想害李世民，但是又怕世民手下勇将多，真的动起手来，占不到便宜，就想先把这些勇将收买过来。建成私下派人送了一封信给秦王手下的勇将尉迟敬德，表示要跟尉迟敬德交个朋友，还给尉迟敬德送去一车金银。尉迟敬德对建成的使者说："我是秦王的部下，如果私下跟太子来往，对秦王三心二意，我就成了个贪利忘义的小人，这样的人对太子又有什么用呢？”说罢，他把一车金银原封不动地退了。

那时候，突厥进犯中原，建成向唐高祖建议，让元吉代替李世民带兵北征。唐高祖任命元吉做主帅后，元吉又请求把尉迟敬德、秦叔宝、程咬金三员大将和秦王府的精兵都划归自己指挥。他们打算把这些将士调开以后，就可以放手杀害李世民。

有人把这个秘密计划报告了李世民。李世民感到形势紧急，连忙找长孙无忌和尉迟敬德商量。两人都劝李世民先发制人，李世民说：“兄弟互相残杀，总不是件体面的事。还是等他们动了手，我们再来对付他们。”

尉迟敬德、长孙无忌都着急起来，说如果李世民再不动手，他们也不愿留在秦王府白白等死。李世民看他的部下十分坚决，就下了决心。当天夜里，李世民进宫向唐高祖告了一状，诉说太子跟元吉怎么谋害他。唐高祖答应等明天一早，叫兄弟三人一起进宫，由他亲自查问。

第二天早上，李世民叫长孙无忌和尉迟敬德带了一支精兵，埋伏在皇宫北面的玄武门。没多久，建成、元吉骑着马朝玄武门来了，他们到了玄武门边，觉得周围的气氛有点反常，心里犯了疑。两人拨转马头，准备回去。李世民从玄武门里骑着马赶了出来，高喊：“殿下，别走！”元吉转过身来，拿起身边的弓箭，就想射杀李世民，但是心里一慌张，连弓弦都拉不开了。李世民眼明手快，射出一支箭，把建成先射死了；紧接着，尉迟敬德带着70名骑兵一起冲了出来，一箭把元吉也射下马来。

唐高祖正在皇宫里等着三人去朝见，尉迟敬德手拿长矛气喘吁吁地冲进宫来，说：“太子和齐王发动叛乱，秦王已经把他们杀了。秦王怕惊动陛下，特地派我来保驾。”

高祖这才知道外面出了事，吓得不知道该怎么办才好。宰相萧瑀等说：“建成、元吉本来没有什么功劳，两人妒忌秦王，施用奸计。现在秦王既然已经把他们消灭，这是好事。陛下把国事交给秦王，就没事了。”

过了两个月，唐高祖让位给秦王，自己做太上皇。李世民即位，也就是唐太宗。

“决情定疑万事之机”，意思是说判断实情、解决疑难是成就万事的关键，直接关系到事业的兴衰与成败。正所谓当断则断，否则就会反受其乱。李世民抓住时机，当断则断，才成功登上了帝王的宝座。

使用先发制人的策略关键在“先”字。能够利用前瞻性的眼光，针对当时的形势先下手为强，这里的“先”是针对对方的谋略行为实施的时间而言的。要“先”，就要求我们的行为应当迅速果断，一方面必须具备良好的思维敏捷性，在错综复杂的情形面前迅速而又果断地做出正确的决策，也为“当断不断，反受其乱”；另一方面还要缩短谋略行为实施的时间，决策实施贵在“快”。

在商业上，也需要有预见未来形势的能力，以便先下手为强。比如抢先占领市场，首先推出自己的新产品，就可以把握市场的主动权。还要学会把握一切机会，正如派克公司抢先占领了市场，因此能够成为钢笔行业的领头羊。面对市场的变幻莫测，首先要有准确的对市场趋势的预估，抓住有利机会，抢先于其他对手采取有力的行动，往往能够获得较好的收益。

由此可见，不论做任何事都要有敏锐的洞察力，能够对当前自己所处的形势具有很好的判断力，再根据自己的判断，以最快的速度做出决策，抢先行动才可以赢得有利时机。

鬼谷子教你诈

先发制人就是要以对当前形势有一个很好的判断为前提条件，首先要明确双方力量的悬殊对比，通过这种敏锐的观察力和准确的判断力才可以寻求更好的决策，进而先下手为强，赢得战机。“先”字要求行动足够迅速，才能保证后面的“制人”产生效果，也就是说首先要保证“先”，然后才能有“强”。

4. 处变不惊方能理智决策

鬼谷子中的《内揵》篇讲到如何向君王进言献计，他提出了一个原则："欲说者务隐度，计事者务循顺。"这里所说的"隐度"，就是暗中揣测对方的真实意图；"循顺"，就是顺其自然，顺应事情的自然发展来变换向君王建言献策的方式、方法。换句话说就是，谋臣的进言献计，都要与君王的心愿和当时的形势合拍，只有双方达到了一种默契，才能游说成功。这种"合拍"的过程，是一个一而再、再而三地，小心翼翼地试探揣摩、变异求同的过程。

其实，要想游说成功，首先就要对对方进行暗中揣摩，一切谋划务求因势利导，顺其自然。说客私下里要考虑成熟，确定下一条计谋可否执行后，再向君王明确地指出这条计谋的利弊得失，分析清楚当前的局势，以此来揣摩君王的意图，控制君王的思想和意志。如果能这样，当说客以纵横之术游说于君王之时，就必须顺应时宜，尽量达成君王的心愿。如果其中有不合乎君王心愿的计谋，肯定也就无法施行了。如果计谋没有顺利实施，那么，谋臣就要反复揣摩，务必适应变化了的形势，分析透彻所处的环境，以便提出一种得以施行的新计谋，以变求变，并求得与君王的心愿相吻合，这样的计谋就像一把钥匙开一把锁那样，对号入座，自然就会得到君王的肯定与接纳。

当说客不能准确把握君王的心意时，自己的计谋肯定是无法顺利实施的。这时候一定要保持沉着、冷静，客观地分析所处环境的特点，通过君王的一言一行揣摩他的心意，直至准确地摸透君王的真实意图，这样才能保证自己的计谋在后面的实施过程中不会发生意外。

处变不惊的心态是做好任何事的重要前提，只有保证了良好的心态才能理性、冷静地做出正确的判断，这样才能使游说活动得以顺利开展。在战争中，面对双方复杂多变的局势更应该做到处变不惊，因为一旦军事领导惊慌失措，就会造成士兵的恐慌，军队士气的削弱，再想赢得战争就很难了。

学校每年都会定期举行一次演讲比赛，正在读大三的李娜经过层层筛选在众多参赛者中脱颖而出，终于打败了众多选手，站在了总决赛的演讲台上。

比赛当天，学校各级领导全部出席，很多老师和同学也参加了。第一次面对那么多人演讲，李娜不免有些紧张。等到该李娜上场的时候，她突然被脚下的什么东西绊了一下，刚走上演讲台就跌倒了，好多老师和同学都为她捏了一把汗。

也许是因为李娜的体形有点胖，所以摔倒的姿势有些好笑。看到李娜摔倒在台上，下面的听众先是一惊，然后发出一阵小声的笑声。李娜心想，这次完了，刚上台就摔一跤，弄得自己更紧张了，提前准备好的演讲词也给忘了，趴在地上的李娜，一时间真不知道如何是好。

可是，李娜转念一想，我准备了那么长时间的演讲，不能因为摔了这一跤就废掉了呀。我是来参加演讲的，一定要尽最大的努力做到最好才能对得起关心支持我的那些老师和同学，应该在哪里跌倒，就在哪里爬起来。于是，李娜麻利地站了起来，然后镇定地走到演讲台前，微笑着说："刚才不知道被什么绊倒了，我觉得很不好意思，看我长得这么胖，摔倒了再爬起来也挺不容易的，我不甘心，于是我爬起来了，想看看是什么东西把我绊倒了，可是哪有什么东西啊，我一想，原来是大家的热情把我绊倒了。谢谢大家。"

然后李娜后退一步，向大家鞠躬致谢，对此台下的老师和同学都用热烈的掌声回应她。这样一来，李娜紧张的情绪得到了缓解，忘记的演讲词再次记起来了。她独具魅力的演讲赢得了众多老师的好评，李娜顺理成章获得了总决赛的冠军。

李娜在不小心摔倒后，因为一时紧张又把演讲词忘记了，这时她没有慌乱，很快理清了自己的思路，一定要让自己镇定下来。随后，她用幽默的话语打破了僵局，为自己找到了一个台阶，不但没有给自己的形象造成不好的影响，反而加深了大家对她的印象。

遇事不慌乱才能急中生智，找到应对紧急情况的方法。处变不惊是理智决策的前提条件，无论遇到什么突发状况都不能慌张，因为慌乱就会影响你做出正常决策的思维，进而影响到计谋的正确实施。

当自身处于不利形势，或是面临敌人强大的攻势的时候，要镇定自若，做到处变不惊，这样才能有效组织军队迎战还击，绝对不能自乱阵脚。对于领导者而言，要做到处变不惊同样是必要的，也是很关键的。要实现政局的稳定以及在战场上获得胜利，都会面临多变而复杂的局势，领导者要有平静而睿智的心态，解决问题要从容不迫，绝对不能手忙脚乱、无所适从。

在战争中要做到处变不惊，冷静制敌，在游说的过程中，同样要求做到处变不惊，因为在游说的过程中一旦因为局势的不可预料造成慌乱，肯定会影响后期计谋的实施。所以说，没有分清事情的类别而贸然行动的人，就会被君王认为是背道而驰从而就被遗弃；没有了解事情的真相，面对不可预料的局面而自乱阵脚的人，就会被君王认为是轻佻浮躁而遭非议。因此，只有在了解了事情的真相以后，谋臣才能制定出相应的对策来。即便遇到不可掌控的局面也不必惊慌，首先保持清醒的头脑、缜密的思维，就可以从容应对。如此，谋臣就能在处理君臣关系上更加游刃有余，在游说的过程中也会事半功倍。因此，智慧的人成就事业，关键就在于先了解事物的真相，再者就是做到处变不惊、从容应对，即可轻松驾驭天下万物。

当然，战争中双方的局势在很多情况下是不可预测的，在市场竞争中，所面临的竞争也是无常的。领导者的任何一个措施、决策都会直接引起对立双方局势的动荡，甚至影响到国家和百姓最根本的利益。面对这样的情况，领导者要从容面对，需要有不怕死的刚毅精神，利用自己的智慧和谋略找出有效的决策方法。因为有了思想准备，任何变化都会在自己的掌握中，也就有了处变不惊的心态，这样就可以真正做到理智决策，以变求变，以不变应万变。

鬼谷子教你诈

用兵作战和游说君王都有可能面临复杂多变的局势，一旦决策失误就有可能造成国家和人民的灾难以及游说的失败，领导者的每一个决策都关系到一个国家、一个集体的长远发展。因此，领导者在做出任何一个决策的时候都要做到从容镇定，不被敌人所激怒。处变不惊、从容应对才能确保计谋的正确实施，才能在战场上百战百胜、所向披靡。

5. 谋在先，妄动则伤身

鬼谷子认为，事物都是处于不断变化中的，只有不断地变化，才能产生问题。要解决问题就需要谋划，只有通过谋划才会产生计策，进而将谋略用于实际问题当中。然而，解决问题的方法都是通过研究计策产生的，有了方法才能有游说决策者，使之前进，进而不通，再退一步，进退之中形成制度，以此制度解决现实中的问题。

万事万物的变化都有一个相同的道理，控制万事万物也就需要同一法则。事情的变化都是由于事物自身的渐变引起的，而事物又产生于谋略，谋略生于计划，计划生于议论，议论生于游说，游说生于进取，进取生于退却，退却生于控制，事物由此才得以控制。

《孙子兵法》中讲道："兵者，国之大事也。死生之地，存亡之道，不可不察也。"对于一个国家来说，战争是国家的头等大事，关系到军人、百姓的生死，国家的存亡，是不能不慎重周密地观察、分析、研究的。对于一个企业来说，战略谋划是企业的灵魂，是引领企业未来发展的核心力，对带动企业发展起着至关重要的作用，因此有"谋定而后动，知止而有得"的说法。企业的决策如同作战用兵的战略战术，必须做到三思而后行，从而实现"未战而庙算胜"。不论是经营企业还是在战场上指挥作战，欲望越是强烈，越是不要急于行动，谋定而后动，则无往而不胜，"谋"在先才是王道。

1839年3月，林则徐到了广州，旨在缉拿烟贩，实行禁烟活动。许多外国的鸦片烟贩子及中国走私贩卖鸦片的不法之徒，根本没有把林则徐放在心上，认为此次禁烟与以往的禁烟一样，仍是风声大、雨点小，只是走走过场罢了。林则徐很清楚，外国的鸦片烟贩子同中国鸦片走私者，甚至一些被贿买的地方官等，已形成一个严密的贩毒网，要攻破它很不容易，必须想办法。

于是林则徐把钦差大臣的行辕设在越华书院，然后以钦差大臣的名义召集广州越华、粤秀、羊城书院的肄业生数百人，声言要亲自出题考试，检查他们近来的学习成绩。实际上，林则徐在试卷内夹了条子，命所有参试的学生把个人所知道的有关鸦片问题都写出来。例如大批兜售，走私贩卖鸦片的人和地点，以及贩毒时间、途径、数量、手段以及知道何人有行贿、受贿等行为等，还有针对禁烟活动有什么建设性意见。这样既激发了学生的爱国热情，又使林则徐快速地了解掌握了重要情况。

经过调查，林则徐了解了很多重要信息，一面与两广总督邓廷桢、广东水师提督关天培等严拿中国贩卖、走私鸦片者，一面布置组织力量，通令严密监视英、美等国的大鸦片烟商人，下令其在三日内交出运来的鸦片，并保证今后永不贩运鸦片。林则徐说："若鸦片一日未绝，本大臣一日不回，誓与此事相始终，断无中止之理。”许多外国鸦片烟商看到形势不妙，企图溜之大吉，结果被林则徐派出的清兵及当地百姓截住。英、美鸦片商一看动了真格的，只好交出237万多斤鸦片烟。

1839年6月3日，林则徐亲自指挥在广州虎门海滩销毁全部收缴的鸦片烟。

“先谋后事者昌，先事后谋者亡。”林则徐在禁烟之初，料定外国鸦片烟贩子绝不会轻易交出鸦片，放弃鸦片贸易，稍有不慎就会打草惊蛇，功亏一篑。因此，他先谋而后动，“揣”实情，情况明，决心大，以迅雷不及掩耳之势突然行动，收缴了大量鸦片烟，禁烟得以成功。

谋定而后动，谋无正邪，有胜乃大。凡是出谋划策的人，筹划的计谋都要遵循一定的法则，一定要弄清楚缘由，以便研究实情，根据研究来确定“三仪”。“三仪”就是上、中、下。三者相互渗透，就可以从中领悟出奇制胜的计谋，而奇妙的计谋是攻无不克战无不胜的，从古到今都是如此。

鬼谷子认为，世间主要有三类人：愚蠢的人、不诚实的人、贪婪的人。愚蠢的人不懂得深思熟虑，没有自己的见解，往往人云亦云，因此是最容易被蒙蔽的；不诚实的人满口谎言，经常违背自己的良心做事，又担心事情会败露，这样的人既欺骗了别人也欺骗了自己，因此他们会显得异常胆小怕事；贪婪的人贪得无厌，往往会在利益面前经不起诱惑而乱了阵脚，往往因为小恩小惠就忘记自己的原则。

其实，在现实生活中，只有管理好自己的欲望，控制自己的贪婪，不过分计较得失，才能在人生旅途中获得真正的幸福和快乐 。鬼谷子认为，凡是感情相同而又相互亲密的人，大家相互学习、相互鼓励，就可以共同进步，共同获得成功。凡是欲望相同而关系疏远的，只有一部分人得利，而另一部分人却会受到伤害。凡是恶习相同而关系疏远的，一定是部分人先受到损害。所以，如果能相互带来利益，就要拉近双方的关系，如果相互牵连会造成损害，就要疏远关系。这就是有定数的事情，凡是这类事情都是一样的道理。

所以，墙壁通常因为有裂缝而倒塌，树木通常因为有节疤而折毁，这些都是很常见的现象。而事物又生于谋略，谋略生于计划，计划生于议论，议论生于游说，可见各种事物不论反复多少次都是有一定规律的。

谋定而后动，就是在做事之前先考虑清楚做这件事的后果和过程，把一切算尽，懂得适时而止，这样才会有不错的收获和所得。在生活中，要理性地对待身边发生的一切，特别是面对突如其来的变故，要冷静地处理，而不是采用慌乱、盲目、不理智的处理方式，两种结果会大不相同 。对将要发生的事考虑清楚预期的结果，先“谋”而后再“动”，这样才不会因为没有准备好应对策略导致错失机会。懂得停止还是继续行动，不是一朝一夕就能做到的，需要历练，需要时间，更需要大风大浪的洗礼，正所谓不言而喻，不经历风雨怎能见彩虹。

鬼谷子教你诈

谋定而后动，就是要求我们在面对一切难题的时候都要首先了解清楚事情发展的情景、特点，把握事情发展的方向，这样才不至于因为慌乱而错失分寸。理性地处理事情，才是正确面对问题的态度，“谋”在先，而“动”在后，先谋后动，方能妥善处理好事情。

6. 权衡利弊，弃车保帅

鬼谷子提出了“决情定疑，万事之机”这一观点，意思是一个人在面临众多选择的时候应该如何决断。做出正确决断的方法就是对利弊进行权衡，或是对方案进行取舍，这样做的目的就是为了理清思路，以便为下一步的行动做出准备。

他说，权衡利弊，就是能准确揣测对方实力的大小，了解兵力的多与少；在战争中，要分辨作战环境的特点，分析什么地方对自己有利，什么地方对自己有害；在研究计策的时候，辨明哪个是长久之计，哪个是权宜之计。在判断老百姓的心理趋向时，知道哪种是平安的，哪种是没有安全性的，什么是老百姓喜好的，什么是老百姓厌恶的；不顺从者，哪些要审察，哪些可以包容，以此了解百姓心理变化的趋势。在谋士与宾客中，知道哪个足智多谋，哪个是平庸之才；考察命运的福祸时，知道什么是吉利的，什么是凶险的；与诸侯交往中，知道谁是可以效力的，谁是不能效力的；在君臣亲疏关系中，知道哪些人贤德，哪些人奸诈。在准确地把握上述事态发展变化之后，才能正确地审时度势，权衡利弊得失。

一个善于决断的人首先要能够认清事物的本质，排除一切偏见，这样才能保证决断的正确性。当然，在经过慎重的选择后还要能够做到当机立断，绝不拖延。

对于游说者来说，权衡的目的就是要做出选择，解除困境，免除灾难。决疑的目的就是为了使君王解除疑惑，获得利益。鬼谷子有言："善用其福，恶其有祸，害至于诱也，终无惑偏。"在决策的过程中，会产生有利的一方，当然也会产生不利的一方。在这种情况下，要做出合适的选择非常困难，因此就必须做出准确无误的权衡判断，究竟怎样决策才能使"利"大于"弊"。

懂得权衡才可以分析清楚全方位的利弊得失，才可以舍弃局部利益，进而求得整体利益。

公元1115年，女真族首领阿骨打建立金国。这个消息传到辽国后，辽国皇帝非常愤怒，他立即亲自率领70万大军前往金国讨伐阿骨打。当然，阿骨打并没有因为双方军事力量的悬殊而采取消极逃跑的方式应对辽国的挑战，而是亲自率领2万人马前去迎战。

当金军在阿骨打的带领下浩浩荡荡走到瓦剌时，阿骨打亲自带领骑兵去前方侦察，却发现敌军已经撤走。阿骨打在军事作战方面一直保持小心谨慎的态度，因此为防止中计，他又做了进一步调查，这才得知辽国发生内乱，辽国皇帝迫不得已匆忙撤回军队去应对突如其来的内乱。

阿骨打探知这些情况后，立即决定采用变守为攻的军事策略。他率领的2万大军日夜兼程，很快就追上了辽军。但是阿骨打没有立即下令进攻，而是经过细心观察敌军阵势，看到中军队伍整齐，军中秩序井然，从而判断出辽主一定在其中。正当阿骨打准备调集所有兵力一举消灭这股辽军时，后方传来消息说阿骨打的母亲病危，要求阿骨打立即收兵回去探望。可是阿骨打深刻地明白这是一次消灭辽军的绝好机会，如果错失，有可能再也不会遇到这么好的时机，经过一番痛苦的抉择，阿骨打毅然决然调整兵力，集中力量攻击辽军所在的中军 。

当阿骨打的2万大军迅速杀向辽军时，辽国的几十万大军顿时乱作一团，首尾不能相顾。就这样，阿骨打以2万人马大败70万辽军，真正达到了“敌虽众，可使无斗”的境界。

在大利和小利面前，我们应该放弃较小的那一部分，保全对自己有大利的那一部分。正如阿骨打在面临是选择收兵看望母亲还是继续消灭掉辽军的抉择时，经过艰难的权衡，他选择了抓住有利时机一举歼灭辽军，为以后金国的长足发展奠定了基础。

当面对危险的时候，阿骨打能够权衡利弊迅速做出决断，放弃立即调兵回营看望老母亲，选择义无反顾地迎战，这就是战场上的“舍卒保车”。当面临紧急情况的时候，必须要懂得如何权衡，学会用小的代价换取大的胜利。

在上面的故事中，虽然并不是要求我们都去效仿阿骨打的做法，但他让我们懂得了在紧急情况下如何权衡利弊，如何做出正确的选择。无论在工作还是生活中，为了整体的利益，就要舍弃个人的、小的、局部的利益，凡事从大局着眼，为全局利益而放弃一些局部利益不失为一种明智的选择。如果只懂得进攻，不知道撤退；只知道索取，不懂得舍弃，最终只会导致整体利益的损失。

那么要想做到正确权衡利弊，首先要认清自己的形势和自己所处的现状。看清自己的形势，了解现状，是对自己所处境地进行权衡利弊的前提条件，为了避免自己以后忽略形势和现状的重要性，将之明确化是十分重要的。对事情进行分类，按照轻重缓急的标准进行划分，可以有效地减少不必要的精力和时间的浪费。其次，要坚持全面、整体的大局观念，坚持大局观，在局部利益和整体利益产生冲突的时候要能够毅然决然地放弃局部利益，坚持整体利益。最后，古人讲："上兵伐谋，其次伐交，其次伐兵，其下攻城。故谋略先行，谋定而动，谋行相佐，运筹帷幄。"由此可见"谋"的重要性，用脑袋解决问题才是上策！

鬼谷子教你诈

在为人处世的过程中，权衡利弊方能做到有的放矢。"谋"就是权衡，"断"就是最后的决策，"谋"与"断"相辅相成，没有"谋"就没有更好的"断"。反之，"断"是在更好的"谋"的基础上做出来的。只有处理好了权衡利弊这门大功课，才能够真正做到决策不失误。

7. 立足全局，不可一叶障目

立足全局就是在细节上求"深度"，做事要有立足全局的思维高度，要学会系统思考，对事情发展的整体进行筹划，善于发现细节背后的事物及其内在联系和规律。在做到从“小处着手”的同时还要不忘“大处着眼”，不可“一叶障目，不见泰山”。全局意识的培养有赖于眼光的长远，在细节上追求深度，不被眼前的短期利益所蒙蔽，善于跳出固有的思维圈子，站在全局的高度看待事情。

游说是纵横家的主要活动，而游说的基本媒介是言辞，通过语言交流达到彼此的沟通。《鬼谷子》说：“游说就是说服人；说服人就是给人以帮助；凡是带修饰的语言，都是不真实的；然而不真实的语言，有坏处也有好处；应对之辞，都是伶俐的外交辞令；外交辞令都是不实在的言辞；能成为信义的言辞都是坦白的；坦白的言辞都是可以验证的；凡是难以启齿的话，多是应对之辞；应对之辞都讲究诱导对方说出机密。”

许多时候，说话的技巧可以掩饰说话的内容。在古代，说奸佞话的人，因为会谄媚就可以变成忠诚；说奉承话的人，因为会吹嘘就可以变得智慧；说平庸话的人，由于能果决就可以变成勇敢者；说冷静话的人，由于善逆就可以变成胜；说忧虑话的人，由于善权衡就可以变成信。

鬼谷子认为，每个人在做抉择的时候，都要权衡利弊，灵活运用。我们要学会变不利为有利，让一切为我所用。当然，首先要以全局观念为中心，不可一叶障目，只见树木不见森林。只有以全局观念为中心，才能把握整体局势的发展。无论是现实生活还是商战，总是像汪洋大海中的波涛一样，此起彼伏，机遇与危机并存。当危机出现的时候，一定要立足全局，把握整体局势的发展，及时采取有利的决策，才能顺利到达理想的彼岸。

公元前331年，张仪到楚国去游说楚怀王，说道：“敝国的君王最喜欢的人莫过于大王，而张仪最愿侍奉的也是大王您，敝国的君王最痛恨的人莫过于齐宣王，而张仪最不愿意侍奉的也是齐宣王。因此秦国想要讨伐他，但是贵国却跟他那么要好，以致敝国的君王不能好好侍奉大王。大王如果能够断绝和齐国的交往，我可以让秦王把商于方圆600里的土地献给大王。这样一来齐国丧失了后援，必然衰弱，齐国衰弱，就必定听从大王的号令了。

北面削弱了齐国的势力，西面对秦国施恩，又获得商于方圆600里的土地，这真是一举三得的上策。”

楚怀王听后很高兴，立刻在朝廷里宣布，说：“我得到了商于方圆600里的土地！”群臣知道这消息都纷纷贺喜，客卿陈轸却没有向楚王道贺。楚王诧异地问：“我不发一卒，不伤一人，而得到商于600里地，我认为这是外交上的一大胜利，朝中文武百官都道贺，为什么单单贤卿不道贺呢！”“我看得到商于之地，反而会招惹祸患，所以不敢随便道贺。如今还没有得到秦的土地，却先断绝和齐国的外交，楚国就孤立无援了，秦又怎么会重视一个孤立无援的国家呢？何况如果先叫秦割让土地，楚国再去跟齐国绝交，秦国必不肯这样做。要是楚国先断绝了齐国的邦交，而后要求秦国割让土地，将受到张仪的欺骗而得不到土地；受了张仪的欺骗，大王必定痛恨他。结果是西面惹出秦国的祸患，北面断绝了齐的邦交，这样两国必定会兵临楚国的。”

楚王不但不听，反而斥责道：“我的事筹划好了，你不要再说了，等着看吧！”于是楚怀王派人到齐国去宣布断交，派去的人还没回来，就又派出第二批绝交团。张仪回到秦国，赶紧派使节到齐国去游说，齐、秦两家就暗中缔结了军事联盟。当楚怀王派一名将军去秦国接受土地时，张仪竟然装病不上朝。楚怀王说：“张仪认为我跟齐国绝交还不够诚心吗？”

楚怀王又派一个勇士到齐国去臭骂齐王。张仪在证实楚国确实和齐国绝交后，才出来接见楚国派来的使臣，指着地图说：“敝国赠送贵国的土地，从这里到这里，总共方圆6里。”“我听说是600里，没听说6里。”楚国的使臣很惊讶地说。“我张仪不过是个微不足道的小官，哪来600里广大的采邑？”楚国使节气愤地回国报告，怀王大为震怒，准备发兵攻打秦国。这时，陈轸冷静地说：“攻打秦国，不是办法。大王倒不如乘机再送给秦国一座大城市，跟秦连兵伐齐，这样或许可以把损失于秦国的，再从齐国补偿回来，楚国不就没有损失了吗？大王如今已跟齐国绝交，还要去责备秦国失信，那就等于是在促进齐、秦两国的邦交，到时候楚国必定损失惨重。”

楚怀王没有采纳陈轸的话，仍旧派兵攻打秦国。最后，秦、齐两国组成联合战线，韩国跟着也加入军事同盟，结果楚国在杜陵被三国联军打得惨败。

张仪离间齐楚联盟之事，是因为张仪攻破了楚怀王的弱点，从而离间了齐楚联盟，进而使得秦国得利，楚国大败。

楚怀王只看到眼前利益，为了得到几百里土地而不惜和齐国断交，可以看出他没有以整体意识、全局观念去为国家的长远利益考虑，仅仅是为了得到秦国的一点小恩惠就牺牲掉了与齐国的外交关系。最后，楚怀王也为他自己的一叶障目付出了惨重的代价。

一叶障目，通常以夸张的笑话比喻现实生活中某些人的类似举措，讽刺不看整体、以偏概全的情况 。也比喻一个人被眼前细小、局部的事物所蒙蔽，看不到事物的本质和整体。楚怀王的故事告诉我们，凡事要看清事物的全貌，不能盲目轻信、盲目崇拜，必须经过科学的调查和验证，以谦虚谨慎的态度予以看待。

古时候，善于治理天下的人，必然会审慎地把握国家的发展趋势，揣度各诸侯国的具体情形。如果不能周密切实地审时度势，权衡利害，就不会知道诸侯国的强弱情况。如果不能周密地揣度形势，便不知道其中隐蔽的情况及其发展变化。

处理事情就需要立足全局，站在整体的利益点上进行决策，舍小求大，放弃部分利益，保全整体利益，这样不会因为一时的急躁、冒进，而为了眼前一时的得利失去整体的长足发展。这样通过权衡的方式分析清楚全方位的利弊得失，审时度势地做出弃局部而保全整体的利益，才能够避免导致一叶障目而引起的错误。

鬼谷子教你诈

拥有大智慧的人，在处理事情的时候能够站在一定的高度，以全局发展的意识去考虑问题，通过对各方面因素的考虑，权衡利弊，舍弃局部利益、短期利益，追求整体利益、长远利益，从而做到舍小而取大。只有懂得用立足全局的方式、方法去处理问题，才能避免因为一叶障目而造成的损失。

8. 对立为敌不如联合共赢

鬼谷子《忤合》篇认为，联合和对立都有与之相应的策略，而且两种状态是可以互相转化的，就像铁环一样连接在一起，环环相扣，没有一点裂痕。这就要求我们转变固有的思维模式，了解掌握由对立转向联合的规律，使单方的赢变为双方的共赢。

众所周知，世上的事没有永远不变的，这就叫“世无常贵，事无常师”。有智慧的人常常是无所不为、无所不听的，任何计谋都不会同时忠于两个君主。或忤于彼或忤于此，反忤之术则可以通过计谋使“忤”转为“合”，这是因为反忤之结果可以合，也称为忤合之术。这种忤合之术，可以协四海、包诸侯，将忤的局面转化为合。行忤合之道的条件是要了解自己和估量环境，这样既可前进也可后退；既可以合纵，也可以连横。

成功地施行忤合术的关键在于，熟悉和了解对手和自己的情况，比较双方的力量悬殊。鬼谷子说：“故忤合之道，己必自度材能知睿、量长短、远近孰不知，乃可以进、可以退；乃可以从、乃可以横。”也就是说施行忤合术的规律是：首先自我估量聪明才智，然后度量他人的优劣长短，只有在这样知己知彼的情况下，才能随心所欲地施行忤合术，才能在了解双方的前提下找到双方的共同利益点，将局面由对立转化为双赢。

一个谋臣策士，如果不是具有最高的智慧和道德，并且通晓世间的大道，也就不能立身处世，治理天下；如果不肯聚精会神地观察事物，也就不能成就功名；如果聪明才智不够精绝，也就不能灵活地运用军事计谋；如果为人不够真诚，也就不会有知人之明。所以运用忤合之术，自己一定要先估量自己的智慧如何，衡量一下自己与要辅佐的人相比，掌握的纵横之术是多还是少，看看对方实力是不是不如自己，这样，才可决定是出仕还是隐退；是采取合纵之术说服君王还是采取连横之术说服君王。

很多人都对自己的敌人深恶痛绝，时刻提防着敌人的攻击，防止受到伤害，这样往往会把自己搞得疲惫不堪。其实，如果能把敌人转化为自己的朋友，自己的路就会更宽，自己也会省去很多忧虑。

微软公司的创始人比尔·盖茨，正是这样一位喜欢把敌人、对手转化为自己朋友的人。我们都知道苹果和微软在世界市场上的地位是不相上下的，这样不可避免地就使两家公司成为了竞争对手。

20世纪80年代，随着两个公司业务范围不断扩大，经营规模也在与日俱增，两家公司的关系出现了明显的敌对状态，为了争夺在个人计算机方面市场的控制权而展开了激烈的竞争。两家公司都想成为世界市场上的一枝独秀，谁也不想把偌大的世界市场让给对方。

到了20世纪90年代中期，微软在比尔·盖茨的带领下，因为技术优势明显占据领先地位，占领了市场的绝大部分份额。与之相对的苹果公司则面临着巨大的危机，举步维艰，不仅没有抢到市场这份蛋糕，而且几乎连一杯羹也没有分到，企业逐步陷入困境。

按照大多数人的思维，微软应该乘胜追击，将自己的对手置于死地，消除自己的后顾之忧，从而为自己的长远发展拓宽道路。但是，比尔·盖茨作为微软的总裁并没有采取消灭苹果的策略，他的策略令很多人都感到惊讶。

1997年，微软公司向苹果公司投资1亿多元，来挽救濒临崩溃边缘的苹果公司，正是因为这具有起死回生作用的1亿多元使得苹果公司有了日后的风采。紧接着，微软公司又推出Office 2001，为苹果公司的再度崛起增加了一个更加坚实的砝码，从此苹果公司得到迅速发展。

当苹果公司不断发展的时候，微软公司也凭借与苹果公司的合作使自己的发展又上了一个台阶，逐步成为世界计算机行业的领头羊。

比尔·盖茨将苹果公司化敌为友，不仅使苹果公司得到发展，也使两家公司的合作关系更加稳固，同时实现了苹果和微软的联合共赢，在世界市场的大环境下，获得了更好的发展。

我们可以看出，比尔·盖茨是一个具有长远眼光的人，也是善于把握机会的人，他能够站在公司长远发展的角度来考虑问题，通过帮助苹果公司脱离危机，为自己日后的发展寻求一位良好的合作伙伴。这正是其意识由“忤”转“合”的过程。

化敌为友不仅使自己的交际圈更加充实、丰富，也使自己未来发展的道路更加顺畅，合作共赢才能为双方创造更大的利益。如果双方处于敌对状态只会消耗自己的力量，阻碍自己的发展之路，破坏所取得的成就。化敌为友，不仅可以获取对方的信任，还可以联合对方的力量，让自己的力量更强大，从而获得更大的成功。

不论是在古代社会中，还是在现代商业社会中，凭个人的单打独斗，都很难取得事业上的飞跃，只有把自己的意识由局部上升为整体的时候才能为自己的长足发展奠定基础。因此，学会与人合作则显得至关重要。只要摒弃“你败我胜，你输我赢”的斗争心理，双方都遵循互惠互利的原则，就可以找到一条共同受益、长期合作的途径。没有永远的朋友，也没有永远的敌人，凡事要根据形势来判断，这也是鬼谷子思想的精髓。

鬼谷子讲，“反复相求，因事为制”，是指谋臣在制定策略时，应该根据循环往复的实际情况的变化，反复寻求最佳的计策，并且制定不同的措施去适应不断变化的情况。即所谓“文无定法，计无长施”。当双方出现利益纠纷时，就要转换思维，学会站在问题的不同角度去寻求双方的利益共同点，这样才可以将对立的局势转化为双赢的模式，对立永远不可能长久获胜，只有双赢才是永久合作下去的法宝。

鬼谷子教你诈

大凡联合与对抗的行动，都有相应合宜的计策。事物都处于不断变化中，当双方出现对立的局面时，就要根据实际，分析双方的情况，找出双方的利益共同点，将对立为敌的局面转化为联合共赢的局面，这样才能为双方寻求长远的发展。